V&R EDITORAS

Direção de projeto editorial: Lidia María Riba – María Nazareth Alves
Direção de arte: Trini Vergara – Paula Fernández
Ilustrações e design: Carla Melillo
Colaboração editorial: Luciana Nicolodi
Diagramação: Cristina Nogueira
Tradução: Ana Luiza Couto
Preparação: Clim Editorial
Revisão: Carmen Garcez

www.livropresente.com.br

Rua Capital Federal, 263
CEP 01259-010 – Sumaré – São Paulo – SP
Tel./Fax: (55 11) 4612-2866
editoras@livropresente.com.br

ISBN: 978-85-7683-246-1

Impresso na China • Printed in China

Dados Internacionais de Catalogação na Publicação (CIP)
(Câmara Brasileira do Livro, SP, Brasil)

Naón Roca, Enriqueta
Os bebês fazem milagres / Enriqueta Naón Roca ; [tradução Ana Luiza Couto].
-- Cotia, SP : Vergara & Riba Editoras, 2011.

Título original: Los bebés hacen milagros
ISBN 978-85-7683-246-1

1. Bebês I. Título.

11-02641 CDD-649.122

Índice para catálogo sistemático:
1. Bebês : Vida familiar 649.122

Os bebês fazem milagres

Enriqueta Naón Roca

V&R

Quando um bebê chega ao mundo, tudo, absolutamente tudo, muda. Para seus pais e para a família, as horas, os dias e o lar se transformam. Os recém-nascidos trazem consigo um sem-fim de novidades, de incógnitas e de felicidade. São a resposta a um chamado ancestral, a um desejo incontido. São... um milagre.

Ainda recém-chegados ao mundo, os bebês demonstram capacidades incríveis: ouvem, emitem sons, reconhecem vozes e cheiros. E nos fazem saber – com muita clareza – de quais gostam mais.

Enquanto vamos aprendendo a reconhecer seus gostos, desejos e preferências, nós os rodeamos de aromas agradáveis, música suave e palavras doces.

Nós os rodeamos de amor...

A sua presença converte o mundo em um lugar novo, porque o vemos através de seus olhos.
Junto ao bebê, nos recostamos na grama, observamos uma fileira de formigas com a mesma admiração da primeira vez, e desfrutamos a umidade e o frescor da terra.
O sol de primavera e a quietude da natureza se transformam em uma experiência única, quando compartilhamos com eles.
Construímos, passo a passo, a história: a sua, a nossa.

Os bebês nos fazem recordar canções esquecidas, sons antigos, nos ajudam a inventar novos idiomas, palavras loucas.

Adotamos algumas dessas palavras quase sem perceber, e talvez elas permaneçam na tradição familiar para serem usadas até o fim dos dias.

Falamos fluente e tranquilamente seu próprio idioma, como se fôssemos nativos desse país que habitam enquanto estão conhecendo o nosso.

Aprendemos a dizer corretamente **papá**, **água**, **choconate** e **pepeta**.

Todas palavras do idioma amor.

Pode existir algo mais emocionante que segurar nosso bebê junto ao peito e sentir o palpitar acelerado de seu coraçãozinho?
Um sentimento inigualável nos inunda e envolve como um hálito divino.
A magnitude e a intensidade desse sentimento nos corta a respiração e nos deixa sem fala.
Algo sublime, ao mesmo tempo físico e etéreo, que nos deixa incontrolavelmente comovidos.
Um bebê em nossos braços é um presente milagroso que a vida nos dá.

Essa pessoa tão pequenina, enrolada em uma manta antiga ou talvez em uma tecida com mais carinho que habilidade por uma avó moderna, ocupa de um dia para outro um lugar privilegiado em nossa vida e em nosso coração...
É cercada por acessórios sem-fim: as sacolas com a mamadeira, as fraldas descartáveis, as mudas de roupa "caso sinta frio, caso sinta calor, caso se suje", a colônia, o brinquedo favorito...
Enquanto isso, uma música especial sussurra para todos e o ursinho, que já se impregnou de seu delicioso cheirinho de bebê, nos saúda do carrinho.

Graças aos bebês, desenvolvemos inúmeras habilidades novas.
Saberemos escutar e exercitar a paciência. Aprenderemos que um par de braços não é suficiente. Descobriremos que, em qualquer circunstância (e em qualquer idade), não há remédio melhor que um abraço e um beijo.
Constataremos cientificamente que não há força maior que sua mãozinha agarrada a nosso polegar e que, se nosso bebê sorri para nós, o universo nos pertence.

Graças aos bebês, uma chuva de verão se converte em um convite a sair sem guarda-chuva e a nos molharmos sem que nada mais importe. Brincando com eles em uma praia, cavaremos buracos que prometem nos fazer chegar ao outro lado do mundo...
Uma poça de lama será um desafio intransponível dentro da qual saltaremos juntos para descobrir de que é feita e para desfrutar da roupa que sujamos heroicamente.

Jamais haverá alguém cuja beleza supere a de nosso bebê.
Ninguém será tão inteligente, tão especial nem tão superior a todos.
Prevemos para nosso bebê um brilhante futuro, sem dúvida.
Se corre com as pernas gordinhas, saberemos que ganhará a medalha de ouro nos 100 metros rasos.
Se questiona uma ordem, presidirá a Suprema Corte.
Se desenha com chocolate sobre a toalha da mesa, competirá com o próprio Picasso.
O Senado, a presidência, os cenários mais sublimes, as capas de revistas: tudo será pouco para nosso pequeno gênio ou nossa maravilhosa fada.

Também lhe desejamos a felicidade das coisas simples, uma consciência pura, a inesgotável capacidade de se admirar, o dom do sorriso...

Algum dia nosso bebê levantará voo em busca de seus próprios sonhos e desejos. Levará consigo a força que construímos juntos, os carinhos, os olhares cúmplices, o apoio incondicional que lhe demos, os incontáveis minutos de atenção exclusiva (mesmo quando estávamos com tanta pressa), os aplausos, a mão fresca sobre a testa febril...

Conservaremos cada objeto que ateste sua passagem por nosso amor e por nosso lar. Em um álbum um pouco amassado que alguém começou quando o bebê nasceu, ficarão registrados o dia de seu nascimento, quanto pesava ao nascer, quais foram seus primeiros presentes e quando deu o primeiro passo. Guardado em um envelope, nos emocionará ver aquele primeiro cacho de cabelo. Olharemos as fotografias de seus primeiros momentos neste mundo com o rosto ainda vermelho pelo esforço de cruzar o limiar, e aquele gorrinho branco para que conservasse o calor. Uma coleção de objetos e escritos palpáveis. Seu DNA, sua identidade, sua história conosco.

Tudo isso, porém, acontecerá em um futuro que, felizmente, hoje ainda está distante. Vamos nos concentrar no presente, neste instante mágico.

O bebê dorme. Nosso olhar percorre docemente a suave curva dessas sobrancelhas quase invisíveis de tão novas, os cílios transparentes, o esboço de penugem que recobre essa cabeça tão diminuta que poderia caber na concha das mãos. Observamos seu peito e esperamos ansiosos sua próxima inspiração para ficarmos tranquilos. Contemplamos com ternura e admiração esse corpinho e deixamos que nosso amor flutue sobre seu berço como um manto de proteção.

Sim, o bebê é um milagre e ele mesmo faz milagres...

Este nosso bebê tem o poder mágico, único, de transformar por completo nossa vida. Que agora e para sempre é sua.

café com Deus Pai
TEENS
VIAGEM NO TEMPO
JUNIOR ROSTIROLA
vélos

Editora Vélos
Tel.: 47 3083-8555
contato@editoravelos.com.br
www.editoravelos.com.br

Café com Deus Pai Teens 2024

Citações bíblicas extraídas da *Nova Versão Internacional* (NVI) © 1993, 2000, 2011, International Bible Society, a menos que seja especificada outra versão.

Quaisquer citações nesta obra estão adaptadas ao Acordo Ortográfico de 1990, vigente desde janeiro de 2009.

Erratas e arquivos de apoio poderão ser encontrados no site da editora com a devida correção e/ou material aplicável à obra relativa.

A obra é comercializada na forma em que está. Não há direito a suporte técnico ou orientação pessoal/exclusiva ao leitor.

Direção geral
Junior Rostirola

Editor-chefe
Michele Rostirola de Lima

Editor responsável
Gisele Romão da Cruz

Edição
Alis Editorial
Bruna Gomes
Emanuelle Malecka

Copidesque
Carolyne Larrúbia
Emanuelle Malecka
Gisele Romão da Cruz
Marcos Ferreira
Joshua dos Santos
Gil Jacionthо
Melissa Jacintho

Revisão de provas
Elaine Freddi
Fernanda Bottallo
Gisele Romão da Cruz
Manuela Condack
Nilda Nunes

Ilustração
Jonatas Ilustre

Projeto gráfico e diagramação
Jonatas Ilustre

Capa
Jonatas Ilustre

Esta obra foi composta em Spring Snowstorm e impressa por Geográfica sobre papel Offset 90 g/m² para Editora Vélos.

Dados Internacionais de Catalogação na Publicação (CIP)
(Câmara Brasileira do Livro, SP, Brasil)

Rostirola, Junior
Café com Deus Pai teens : viagem no tempo / Junior Rostirola. -- Itajaí, SC : Editora Vélos, 2024.
ISBN 978-65-85930-08-6

1. Deus (Cristianismo) 2. Literatura devocional
3. Vida cristã I. Título.

24-222503 *CDD-242*

FSC
www.fsc.org
MISTO
Papel | Apoiando o manejo florestal responsável
FSC® C019498

Índices para catálogo sistemático:
1. Literatura devocional : Cristianismo 242
Eliane de Freitas Leite - Bibliotecária - CRB 8/8415

SOBRE O AUTOR:

Junior Rostirola tem uma família incrível! Casado com Michelle, eles são pais de João Pedro e Isabella.

Junior é pastor sênior da Igreja Reviver com sede em Itajaí (SC) e com extensões no Brasil e no Haiti.

Ele estudou Teologia e fez pós-graduação em Teologia Bíblica. A história de superação de Junior, que transformou suas maiores dores em ajuda ao próximo, é uma inspiração para muitas pessoas. Ele foi órfão de pai vivo e se tornou pai espiritual de milhares de pessoas.

"Ter um tempo reservado para estar a sós com Deus nos faz viver o que parecia ser impossível."

@juniorrostirola

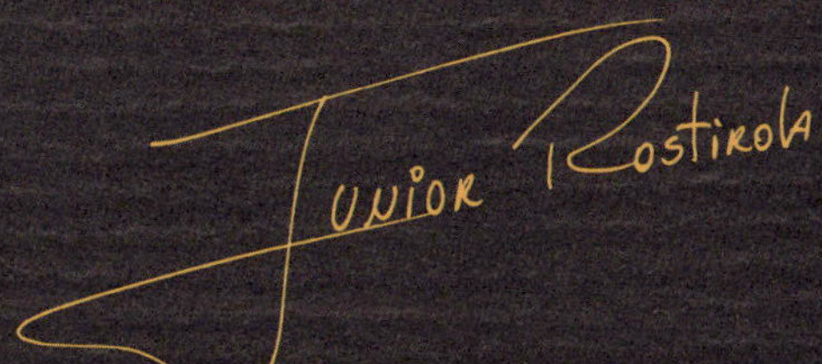

365 dias para conhecer a Bíblia todinha

VIAGEM NO

TEMPO

CONHEÇA A TURMA

JUNIOR

Um menino que sofreu com problemas de paternidade até encontrar Deus Pai. Agora conhece bastante a Bíblia, procura aplicar os ensinamentos de Jesus em seu dia a dia e vive mudanças muito positivas em sua vida.

MICHELLE

Uma menina que foi ensinada por seus pais a viver de acordo com os princípios cristãos e, desde muito cedo, tem experimentado o amor de Deus. Ela vive para dedicar sua vida a espalhar os ensinamentos sobre Deus. Como foi superprotegida quando criança, tem alguns medos a vencer.

TED

Um menino que acabou de conhecer o amor de Deus. Antes disso, tinha problemas de relacionamento, mas tem aprendido a controlar seu temperamento forte com a ajuda de Jesus e de seus amigos.

ANA

Uma menina estilosa que vem superando preconceitos raciais com o amor de Deus. Ela deseja ajudar outras pessoas a conhecerem melhor a Bíblia.

INTRODUÇÃO

OLÁ, QUERIDOS!
BEM-VINDOS A MAIS UM ANO!
Estou muito feliz por vocês estarem comigo!

Meus amigos e eu viveremos uma aventura incrível ao longo de toda a Bíblia. Tudo isso porque uma avó muito dedicada passou anos em oração para que seu neto conhecesse o amor de Jesus, o que finalmente aconteceu no final do ano passado.

Neste ano, viajaremos por aventuras maravilhosas em que vamos aprender sobre o amor e o plano de Deus ao longo da História. E será bem de pertinho! Agora chega de *spoiler*!

VEM COMIGO?

Junior Rostirola

ANTES DE COMEÇAR

Este livro traz muita coisa boa para você, e para aproveitar tudinho, siga as dicas:

1. Escolha um lugar tranquilo! Pegue seu **Café com Deus Pai Teens** e uma bebida gostosa e leve com você.

2. Não se esqueça da sua Bíblia! Todos os dias tem pelo menos um texto bíblico para ler.

3. Se puder, tenha uma caderneta e uma caneta também. Assim, você pode fazer anotações das lições mais importantes.

4. Leia o texto bíblico e a história do dia! Como este livro é muito legal, você ficará curioso e vai querer ler tudinho de uma vez. Mas lembre-se: ele foi escrito para que você leia ao longo de todo o ano.

Mostre seu devocional para seus amigos e os convide a participar dessa jornada incrível com você!

MOTIVOS DE GRATIDÃO

Bora agradecer?

Com certeza você tem motivos para isso, não tem?

Quando nos lembramos de tudo o que Deus tem feito por nós, nosso coração fica alegre. Então, faça uma lista das coisas mais especiais que o Pai fez por você. Sempre que se sentir feliz e abençoado pelo amor do Senhor, anote essas bênçãos aqui para você ler, sentir-se bem e ter o coração preenchido pela paz de Deus.

Alegre-se! Deus cuida de você o tempo todo!

Ei, meu querido! Ei, minha querida!

Se tem uma coisa que não muda é que a gente vive mudando de ideia, não é? Hahahaha

Falando sério, não tem nada de errado em mudar de ideia. Conforme a gente cresce, forma novos hábitos e novas maneiras de pensar em tudo que acontece conosco e com o mundo à nossa volta.

Um tempo atrás, um médico fez um estudo e descobriu que precisamos fazer algo novo por **21 dias seguidos**, sem pular nenhum, para que isso se torne um hábito – que é aquilo que fazemos por rotina, sem nem precisarmos nos esforçar.

Mas, como cada pessoa é diferente da outra, e você é único, o importante é ser **constante**. Apenas lembre-se de que, se você quer firmar um hábito, repita-o vários dias seguidos, **não pule nenhum!**

Na página ao lado, deixei uma tabelinha para ajudá-lo a fixar os hábitos que você deseja adquirir. Pode ser ler a Bíblia todos os dias, comer alimentos saudáveis, aprender um *hobbie* etc. O importante é você marcar o nome do hábito que quer adquirir na tarja e anotar todos os dias que o repetir para acompanhar sua evolução.

Ler o ***Café com Deus Pai Teens*** será o primeiro e eu já o deixei registrado para você.

É um desafio! Bora?

CRIE HÁBITOS DIÁRIOS

Ler o CAFÉ COM DEUS PAI TEENS

01 02 03 04 05 06 07 08 09 10 11 12 13 14 15 16 17 18 19 20 21

01 02 03 04 05 06 07 08 09 10 11 12 13 14 15 16 17 18 19 20 21

01 02 03 04 05 06 07 08 09 10 11 12 13 14 15 16 17 18 19 20 21

01 02 03 04 05 06 07 08 09 10 11 12 13 14 15 16 17 18 19 20 21

01 02 03 04 05 06 07 08 09 10 11 12 13 14 15 16 17 18 19 20 21

01 02 03 04 05 06 07 08 09 10 11 12 13 14 15 16 17 18 19 20 21

01 02 03 04 05 06 07 08 09 10 11 12 13 14 15 16 17 18 19 20 21

01 02 03 04 05 06 07 08 09 10 11 12 13 14 15 16 17 18 19 20 21

01 02 03 04 05 06 07 08 09 10 11 12 13 14 15 16 17 18 19 20 21

café com Deus Pai
TEENS
DEUS FALA
O TEMPO TODO

HAJA LUZ!
JANEIRO

O ANO ESTÁ SÓ COMEÇANDO!

E podemos iniciar muito bem: desafio você a CONVIDAR 3 AMIGOS a fazerem o Café com Deus Pai Teens com você durante o ano todo!

Conte a eles por uma semana inteira o que você descobrir sobre o Senhor!

Junior, Michelle e Ana: Surpresa!!!

Ted: Pessoal, vocês vieram mesmo, que legal!

Ana: E você achou que a gente não viria? Cho-ca-da por você não conhecer os amigos que tem!

Michelle: É um costume nosso começar o ano com os amigos, e agora que você é nosso amigo, é claro que não poderia ficar de fora.

Junior: Feliz Ano-Novo, Ted! O primeiro de todos os outros dias que não vamos sair do seu pé.

Ted: É, estou percebendo que o ano será intenso mesmo, a começar pelo grude de vocês!

Ana: Ah, para, vai! Eu sei que você nos ama.

Michelle: Olha, o ano é novo, mas as reclamações do Ted...

Ted: Estou zoando, pessoal! É claro que eu fiquei feliz por terem vindo e por saber que posso contar com vocês neste ano novo e na minha nova vida.

Junior: É verdade, Ted. Não é muito louco pensar que este é só o primeiro dia de um ano novinho em folha que o Senhor reservou para nós?

Ana: É demais! E eu fico empolgada só de imaginar todas as coisas boas que vão acontecer nos próximos 364 dias.

Michelle: Eu também, amiga! Um novo ano sempre desperta esse sentimento em nós, não é? O coração fica cheio de esperança e de planos. O melhor de tudo é saber que podemos entregar todos esses planos para Deus e confiar que ele sempre tem o melhor para nós.

DESAFIO

Quais são os seus planos para o novo ano que se inicia? O que você ainda não fez? Pegue papel e caneta. Escreva todas as coisas que deseja realizar em 2025 e coloque tudo diante de Deus em oração!

MATEUS 28.20b

café com Deus Pai TEENS

Junior: Por falar de planos, o que vocês desejam para 2025? Eu desejo ter mais intimidade com Deus!

Ana: Eu também! E desejo ter mais amor pelo próximo, mas também ser mais amada por eles, porque infelizmente o respeito está em falta hoje em dia... Isso me faz lembrar de Jesus, que nos ensina a orar pelos nossos inimigos. Difícil, né? Mas taí: minha meta para 2025 é ter um coração perdoador.

Michelle: Amiga, você é maravilhosa do jeitinho que Deus te fez! E será mais maravilhosa ainda com um coração igual ao de Jesus. Meu desejo para este ano é que possamos ter mais conhecimento sobre a nossa identidade em Cristo.

Ted: Seu desejo é parecido com o meu! Este ano, eu desejo conhecer mais a Bíblia; me aprofundar mesmo, sabe? Mas ela é tão grande, e com tantas histórias, que, às vezes, eu fico um pouco perdido e nem sei por onde começar.

Junior: É supercompreensível, Ted. Quando eu comecei a estudar a Bíblia, tive muita dificuldade para entender alguns textos e, principalmente, aplicá-los no meu dia a dia. Acho que esse é o maior desafio, na real. Mas sabe de uma coisa? Deus nunca disse que seria fácil viver na contramão do mundo.

Michelle: Verdade, mas o melhor de tudo é saber que o próprio Jesus nos disse que não nos deixaria nem nos abandonaria. Com a ajuda do próprio Deus e de irmãos na fé, podemos crescer em sabedoria e graça, prosseguindo todos para o mesmo alvo, que é Cristo!

Ana: Exatamente, amiga! Essa que é a beleza da comunhão.

ORAÇÃO

Senhor, ajuda-me a viver cada dia mais parecido com Jesus!

Ted: Sempre que vou ler a Bíblia, sinto que sou tão pequeno e Deus, tão grande! Eu vejo os milagres de Jesus, os perrengues que tantos passaram por amor a Deus, tudo o que o Senhor fez... e olho para mim. Como pode, né? Um Deus tão poderoso assim se importar com alguém como eu.

Michelle: Eu entendo esse sentimento, Ted, mas sabia que isso é uma coisa boa? Quando reconhecemos nossa pequenez, reconhecemos que somos totalmente dependentes de Deus.

Junior: E essa dependência de Deus é uma busca diária por meio da leitura da Bíblia e muita oração.

Ted: Minha vó me disse a mesma coisa quando soube da minha conversão. Inclusive, ela me deu um presente bem estranho no Natal, vejam só.

Ted vai até a prateleira de livros e pega uma xícara que estava guardada ao lado de sua Bíblia.

Ana: O que é isso? Uma xícara? É linda, mas... por que ela te daria uma xícara? Que presente inusitado.

DESAFIO

Você tem em sua vida pessoas que intercederam por sua conversão? Agradeça a elas pela perseverança e peça a Deus que as abençoe!

Ted: Eu também não entendi bem, mas ela me disse que esteve guardando essa xícara por muito tempo e que agora eu estava pronto para recebê-la.

Michelle: Essa xícara é bonita mesmo, e transmite uma paz... eu me imagino tomando um café com ela bem tranquila enquanto leio minha Bíblia!

Ana: E ouvindo uma musiquinha de fundo! Amo!

Junior: Se a sua avó sempre orou por você e agora sabe que você se converteu, pode ser que este presente seja o jeito dela de te incentivar a ter uma vida de comunhão com Deus. É um presente muito especial!

Junior: Posso ver a xícara?

Quando Junior segura a xícara e a olha mais de perto, ele sente tudo girar ao seu redor.

Junior: Pessoal, é impressão minha ou está tudo girando?

Michelle: Juniooooooooor, a xícaraaaaaa!

A casa parece crescer. A xícara se solta das mãos de Junior e cresce ao mesmo tempo que eles diminuem.

Ana: Estou sonhando! Estou sonhando! Não é possível! Amiga, me segura. Estou sendo puxaaaadaaa... aaahh!!!

A xícara gira e forma um redemoinho que puxa os amigos para dentro dele em queda livre. Enquanto caem, *flashes* de algumas cenas desconexas passam diante de seus olhos rapidamente.

Ted: Eu vi uma cruz ali? E uma arca?

Michelle: São cenas da Bíblia?!?!

Junior: Cuidado com o chãããooo!!!

Os amigos caem delicadamente no que parece ser um ambiente mal iluminado.

Ana: Não estou enxergando nada! Nadinha mesmo!

Michelle: Meu Deus! Que lugar é este?

Junior: Não tenho a menor ideia! Mas não é o quarto do Ted! Estou com medo.

Todos se aproximam e ficam em silêncio. De repente, ouvem:

HAJA LUZ!

PARA REFLETIR:
O que você faria se tivesse a oportunidade de presenciar as histórias da Bíblia? Qual delas você mais gostaria de ver?

Um clarão ilumina o aquele lugar. Os amigos cobrem os olhos, mas logo se acostumam à claridade. Estão todos assustados.

Ana: Haja luz? Será que...

Michelle: Eu acho que...

Todos: A gente está na história da criação!!!

Os amigos continuam a tentar descobrir mais:

Ted: Como a gente veio parar aqui? Foi a xícara que nos trouxe para cá?

Ana: Foi! Ou não foi? Fizemos uma viagem no tempo?

Junior: Estamos pequenininhos!! Ou tudo aqui é tão grande assim?

Michelle: Eu sei que parece loucura e um pouco assustador, mas algo me diz que não precisamos ter medo, sabia? Estamos dentro de uma história da Bíblia! Nós queríamos tanto estar mais próximos de Deus este ano, vejam só, nosso desejo foi realizado.

Junior: Bem lembrado, Michelle. Algumas coisas podem não fazer sentido para a lógica humana, mas fazem sentido para Deus, e isso deve ser suficiente para nós.

Ana: Então, vamos deixar o medo de lado e aproveitar o passeio.

Ted: É verdade, Ana! E eu confesso que, embora tenha ficado bastante assustado com tudo isso, também fiquei feliz. Meu desejo para este novo ano era me aprofundar no entendimento da Bíblia. Agora estamos literalmente dentro dela!

Todos riram muito, até que um forte barulho de água os interrompeu.

Ted: Pessoal, estão ouvindo?!

Ana: Parece barulho de... água?

Michelle: Se estamos na história da Criação, este só pode ser o segundo dia, e Deus está separando as águas debaixo do firmamento e as águas sobre o firmamento.

Junior: Corram!!!

PARA REFLETIR:

Você já viveu alguma situação muito maluca, daquelas que, se você contar, ninguém acredita, mas que serviu para fortalecer a sua fé?

Café com Deus Pai TEENS

Os amigos correm da água:

Ted: Rápido, por ali!

Os amigos vão na direção de uma área verde e conseguem escapar do ajuntamento de águas que deu origem aos mares.

Ana: Ufa! Essa foi por pouco!

Junior: Foi, sim, Ana, mas felizmente conseguimos chegar à porção seca que Deus chamou de terra.

Michelle: Verdade, Junior. E, olhando essa grama verdinha que está nascendo aqui, me lembrei do salmo 23: "ele me faz repousar em pastos verdejantes".

Ana: Perfeito isso, amiga! E muito oportuno também, porque essa correria me deixou tão, tão cansada que eu dormiria aqui facilmente, mas já está clareando de novo.

Ted: Pelo menos está cansada, e eu que estou morrendo de fome? Se tivesse alguma coisa para comer por aqui, uuuuhmm...

Junior: Que tal aquilo ali?

Quando olham na direção que Junior apontou, os amigos veem surgir muitas árvores frutíferas e uma grande variedade de vegetação, que se espalha rapidamente, formando bosques e florestas.

DESAFIO

Que tal pular cedinho da cama para apreciar o primeiro espetáculo da natureza que Deus preparou para nós? Sim, estamos falando do nascer do sol! Comece o dia admirando toda a beleza desse momento e de todos os outros que você viverá ao longo do dia.

Michelle: A natureza está se formando diante dos nossos olhos! A criação de Deus sempre me deixou sem palavras, de tão linda que é, mas nada me preparou para isto! Sur-re-al!

Ted: É realmente emocionante. Como pode existir algo tão lindo assim, e tão cheio de detalhes?

Junior: Sabe, Ted, quando lemos sobre a Criação na Bíblia, uma frase aparece várias vezes: "E viu Deus que isso era bom". A natureza é perfeita porque reflete a beleza do Deus perfeito.

café com Deus Pai TEENS

Os amigos comeram os frutos e, em seguida:

Ted: Ah, que maravilha! Agora sim estou satisfeito. A fruta estava uma delícia, nunca provei nada parecido.

Michelle: Está muito incrível mesmo, mas eu também não poderia esperar nada menos do que isso de um mundo novinho em folha que ainda nem sonha com a queda do homem e a entrada do pecado.

Ana: Verdade! Eu não tinha pensado nisso.

Ted: Para tudo! Quer dizer que nós vamos ver como o pecado entrou no mundo? Será?

Ana: Provavelmente, sim.

Ted: Cadê aquela árvore? Vou atrás dela agora para arrancar todos os frutos!

Junior: Ficou maluco, Ted? É claro que você não vai, relaxa aí. Nós não podemos interferir nos acontecimentos da História, até porque não temos nem tamanho para isso.

Os amigos conversam por um bom tempo, até que começa a escurecer.

Ana: Ei, vocês também perceberam que está ficando escuro? Acho que Deus fez a separação entre o dia e a noite!

Junior: Exatamente, Ana, ele fez. E olha esse céu cheio de estrelas, que coisa maravilhosa!

Ted: Cara, Deus é sensacional.

Michelle: É mesmo. Agora existe separação entre luz e trevas. Isso faz você se lembrar de alguma coisa, Ted?

Ted: Sim, me lembra de que devemos ser luz na escuridão, assim como Jesus.

Ana: É sobre isso!

Junior: E também sobre reconhecer a grandeza de Deus em cada detalhe. Não é muito louco pensar que Deus criou cada uma dessas milhares de estrelas?

ORAÇÃO

Senhor, ajuda-me a contemplar a beleza da tua criação!

GÊNESIS 1.20-23

Horas depois, amanhece.

Ana: Junior, acho que não estamos sozinhos!

Todos fazem silêncio, e o canto de um pássaro chama a atenção deles. Quando olham ao redor, veem um grupo de aves seguir na direção leste e golfinhos pularem alegremente no mar.

Ted: Eita, não estamos mesmo! Quantos animais!

Michelle: Estamos no quinto dia da Criação. Ao que parece, Deus acabou de criar as aves, os grandes animais marinhos e todos os seres viventes que rastejam.

Junior: Isso mesmo, Michelle. E como Deus viu que sua criação era boa, abençoou todos esses animais e ordenou que se multiplicassem e se espalhassem pelos quatro cantos da Terra.

Ana: Ele também separou os bichinhos em domésticos, répteis e selváticos, segundo a sua espécie.

Ted: E também viu que isso era bom, claro!

ORAÇÃO

Senhor, ajuda-me a zelar por tua Criação. Que eu seja bom e cuidadoso com os animais, não desperdice água, separe o lixo da maneira correta e respeite a natureza! Em nome de Jesus, oro, amém.

Ted: Mesmo sendo bom, ainda tem gente que não tem o menor respeito pelos animais. É caça ilegal, abandono, maus tratos... Como pode, né? Deus abençoou os animais, mas parece que ninguém liga.

Ana: Nem me fale, isso parte meu coração!

Junior: É triste mesmo. Mas agir com maldade é consequência do pecado. Não há amor à vida humana, à vida animal ou à criação de Deus como um todo.

Ana: É! Não poderíamos esperar nada diferente vindo de um mundo tomado pelo pecado. Nós que conhecemos e reconhecemos a Criação como um presente de Deus precisamos ser diferentes!

Michelle: E podemos fazer isso de várias formas: não jogar lixo na rua ou no mar, cuidar dos animais, cultivar um jardim, falar do amor de Jesus pela Criação e assim vai.. Só ele é capaz de transformar a mente e o coração das pessoas e fazê-las olhar para a Criação de Deus com mais amor e respeito.

Mais um dia se vai na história da Bíblia:

Ted: Eu estava dando uma olhada por aqui na Criação de Deus, e está faltando uma parte... quer dizer, duas, não é?

Ana: Adão e Eva, não é? Senhooooor! Será que eles já estão por aqui?

Junior: Vamos procurar! Eles devem estar onde ainda não fomos!

Aproveitando-se do tamanho pequeno que possibilita pegarem carona com alguns animais sem serem notados, o grupo de amigos inicia a busca pelo primeiro casal da humanidade.

Junior: EI! Vejam só! – Todos se aproximam e olham na direção que ele aponta. – Aquilo ali é um pé?

Ana: Parece que sim!

Ted: Será? Para mim, parece um monte de terra.

Michelle: Sim, é Adão! O monte de terra, Ted, é porque ele ainda não recebeu o fôlego de vida e, como você sabe, o homem foi feito do pó da terra. Deus deve estar por ali, cuidando dos últimos detalhes.

Ana: Que emoção, amigos!

Junior: Fiquem olhando, pessoal, acho que vai ser agora.

Os quatro amigos olham fixamente para aquele pé ainda de barro quando, de repente, alguns dedos se mexem.

Ted: Mano do céu!!! Aconteceu bem na nossa frente!!

Michelle: Siiim!!! Adão recebeu o fôlego de vida.

Ana: Do próprio Deus!!!

As duas não conseguem conter a empolgação e dão gritinhos histéricos de alegria enquanto pulam juntas de mãos dadas.

Junior: Ei! Parece que ele está se levantando agora.

O pé que os amigos viram se recolhe para dentro dos arbustos. Logo em seguida, um homem sai do meio das folhagens.

Todos: Adãããoo!!!

ORAÇÃO

Paizinho, obrigado por me dar o privilégio da vida e por pensar em cada detalhe do meu ser. Em nome de Jesus, amém.

Os amigos estão paralisados de emoção!

Ted: Para onde será que ele vai?

Michelle: A Bíblia diz que depois de formar o homem do pó da terra, Deus o coloca no jardim do Éden para que ele o cultivasse e guardasse.

Ana: Se ele está indo para o jardim do Éden, eu também quero ir para lá!

Junior: Bora! Vamos seguir por aqui.

Os amigos observam Adão a distância e o veem dar nome a todos os animais domésticos, às aves dos céus e a todos os animais selváticos.

Ted: O que ele está fazendo?

Junior: Está dando nome aos animais. A Bíblia diz que quando Deus colocou Adão no jardim do Éden, apresentou a ele os animais que criou para que desse um nome a eles.

Ted: Então foi ele que chamou o ornitorrinco de ornitorrinco? Não podia ter escolhido um nome mais fácil?

Todos riram muito.

Michelle: É, mas não foi só isso. Adão também dominou sobre os peixes do mar, sobre as aves dos céus, sobre os animais domésticos, sobre toda a terra e sobre todos os répteis que rastejam pela terra.

Ted: Uau! É uma responsabilidade e tanto.

Ana: Com certeza! E Deus fez assim porque criou o homem à sua imagem e semelhança, e deu a ele inteligência para cuidar de toda a criação com sabedoria... Eita! Me bateu um sono, do nada!

Ana boceja e Junior esfrega os olhos.

Junior: Eu também estou me sentindo estranho. Ih, olha lá, o Ted capotou.

Michelle: Adão está caindo em um sono profundo. Eu acho... acho que... – **Michelle boceja** – Deus vai criar a...

Antes de terminar a frase, Michelle cai em um sono profundo, seguida de Ana e Junior, enquanto Ted dorme há algum tempo.

PARA REFLETIR:

Você já parou para pensar em como ter coisas em excesso pode gerar poluição e contribuir para a extinção de alguns animais? Será que você pode ajudar a cuidar da Criação sendo mais consciente com seus pertences e com o descarte do lixo?

café com Deus Pai TEENS

De repente, Junior desperta assustado e acorda os amigos.

Ana: Gente, o que aconteceu? Senti um sono do nada!

Junior: TO-DOS nós caímos em um sono profundo de repente.

Ted: Capotei.

Michelle: Eu acho que sei o que aconteceu. A Bíblia diz que, depois de ter criado o homem, Deus viu que era bom que ele não ficasse só.

Ana: Então, Deus estava colocando Adão em sono profundo e nós dormimos junto!

Junior: Para fazer uma aliada semelhante a ele!

Ted: Eva! Mas por que ela não está aqui? Aliás, tudo parece tão quieto, não acham?

Michelle: Deve ser porque estamos no sétimo dia da criação, o dia do descanso do Senhor.

Ana: Faz sentido.

Ted: Está aí uma coisa que eu não entendo: por que Deus precisava descansar se ele não é um ser limitado como nós?

Junior: Ótima pergunta, Ted. A Palavra nos ensina que Deus descansou no sétimo dia, pois tinha terminado sua obra da Criação, mas não foi por ele estar cansado. Na verdade, o descanso de Deus serve de exemplo para nós, que também devemos descansar.

Ted: Ah, o dia que dedicamos ao Senhor, né?

Junior: Isso mesmo. Na real, todos os dias são do Senhor, mas é importante que a gente separe um para que seja dedicado totalmente a ele.

Ana: É por isso que vamos à igreja aos domingos. Ou aos sábados.

Michelle: Exatamente. Quando descansamos das atividades do dia a dia, que são voltadas para o sustento do corpo, ficamos com a mente livre para focar no sustento da alma e, assim, nos aproximarmos mais de Deus.

PARA REFLETIR:

O que você pode fazer para manter o propósito do Dia do Senhor em mente e ter sempre um dia da semana reservado para o seu relacionamento com Deus?

12/01

GÊNESIS 2.16-17

Sem saber ao certo quanto tempo se passou, os amigos continuam a conversa.

Ana: Pessoal, vocês ouviram isso? São passos!

Ted: De onde vem?

Junior: Ali, vejam!

Quando os amigos olham na direção apontada por Junior, notam uma mulher caminhando tranquilamente pelo jardim do Éden.

Michelle: É Eva! Acho que já sei para onde ela está indo. Vamos acompanhá-la!

O grupo segue Eva a distância, correndo e se escondendo para não ser notado, até que chegam ao local onde foi plantada a árvore do conhecimento do bem e do mal.

Ted: Aí está ela, a árvore do fruto da discórdia! Todo esse caos no mundo por causa de uma maçã.

Ana: Maçã? De onde você tirou essa ideia?

Ted: Ué? Aquilo ali não é uma maçã?

Michelle: Muita gente acredita que sim, e até diz que é porque fica mais fácil contar a história da Queda dessa forma, mas a verdade é que a Bíblia não diz com clareza qual tipo de fruto essa árvore produz. É dito apenas que é a árvore do conhecimento do bem e do mal.

Ted: Aaah, tá! Então, não podemos afirmar que o tal do fruto é uma maçã. Mas podemos dizer que Eva sabia que ia dar ruim se ela comesse do fruto, certo?

Junior: Certo! A Bíblia é bem clara sobre isso. Em Gênesis 2, Deus diz para Adão e Eva, com todas as letras, que eles poderiam comer qualquer fruto de qualquer árvore do Jardim, menos aquele. No dia em que fizessem isso, eles certamente morreriam.

Ted: Mas, gente, qual a lógica de fazer algo que você sabe que vai terminar em morte?

Ana: Que pergunta difícil! É que Eva, mesmo sabendo da verdade, acabou se deixando levar pelas mentiras de Satanás, como muitas vezes acontece com a gente também.

ORAÇÃO

Senhor, me perdoe por todas as vezes em que eu não fazer o que era certo, mesmo sabendo que era errado. Em teu nome eu oro, amém.

Ted ficou envergonhado, porque o que Ana disse é verdade!

Ted: Ui, essa doeu! Mas faz sentido. Só fico pensando que Adão poderia ter recusado o fruto quando Eva ofereceu para ele, mas ele foi lá e comeu também! Aí, ficam um botando a culpa no outro! De quem é a culpa, afinal?

Junior: Que bela pergunta essa, hein! Sabe de quem é a culpa? Dos dois. Tanto Adão como Eva desejaram obter o conhecimento do bem e do mal de maneira errada e desobedeceram a ordem de Deus. É por isso que pouco importa que Eva comeu o fruto primeiro e Adão comeu depois.

Michelle: Isso mesmo. Os dois pecaram, mas foram responsabilizados de maneiras diferentes. Adão tinha o dever de cuidar do jardim do Éden e manter tudo em ordem, enquanto Eva veio depois para ajudá-lo nessa tarefa como uma aliada semelhante.

Ted: Mas Deus pegou pesado nesses castigos, vocês não acham? Agora eles estão largados à própria sorte!

Junior: Eu não diria que Deus pegou pesado. Na verdade, acho que ele disciplinou de acordo com a gravidade da desobediência que eles cometeram, afinal o pecado deles contaminou a humanidade e causou a separação entre Deus e o homem.

Ana: Perfeito, Mi! É por isso que o Senhor ficou tããããão bravo com eles. Igual quando pisamos na bola com quem cuida de nós, e eles precisam ser mais enérgicos com a gente, mesmo nos amando muito.

Michelle: Ótimo exemplo, Ana! – **e as amigas se cumprimentam, sorrindo.** – Nenhum pai, mãe, avô ou avó gosta de dar bronca, mas, quando necessário, eles fazem isso para o nosso próprio bem.

ORAÇÃO

Senhor, obrigado por usar pessoas que me amam para me mostrar o que tenho feito de errado, ajuda-me a lutar contra o pecado!

14/01

GÊNESIS 3.22-24

Depois de ouvir à explicação das amigas, Ted refletiu:

Ted: E agora, eles ficam como?

Junior: Agora o relacionamento com Deus não será mais o mesmo. Além de enfrentarem muito sofrimento, eles não poderão mais desfrutar da presença de Deus da mesma forma que antes.

Michelle: Exatamente. O pecado entrou no mundo e ficou! A desobediência de Adão e Eva foi tão grave que Deus amaldiçoou a terra, e Adão passou a não sentir mais prazer no seu trabalho. Ele sofreu para garantir o sustento de cada dia.

Ana: Fora que eles foram expulsos do Jardim do Éden. Para tudo! Eles estão indo embora agora mesmo, vejam!

Ted: É verdade! Já era!. Agora eles devem ter se dado conta do vacilo que cometeram, não acham? Trocaram uma vida tão boa na presença de Deus por uma vida de sofrimento e miséria longe dele.

Michelle: É nisso que dá quando tentamos ser independentes de Deus e vivemos de acordo com as nossas próprias regras.

Junior: Com certeza! Adão e Eva foram enganados pela serpente. Já a gente... nós somos enganados pelos nossos próprios sentimentos, porque, após a Queda, o pecado passou de geração em geração.

Ana: Isso mesmo. Todas as pessoas que vieram depois de Adão e Eva nasceram com a chamada natureza pecaminosa ou pecado original.

Ted: Aff, sobrou pra gente!

Michelle: Infelizmente! Como Adão e Eva foram feitos à imagem e semelhança de Deus, isso significa que todos os seres humanos que vieram depois deles também são à imagem e semelhança de Deus.

Ana: É por essa razão que a Bíblia diz que "todos pecaram e carecem da glória de Deus". Ainda bem que esse não é o fim da história!

ORAÇÃO

Senhor, preciso de ti todos os dias! Ajuda-me a lutar contra o mal que habita em mim e a viver uma vida que agrade a ti. Em nome de Jesus, eu oro, amém.

15/01
ROMANOS 6.22,23

Ao ver a tristeza de Adão e Eva por terem de sair do Éden, Ted pergunta:

Ted: Será que eles têm consciência de que o pecado não pode trazer nada de bom?

Junior: A vida de Adão e Eva foi cheia de sofrimento depois do Éden, porque desobedeceram.

Michelle: Isso mesmo! Pode até passar pela nossa cabeça que pecar pode ser bom e prazeroso, mas é mera ilusão.

Ana: A pessoa acaba se tornando escrava do pecado! Ela faz uma vez... depois faz de novo... e de novo... e não consegue mais parar de fazer aquilo que faz mal para ela.

Michelle: Verdade, amiga. Mas existe esperança para quem se entrega a Deus.

Ted: Igualzinho eu fiz! – **Ted sorri.**

Junior: Isso aí! Todo ser humano vai ter um senhor, porque Deus nos criou para adorá-lo. Mas alguns são escravos da mentira, do dinheiro, da fama, de si mesmos...

Ted: Misericredo! Eu já fui escravo das encrencas, lembram?

Junior: Aaahh, se lembro! Ainda bem que você mudou! Sabe de uma coisa, Ted? Assim como você fez, todos nós podemos escolher servir a Deus. E essa escolha, Ted, você sabe bem como é boa!

Ted: Verdade! Como eu perdi tempo com bobagens de ser valentão – **diz coçando a cabeça e ficando vermelho de vergonha!**

Michelle: O importante é que você fez a escolha certa, Ted: ser livre para fazer a vontade Deus.

Junior: É verdade! O Ted agora também tem a vida eterna!

Michelle: E o melhor de tudo é que a salvação é totalmente de graça! Jesus já fez tudo o que precisava ao morrer na cruz e ressuscitar. Nós só precisamos nos arrepender, crer e aceitar esse presente ma-ra-vi-lho-so!

ORAÇÃO

Senhor, obrigado por me libertar do pecado e pela tua maravilhosa graça!

16/01
GÊNESIS 4.1-2

Ana percebe algo brilhante atrás de Michelle.

Ana: Amiga, o que é isso atrás de você?

O objeto brilhante, que eles não conseguem identificar porque emite luz, vai crescendo à medida que gira rapidamente e forma um redemoinho que lhes parece familiar.

Junior: Está parecendo aquele portal de teletransporte que nos trouxe para cá!

Ted: A xícara veio parar aqui? Mas como, se eu não a vi em lugar nenhum?

Ana: E... eu... estou... sendo.... puxaaaaaadaaaaa de noooooooooo... aaahhh!!!

O portal que se formou puxa os amigos para dentro. Mais uma vez, todos se sentem como se estivessem em queda livre. Enquanto caem, os mesmos flashes de cenas desconexas passam diante de seus olhos.

Michelle: As cenas da Bíblia que vimos antes!

Ana: Será que estamos voltando para a casa do Ted?

Ted: Não parece, nãããããããoooooo!

Junior: Cuidado com o chãããooo!!!

O impacto da queda é amortecido pelo que parece ser uma plantação de hortaliças.

Ana: É, definitivamente a gente não voltou para a casa do Ted.

Junior: Será que estamos em outra história da Bíblia?

Michelle: Provavelmente, sim. Isso aqui parece ser uma horta. Então, deve ser o quintal de alguém.

Ted: Tem alguém ali!

Os amigos se deparam com um jovem colhendo alguns produtos da terra.

Ana: Gente, quem é esse?

Junior: Ei! Se a gente estava na história de Adão e Eva até agora pouco, pode ser que este seja... Caim?

Michelle: Faz sentido, Junior! A Bíblia diz que Caim era agricultor. Provavelmente ele deve estar colhendo essas hortaliças para oferecer a Deus.

Ted: Então esta é a história de Caim e Abel!

PARA REFLETIR:

Se você pudesse oferecer um presente para Deus, qual seria? Será que o que importa é o valor do presente ou a intenção do coração?

Michelle concorda com o amigo:

Michelle: Parece que sim, Ted! Se Caim está preparando sua oferta ao Senhor aqui, Abel deve estar preparando a dele em algum lugar aqui perto.

Ana: Quero muito ver o que ele preparou! Vamos por aqui? Ai! A rama da cenoura me bateu!

Todos riem e, como se estivessem tentando sair de um labirinto, os amigos passam pelas hortaliças até encontrarem a saída da horta. Depois de vasculharem um pouco a região, avistam um pequeno rebanho de ovelhas ao longe.

Junior: Ali, pessoal! Estão vendo aquele rebanho? Abel deve estar por ali, porque a Bíblia diz que ele era pastor de ovelhas.

Michelle: Vamos até lá!

Ao se aproximarem, os amigos veem Abel ajoelhado diante de um altar no qual está um animal que foi oferecido em sacrifício.

Ted: É impressão minha ou aquilo ali é um animalzinho morto? Que absurdo! Que maldade!

Ana: Calma, Ted! Sacrifícios de animais eram muito comuns antes de Jesus nascer. Acredite se puder, mas, nessa época, serviam de demonstração de amor a Deus. Pode isso?

Junior: É sobre isso! Na época do Antigo Testamento, é quando esta história acontece, Deus exigia sacrifícios de animais da humanidade em troca do perdão pelos pecados.

Ted: Eita! Entendi. Mas nós ainda somos pecadores, então, por que não fazemos sacrifícios?

Michelle: Boa pergunta! A gente não precisa de sacrifícios hoje porque Deus enviou seu filho para morrer na cruz em nosso lugar.

Ted: Pera aí! Então, quer dizer que é como se Jesus fosse aquele cordeirinho ali? – o menino pergunta, confuso.

Junior: Na mosca! Jesus Cristo foi o sacrifício supremo. Ele levou TO-DOS os pecados de TO-DAS as pessoas e morreu em nosso lugar para sermos considerados justos diante de Deus.

Ted: Jesus é O Cara!

ORAÇÃO

Pai, obrigado pelo sacrifício do teu filho, Jesus!

Os amigos veem Caim com o semblante irritado enquanto olha de longe seu irmão, Abel.

Ana: Olhem só como Caim está irritadinho!

Michelle: Os dois irmãos ofereceram sacrifícios a Deus, e a Bíblia nos diz que Deus aceitou sacrifício de Abel, mas não o de Caim, por causa da intenção do coração.

Ted: Ele deve ter se sentido rejeitado.

Michelle: Sim, Ted. E, na Palavra diz que Deus foi conversar com ele e alertá-lo sobre o sentimento de raiva que crescia dentro dele.

Junior: Ter raiva não é pecado, é só uma emoção. Mas, se não tomarmos cuidado, ela pode nos levar ao pecado.

Ted: Entendi foi nada!

Ana: É que nem sempre as coisas acontecem como gostaríamos. Às vezes, as pessoas podem gostar mais do trabalho do nosso colega do que do nosso. Ou podemos não ser escolhidos para o time de futebol, não é, Junior?

Junior: Nem me fale! – **diz, chateado.**

Ana: A gente se sente rejeitado e com raiva, mas podemos escolher a nossa reação.

Junior: É isso aí! Já aprendi que não importa o que aconteça comigo, devo fazer o que é certo para que a rejeição e a raiva não tomem conta do meu coração nem me levem a pecar!

Ted: Verdade, Junior. Você ficava triste quando eu não era chamado para jogar, mas não discutia comigo. Como eu era brigão, queria que você reagisse para a gente brigar. Agora sei que fazia o que Deus aprova.

Michelle: Ted, agora você está aprendendo que precisamos estar sempre atentos e conscientes das nossas atitudes!

PARA REFLETIR:

Você já se sentiu rejeitado? Talvez quando um aluno novo chegou a sua sala ou quando a família deu mais atenção a outra pessoa. Como você reagiu? Ore para que Deus ajude você a descobrir seus sentimentos e o ensine a lidar com eles. Não importa o que aconteça, faça o que é certo!

Ted avisa os amigos que Caim está indo na direção do irmão.

Ana: Ele ainda está com uma cara péssima.

Michelle: Mesmo depois de ouvir o conselho amoroso de Deus, ele deixou a raiva tomar o controle.

Ted: E por que ele está indo na direção de Abel? Vai discutir com ele?

Michelle: Não. Infelizmente é bem pior.

Ted: Que horror! Do jeito que vocês estão falando, parece até que ele vai matar o próprio irmão!

Ana, Junior e Michelle se entreolham em silêncio.

Ana: Eu conto ou vocês contam?

Ted: Não! Pera... É sério isso?

Junior: Veja você mesmo.

Quando Ted olha na direção que Junior apontou, vê Caim e Abel entrando em um campo. De repente, ouvem um grito e, em seguida, silêncio. Logo depois, Caim sai correndo, assustado e sujo de sangue.

Ted: Meu Deus!!! Como ele teve coragem de matar o próprio irmão?? E agora está tentando fugir!!

Ana: Esse é o destino dele agora. A Bíblia conta que Deus disse para Caim que ele andaria pelo mundo sempre como um fugitivo.

Ted: Que destino triste!

Junior: É sim, mas não é para menos: esse foi o primeiro crime da história.

Michelle: Sim. É a prova cabal de que o mundo precisava mesmo de um Salvador.

PARA REFLETIR:

Ser rejeitado pode deixar você irritado, chateado e triste? Ser aceito não deveria produzir bons sentimentos na sua vida? Então, entenda: você já é aceito! Mesmo que não seja aceito pelo time de futebol, você sempre fará parte do time do Criador. Talvez sua família não lhe dê a atenção que você gostaria, mas você tem um Deus que se inclina do trono para ouvir as suas orações!

Um redemoinho surgiu de novo.

Michelle: Pessoal, o portal se abriu de novo, olhem ali!

Quando olham para a direção que Michelle apontou, os amigos veem o redemoinho, mas não são puxadas para dentro dele.

Ana: Caraca, de novo! Que estranho, desta vez ele não está puxando a gente.

Michelle: Acho que pode ser um convite da xícara para atravessarmos por conta própria.

Junior: Faz sentido. E aí, vamos encarar?

Ted: Bora! Já deu por aqui!.

Ted corre em direção ao portal, seguido de Michelle, Ana e Junior. Dessa vez, a sensação de queda livre já não parece tão assustadora.

Ana: Engraçado, não estou mais com medo!

Michelle: Nem eu! E as imagens fazem muito mais sentido.

Junior: Ei! quem é aquele homem?

Antes que Junior terminasse de falar, os amigos caem em um campo e dão de cara com uma grande Arca.

Junior: Noé!

De longe, os amigos veem Noé bastante concentrado na construção da Arca.

Ted: Olha o tamanho desse barcoooooooo! Deve ter levado uma vida inteira para construir.

Michelle: Eu não duvido disso. A Bíblia não diz o tempo exato, mas com certeza Noé levou muito, muuuitos anos para construir a Arca do jeitinho que Deus orientou.

Ana: Eu só imagino o tanto de zombaria que ele deve ter aguentado enquanto se mantinha firme no propósito de Deus para ele.

Michelle: Ah, deve mesmo ter acontecido isso, amiga! Mas, enquanto as pessoas preferiam duvidar, Noé preferiu ter fé.

ORAÇÃO

Senhor, ajuda-me a seguir a tua orientação e a me importar mais com o que o Senhor deseja do que com as coisas que as pessoas esperam de mim!

De repente, os amigos começam a sentir o chão tremer levemente.

Junior: Vocês estão sentindo isso?

De repente, ouvem um grande barulho que estava aumentando de volume porque o motivo se aproximava pouco a pouco.

Ana: Animais! Eles estão vindo para entrar na arca!

Michelle: Só tem um probleminha: eles estão vindo na nossa direção. AAAAAHHHHHHHHHH! Corram!!

Os amigos correm em direção à Arca. Ao verem os animais se aproximando, Junior sugere que cada um tente se esconder na pelagem de um animal para conseguirem embarcar.

Ana: Ufa, essa foi por pouco! Por muito pouco meeeesmo! Acho que entortei meus óculos! – diz Ana, já dentro da Arca.

Michelle: Olhem ali como o tempo mudou de repente.

Quando olham para o céu, nuvens de chuva muito densas se aproximam. Pouco depois, o céu escurece, anunciando a grande chuva que está por vir. CABRUUUUM!

Junior: E aí vem ele, o dilúvio!

Os amigos veem Noé e sua família fechando todas as janelas da embarcação e trancando as portas, enquanto as primeiras gotas de chuva começam a cair.

Ted: Cara, é incrível como Noé foi obediente, não é? Estamos no meio do deserto!

Michelle: Com certeza. Talvez, ele até tenha ficado desanimado e pensado em desistir, mas não deixou nenhum sentimento atrapalhar a sua missão!

Ana: Noé era um homem correto e vivia em comunhão com Deus, diferente de todo o resto do povo.

Ted: E a obediência dele foi recompensada, porque a família dele foi todinha salva.

Junior: Ele é tão amoroso e se importa tanto com a Criação que decidiu dar uma nova chance para a humanidade.

Michelle: Noé obedeceu mesmo sem entender o propósito exato do Senhor, e é essa mesma obediência que ele quer de nós.

ORAÇÃO

Senhor, ajuda-me a obedecer mesmo quando nada parece fazer sentido!

22/01

GÊNESIS 8.13-17

De repente, a Arca começa a balançar.

Ted: A Arca está saindo do chão! Não sei vocês, mas estou ficando com vontade de vomitar.

Michelle: Aguenta firme, Ted! A chuva não vai durar para sempre. Logo estaremos em terra firme de novo.

Ted: Em breve? Ah, fala sério! Vai levar uma eternidade para essa água toda secar!

Junior: Concordo, mas isso é só um detalhe.

Ted: Você só pode estar de brincadeira, Junior!

Junior: Que nada, é sério! Mais importante do que desejar uma coisa é o que a gente faz enquanto espera que ela aconteça.

Ted: Quê?

Junior: Veja Noé e sua família ali. Eles também não devem estar gostando de sacudir, devem estar com saudades de casa; e ainda têm o trabalhão de cuidar de tooodos estes animais. Mesmo assim, seguem firmes, porque sabem que Deus tem um propósito.

Michelle: Issooo! Eles sabem que Deus está usando esta situação, nesse momento, para melhorar o caráter deles.

Ana: É verdade. Eles com certeza vão sair daqui diferentes de quando entraram.

Ted: Então, quer dizer que Deus pode me ensinar algo também?

Michelle: Com certeza! Deus já está dando forças a você agora mesmo e o ensinando a confiar nele mesmo quando estiver com medo.

Junior: Deus não vai começar a trabalhar no mundo quando tudo isso passar. Ele já está trabalhando agora mesmo na vida de cada um que está aqui.

Ana: Ele pensou em tudo! O sustento físico de Noé e sua família vêm dos mantimentos que ele separou, mas o sustento espiritual para fortalecer sua alma vêm do próprio Deus.

ORAÇÃO

Senhor, ajuda-me a confiar em ti em meio às adversidades!

PARA REFLETIR:

Você já esteve em uma situação desconfortável? Como lidou com a vontade de fugir daquilo tudo? Você buscou forças em Deus?

A chuva do dilúvio cessa, a Arca para de balançar e todos ficam mais tranquilos. Os amigos conversam sobre os mais diversos assuntos, observam a rotina de Noé com os animais e mal veem o tempo passar. Quando dão por si, já é hora de pisar em terra firme outra vez.

Ana: Pessoal, vejam! Noé está abrindo a Arca!

Ted: Finalmente!

Assim que a primeira frestinha de claridade da porta que Noé está abrindo adentra na Arca, Os amigos saem da embarcação e se deparam com a terra completamente seca.

Ana: Eita! Parece outro lugar.

Michelle: Pois é, quem vê nem imagina o que acabou de acontecer aqui.

Junior: Ei! Os animais vão sair da Arca agora. Cuidado!

Os amigos correm para se afastar e, de uma distância segura, veem sair da Arca todos os animais e as aves, em grupos, de acordo com as suas espécies.

Junior: E lá vão eles, se espalhar por toda a parte e povoar a terra como Deus ordenou!

Ted: Foi uma aventura e tanto, não acham?

Ana: Foi tenso! Ainda bem que isso nunca mais vai acontecer.

Ted: E como é que você pode ter tanta certeza disso?

Michelle: Ué! Porque Deus prometeu que nunca mais os seres vivos seriam destruídos por um dilúvio.

Ted: Tomara!

Ana: Não precisa torcer, Ted. É fato!

Junior: É mesmo. E ali está a prova – fala, apontando para um grande arco-íris que acabara de se formar.

Ted: Um arco-íris! Caraca, que maneiro!

Michelle: Mas não é um arco-íris qualquer. É o primeiro de todos! O símbolo da aliança que Deus fez com Noé. Toda vez que aparece um arco-íris é um lembrete de que Deus é fiel e cumpre o que diz.

ORAÇÃO

Pai, obrigado por tua fidelidade!

24/01

GÊNESIS 11.1-4

Ted observa os animais se espalharem assim que saem da Arca.

Ted: Pessoal, vejam só, os animais estão se separando.

Michelle: Sim, Ted.

Ted: Então, a família de Noé também vai fazer isso, certo?

Junior: Isso mesmo. A Bíblia diz que Sem, Cam e Jafé, os filhos de Noé, tiveram muitos filhos e filhas, e seus descendentes se espalharam pela terra.

Ana: E Ted, se você quiser saber o que vem depois, acho que a resposta está ali.

Ana aponta na direção do portal que havia acabado de surgir.

Junior: A xícara abriu o portal. Aonde será que vamos agora?

Ted: Bora descobrir!

Ted é o primeiro a chegar ao portal, seguido de Ana, Michelle e Junior. Enquanto diversos flashes de cenas da Bíblia passam diante de seus olhos, os amigos tentam adivinhar qual história vão visitar desta vez.

Michelle: Olhem aquela multidão ali! Será o povo de Israel a caminho da Terra Prometida?

Junior: Talvez, mas pode ser a história de José também.

Ana: Ou de Josué.

Ted: Pode ser a história de muita gente, já entendi!

Todos riem e logo chegam ao destino da nova história: uma verdadeira bagunça.

Ana: Eita! Que lugar é este? Estamos no alto de uma torre?

Michelle: Não quero nem olhar! Tenho medo de altura!

Ted: E quem são todas essas pessoas? Que caos!

Junior: SHHHH! Estou tentando entender o que elas dizem, mas está difícil.

Michelle: Parece que cada um está falando uma língua diferente, não é? – **ela diz com os olhos fechados de medo** – Será que...

Junior: Só pode ser isso, Michelle. Estamos no alto da Torre de Babel!

DESAFIO

Que tal se reunir com seus amigos ou com sua família para ver quem consegue construir a torre mais alta? Vale usar cartas de baralho ou pecinhas de madeira ou plástico. Ganha aquele que conseguir equilibrar todas as peças ou cartas sem derrubar nenhuma!

Ted se sente perdido na confusão de línguas faladas pelo povo:

Ted: Mas o que está rolando aqui, afinal? Isto está uma badernaaaaaa!

Junior: Ao que parece, Deus confundiu a língua de toda essa gente, para que um não entenda o que o outro está dizendo.

Michelle: Isso mesmo, Junior. Antes, todos eles falavam a mesma língua, usavam as mesmas palavras para se comunicar. Um belo dia, eles resolveram construir uma torre que chegasse até o céu, só para ficarem famosos – **afirmou, abrindo lentamente os olhos.**

Ted: Igual a essas pessoas da internet que fazem de tudo para ganhar likes?

Junior: Tipo isso. Orgulho e vaidade que chama. Pecados que entraram no mundo com a queda do homem.

Michelle: O povo dessa época era muito orgulhoso e achava que não precisava de Deus.

Ana: Mal sabiam eles que Deus deseja que sejamos humildes em nosso coração e em nossa maneira de agir.

Ted: Mas isso aqui está caótico demais! Não tem a menor condição de eles continuarem construindo qualquer coisa dessa forma.

Ana: É essa a ideia. Deus confundiu a língua de todos eles justamente para não conseguirem mais se comunicar e, assim, não continuarem com a construção da torre.

Michelle: E a Bíblia diz que depois disso, Deus espalhou essas pessoas pelo mundo inteiro.

Ted: E o que vai acontecer com esta torre aqui?

Antes que alguém possa responder, os amigos sentem o chão tremer sob seus pés.

Junior: Eu a-acho que se-sei a respo-posta. Vocês estão senti-tindo i-isso? – **pergunta apavorado.**

Ana: A torre está desmoronando. Vamos caiiiiiiiiiiiir!!!

A torre de Babel começa a desmoronar, mas, antes que um acidente aconteça, a xícara abre o portal abaixo dos amigos e eles são teletransportados para uma nova aventura.

ORAÇÃO

Senhor amado, que os teus planos para mim prevaleçam acima dos meus planos. Ajuda-me a identificar a tua vontade para a minha vida e a ser humilde de coração. Em teu nome eu oro, amém.

Café com Deus Pai TEENS

Os amigos caem em um gramado. Após se levantarem e se recuperarem do susto, notam mais adiante, em um monte, um homem ajoelhado em oração.

Ted: Quem é aquele ali?

Michelle: Se estivermos acompanhando as histórias na ordem em que aparecem na Bíblia, então o meu palpite é que seja Abraão, ou melhor, Abrão. Estou tão feliz de estar em segurança no chão!

Todos riem, aliviados!

Junior: Faz sentido, Michelle! E tudo indica que ele está conversando com Deus, como sempre costuma fazer. Abrão foi chamado amigo de Deus por causa de sua fé e obediência.

Ana: Verdade. Abrão era um homem tão temente a Deus. O Senhor entregou promessas valiosíssimas para ele.

Ted: Estou boiando de novo!

Junior: Deus disse a Abrão que ia fazer dele o pai de uma grande nação. Para isso, ele precisava dar um passo de fé: sair de sua terra e de perto da família, e ir para o novo local que Deus iria lhe mostrar.

Ted: Peraí! Deus está falando para Abrão deixar tuuuuudo isso para trás e simplesmente sair por aí sem rumo? Parece que a vida dele é muito boa aqui.

Michelle: É verdade, Ted! Mas Deus tinha um propósito e um plano para Abrão muito melhores do que ele poderia imaginar.

Ted: Isso eu entendi, mas não deve ser fácil sair de casa e partir para um local completamente desconhecido.

Michelle: Concordo! Mas Deus nunca disse que seria fácil.

Junior: Ei! Mas ele também não largou Abrão à própria sorte. Afinal, um pai sempre deseja o melhor para os seus filhos, e Abrão sabia que poderia esperar somente o melhor de seu Pai celestial!

ORAÇÃO

Deus Pai, ajuda-me a sair da zona de conforto quando for preciso. Quero estar pronto a obedecer-te sem duvidar! Em teu nome eu oro. Amém.

Ted vê Abrão se levantar.

Ted: Veja só, Abrão está se preparando para partir! Realmente, é preciso ter muita fé para deixar tudo assim.

Michelle: É, Abrão foi muito corajoso mesmo. Mas sua fé será recompensada. No caminho para a terra que Deus prometeu a Abrão, o Senhor muda o nome daquele homem para Abraão, que significa "pai de muitas nações".

Enquanto acompanham Abraão em sua jornada, os amigos conversam sobre as promessas que Deus fez. Quando dão por si, já anoiteceu, e o céu está bastante estrelado.

Ana: Olhem como o céu está bonito!

Michelle: Lindo mesmo, amiga! Isso me faz lembrar de que Deus prometeu que a descendência de Abraão seria mais numerosa do que as estrelas do céu.

Ted: Caraca! Tudo isso? Mas como? Bom, olhem vocês mesmos, Abraão e Sara, sua esposa, já são idosos e não têm filhos – **disse, intrigado.**

Junior: O poder de Deus não tem limites, Ted. Abraão tinha setenta e cinco anos quando soube que seria pai de uma grande nação, mas essa promessa ainda levou algum tempo para se cumprir.

Michelle: Exatos vinte e cinco anos. Abraão tinha cem anos quando Isaque, o filho da promessa, nasceu.

Ted: Vinte e cinco anos? Haja paciência para esperar tudo isso!

Ana: Abraão e Sara não sabiam o tempo que iria levar para a promessa se cumprir. Deus não havia dado um prazo para eles, apenas sua palavra, que, no caso, vamos combinar, vale muuuuito mais!

Junior: Com certeza! Aquele que prometeu é fiel para cumprir.

ORAÇÃO

Senhor, nunca deixes que eu perca a minha fé em ti mesmo quando estiver difícil. Sei que minha vida está em tuas mãos. Quero confiar no teu cuidado e soberania, sem temer o futuro. Em teu nome eu oro, amém.

Depois de muito conversarem, os amigos pegam no sono, e, quando acordam, sentem como se tivessem avançado no tempo.

Ana: Gente, que horas são? Ainda está escuro, quanto tempo a gente dormiu?

Michelle: Não tenho ideia, amiga! Mas, olha só, é uma criança ali?

Michelle aponta em uma direção, e os amigos acompanham com o olhar. Um menino está saindo de dentro de uma tenda, acompanhado de três homens.

Ted: Quem são aquelas pessoas?

Junior: Se não estou enganado, aquele rapaz deve ser Isaque, o filho da promessa. O senhor mais velho é Abraão, e os outros dois são seus servos.

DESAFIO

Há algo em sua rotina de que você goste muito de fazer, ou um alimento de que goste muito de comer? Que tal se propor a abrir mão disso por uma semana e, durante esse período, concentrar-se em buscar mais a Deus? Você vai se surpreender com o quanto se fortalecerá espiritualmente!

Ted: E para onde eles vão uma hora dessas?

Michelle: Enfrentar a maior prova que Abraão já passou na vida.

Ted: Que seria...?

Ana: Entregar seu filho Isaque como sacrifício.

Ted: O QUÊÊÊÊÊ??? – **perguntou, incrédulo!**

Os amigos rapidamente avançam na direção de Ted para silenciá-lo.

Junior: Perdeu o controle, meu jovem? O que você pensa que está fazendo?

Ted: Pergunta isso para aquele senhor ali! Como ele tem coragem de fazer uma coisa dessas com o próprio filho? Aliás, com o filho que ele sonhou a vida inteira em ter!

Ana: Ted, pode ter certeza de que Abraão não deve estar naaaada feliz nesse momento. Isaque é, sim, muito valioso para ele, mas Deus é ainda mais.

Michelle: É bem isso! O amor de Abraão por Deus era tão grande, mas tão grande, que em nenhum momento ele questionou a ordem que recebeu. Ele simplesmente obedeceu porque sabia que, por mais que o cenário fosse terrível, ele poderia confiar na fidelidade e provisão do Deus que nunca o desamparou.

Junior vê algo muito interessante e chama os amigos:

Junior: Venham aqui! Temos que ver isso de perto!

Os amigos seguem Junior e conseguem acompanhar Abraão e Isaque até o local do sacrifício. Ted quase tem um piripaque ao ouvir Abraão dizer para o filho que Deus proveria para si o cordeiro, mas decide confiar na palavra de seus amigos.

Michelle: Ted, que tal se inspirar nessa história, que fala de confiança, para aprender a confiar também?

Ted: Como assim?

Michelle: Eu sei que parece que vai dar ruim, mas você se lembra da promessa que Deus fez a Abraão?

Ted: Que ele seria pai de uma grande nação. Só não sei como se vai matar Isaque – **responde, inconformado.**

Ana: Capaz que Abraão tenha pensado exatamente isso. Mas ele conhecia o Deus a quem servia bem o suficiente para saber que havia um plano maior por trás daquilo.

Junior: Verdade! Abraão sabia que Deus poderia ressuscitar Isaque e que, independentemente do que acontecesse, Deus continuaria sendo bom e fiel.

Michelle: Confiar na provisão divina é permanecer confiante de que ele é soberano e sabe o que faz, mesmo quando não entendemos a razão das coisas. Agora, Ted, presta atenção no que vai acontecer daqui a pouquinho!

PARA REFLETIR:

Alguma vez você já precisou abrir mão de algo de que gostava muito por obediência? Obedecer mesmo quando não entendemos o motivo da ordem pode ser muito desafiador. Quando o próprio Deus pede, podemos descansar e confiar, porque ele é bom, e seus planos são sempre para o nosso bem.

30/01
GÊNESIS 22.9-16

café com Deus pai TEENS

Tudo está pronto para o sacrifício. Isaque já está no altar que foi preparado e Abraão empunha uma faca. Quando ele levanta o braço para desferir o golpe fatal em seu filho, os amigos abafam um grito, extasiados com o que veem.

Ted: O braço de Abraão travou? Ele parou de se mexer.

Michelle: Acho que é porque o Anjo do Senhor apareceu para ele para pedir que não machuque o menino.

Junior: E para dizer que agora ele sabia que Abraão verdadeiramente temia a Deus, pois não lhe negou seu único filho.

BÉÉÉ!!!

Os amigos observam Abraão olhar na direção do balido e ver, no meio dos arbustos, um carneiro que ofereceu como sacrifício no lugar de seu filho.

Ted: UAAAAAAUUUUU! Deus realmente proveu para ele o cordeiro. Valeu a pena confiar!

Ana: Ao obedecer mesmo sem saber o que aconteceria, Abraão mostrou que amava ao Senhor acima de qualquer outra coisa, até mesmo de seu filho.

Michelle: Sim! Às vezes, corremos o risco de amar mais a promessa de Deus do que o próprio Deus da promessa.

Junior: Isso é idolatria: quando, no nosso coração, colocamos algo no lugar que deveria ser só de Deus. Os ídolos que o ser humano cria podem parecer bons, mas ganharam uma importância que somente Deus pode ter.

Ana: É verdade, uma boa forma de identificar ídolos no nosso coração é nos questionarmos se existe algo que importa mais para nós do que o próprio Deus.

ORAÇÃO

Senhor, obrigado por tua provisão e por mostrar uma saída mesmo quando as circunstâncias parecem contrárias. Ensina-me a te amar acima de todas as coisas! Em teu nome eu oro, amém.

O milagre do carneiro fez Michelle se lembrar de outra história.

Michelle: Sabe o que também é muito interessante? Isaque teve filhos, mas eles também foram frutos de um milagre, pois a esposa dele, Rebeca, era estéril.

Ted: Sério?

Junior: Verdade! A Bíblia diz que Isaque e Rebeca desejavam muito ter filhos, mas não conseguiam de jeito nenhum. Então, Isaque orou a Deus em favor de sua esposa. Deus o ouviu e Rebeca ficou grávida.

Ana: Alerta de spoiler: de gêmeos!

Ted: Que maneiro! Eu queria ter um irmão gêmeo para ser meu amigo. Gêmeos sempre são amigos!

Ana, Junior e Michelle abafam uma risadinha, e Ted fica sem entender.

Ted: O que foi agora?

Ana: Amigos, só que não. A Bíblia conta uma história só um pouquinho diferente.

Michelle: Os bebês não paravam quietos e brigavam dentro da barriga da mãe, e Rebeca quis saber o porquê daquilo tudo.

Ted: Que bizarro! E o que Deus falou?

Junior: O Senhor disse a Rebeca que em seu ventre havia duas nações diferentes. Ela daria à luz dois povos inimigos.

PARA REFLETIR:

Você tem irmãos ou irmãs? Se sim, como é o relacionamento com eles? Brigam muito ou são mais de boa? (Dica: Caso você não tenha irmãos de sangue, vale considerar aquele amigo mais chegado que irmão!)

Ted: Eita! Um vai matar o outro igual Caim e Abel?

Michelle: Não! Mas um seria mais forte do que o outro, e o mais velho iria servir ao mais novo.

Junior: Quando os meninos nasceram, o que nasceu primeiro era bem ruivo e peludo, e por isso foi chamado de Esaú.

Ana: E Jacó, o mais novo, nasceu agarrado no calcanhar do irmão!

Ted: É eita atrás de eita! Esses meninos não deram um minuto de paz nem para nascer? Pelo menos os pais amavam os dois igualmente, vai!

Ana, Junior e Michelle se entreolham segurando o riso.

Ted: Ah, não! O que foi agora? Não vão me dizer que cada pai gostava de um filho?

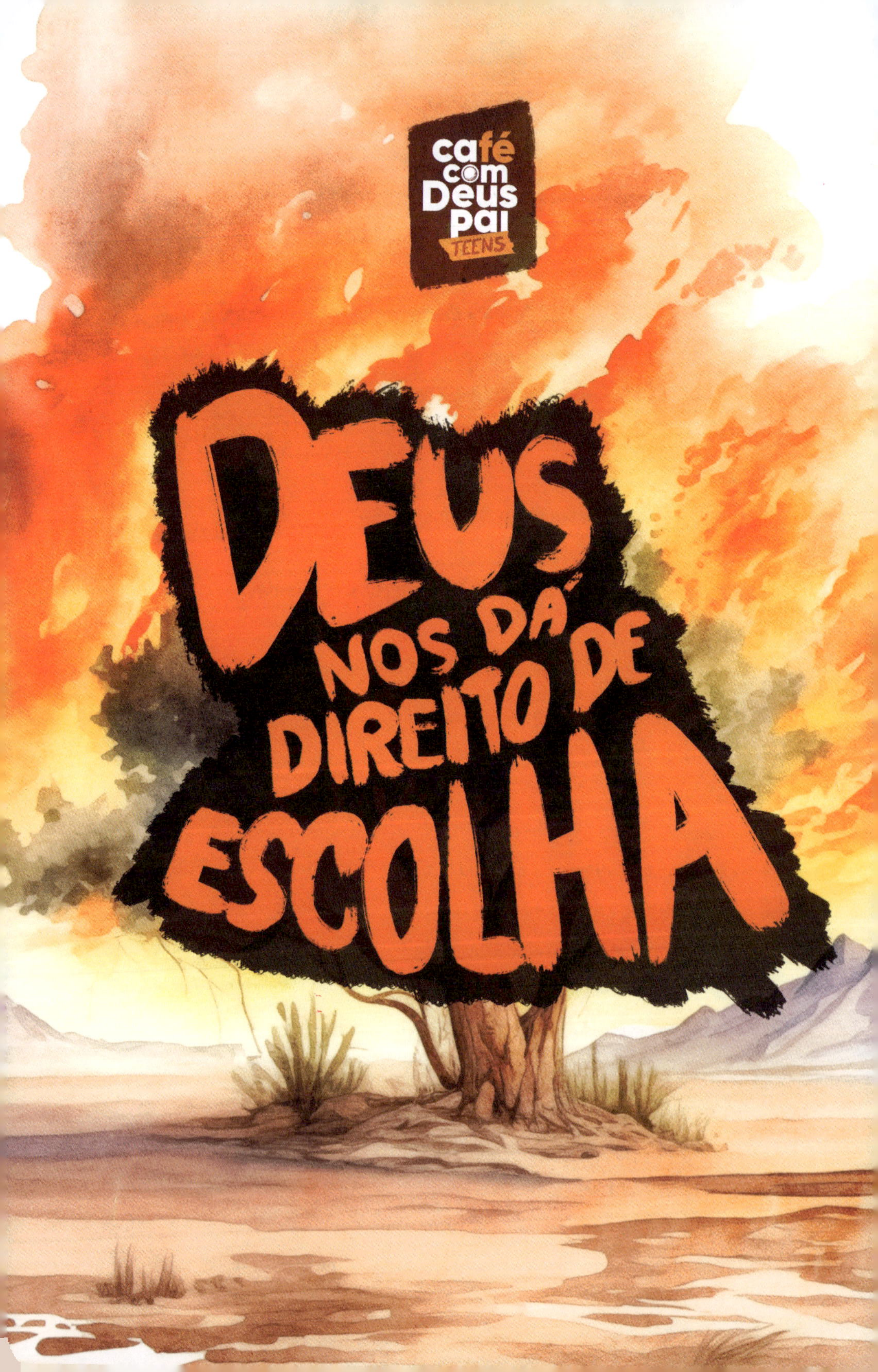
café com Deus pai
TEENS
DEUS NOS DÁ DIREITO DE ESCOLHA

FEVEREIRO

ESTE MÊS VAMOS CELEBRAR OS ESTUDOS!

Anote as 2 MATÉRIAS que você considera mais desafiadoras e reserve 20 MINUTOS diários para estudar cada uma delas!

- [ ]
- [ ]

No final do mês, não se esqueça de contar os resultados para sua família!

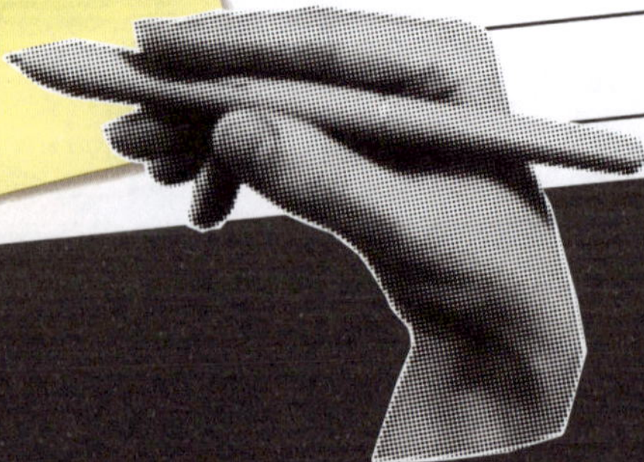

café com Deus Pai TEENS

Michelle conta sobre os filhos gêmeos de Isaque:

Michelle: É isso mesmo, Ted. A Bíblia conta que Esaú, quando cresceu, se tornou um caçador e tornou-se o filho favorito de Isaque, porque sempre levava a carne da caça para ele comer.

Ana: E Jacó, que era mais tranquilão e pacato, sempre ficava mais perto de casa, e por isso, era o favorito de Rebeca.

Ted: Tudo errado! Parece novela mexicana!

Ana: Esse é só o começo, viu? A gente nem falou ainda de...

Junior: Não vai dar outro spoiler, Ana! Vamos contar a história do começo.

Ted: Aiaiai! Do que vocês estão falando?

Michelle: De quando Esaú e Jacó, já adultos, negociaram uma coisa que não deveria ser negociada em lugar nenhum: a bênção da primogenitura.

Ted: Bênção do quê?

Junior: Naquela época, quando o pai morria, a liderança da família era passada para o filho mais velho. Como Esaú era o primogênito, esse direito era dele.

Ana: Um dia, Esaú chegou do campo com muita fome, e Jacó estava preparando um ensopado beeem cheiroso. Ele pediu um pouco de comida para o irmão, mas Jacó disse que só daria a ele com uma condição: se Esaú vendesse para ele o direito de filho mais velho.

Ted: Fala sério! Não se pede uma coisa dessas. Esaú não aceitou, não é?

Junior: Para você ver como os dois erraram. Esaú demonstrou não valorizar sua primogenitura. Talvez ele não acreditasse que o irmão faria mesmo aquilo. Ele foi descuidado, e Jacó, um enganador!

ORAÇÃO

Deus Pai, nunca me deixe fazer pouco caso das bênçãos que tu me dás! Em teu nome eu oro, amém.

Os amigos continuaram a explicar para Ted:

Michelle: E o pai deles, Isaque, não sabia de nada disso! Quando ficou muito velho, já cego, decidiu que estava na hora de abençoar Esaú como seu sucessor. Então, Isaque pediu ao filho mais velho que caçasse um animal e preparasse um prato especial para ele antes de receber a bênção. E Esaú saiu para caçar.

Ana: Mas Esaú não imaginava que sua própria mãe, Rebeca, estivesse ouvindo tudo e fosse correndo contar a Jacó sobre a conversa de Esaú e Isaque.

Junior: Isso mesmo. Rebeca foi ligeira e ajudou Jacó a enganar o pai. Ela preparou a comida que Isaque gostava, vestiu Jacó com as roupas de Esaú e até usou peles de cabrito para simular os pelos do filho mais velho!

Ted: Ligeira mesmo, hein? Ela pensou em todos os detalhes!

Ana: O pior é que deu super certo. Isaque realmente acreditou que o filho que estava diante de si era Esaú e abençoou Jacó como o líder da família.

Ted: Esaú deve ter ficado beeem feliz quando soube!

Ana: Tão feliz que quis matar o irmão, só isso.

Ted: Sério? Vocês disseram que um não ia matar o outro!

Michelle: E não matou! Mas, quando chegou em casa e descobriu o que tinha acontecido, Esaú chorou muito e implorou para que o pai o abençoasse. Só que Isaque já tinha dado a bênção para Jacó e não poderia fazer aquilo outra vez.

Junior: Furioso, Esaú jurou que mataria o próprio irmão. Para se salvar, Jacó fugiu e foi para a casa de Labão, irmão de Rebeca. Mas, antes, Isaque abençoou Jacó para que ele encontrasse uma mulher adequada para se casar.

Ted: Ufa! Ainda bem que Jacó pôde contar com um tio legal!

Ana, Junior e Michelle se entreolham mais uma vez.

Ted: Peraí, de novo? Não pode ser!

DESAFIO

Você tem em sua família pessoas em que pode confiar nos momentos difíceis? Então aproveite para dizer a elas o quanto são importantes na sua vida e peça a Deus que as abençoe!

Ted, encucado com a história da família problemática, prestou atenção na explicação dos amigos.

Michelle: Ao chegar à terra do Oriente, em Harã, Jacó conheceu uma moça chamada Raquel, filha de Labão, seu tio, e se apaixonou. Quando Labão o recebeu, disse que Jacó não poderia trabalhar de graça para ele e perguntou quanto o rapaz gostaria de ganhar como salário.

Junior: Jacó aproveitou a oportunidade para pedir a mão de Raquel em casamento, em troca de sete anos de trabalho. Labão aceitou a oferta, e, quando passou o tempo estipulado, Labão não cumpriu com o combinado.

Ana: Jacó ficou muito bravo, pois, é óbvio, que se sentiu com-ple-ta-men-te enganado.

Ted: Que malandro esse Labão; passou a perna bonito em Jacó! Mas e aí, ficou por isso mesmo?

Junior: Labão deu uma desculpa para Jacó e disse que poderia oferecer Raquel em casamento desde que Jacó trabalhasse para ele por mais sete anos.

Ted: Que absurdo! Pelo menos ele conseguiu juntar um bom dinheiro durante esses anos todos de trabalho? Nem estou afirmando nada, hein! É uma pergunta.

Ana, Michelle e Junior riram muito.

Michelle: A Bíblia diz que Labão não pagava um salário justo a Jacó, mas o Senhor o abençoou com muitos animais e disse a ele que voltasse para a casa de seus pais, pois o tio já não se mostrava amigável como antes.

Junior: Então, Jacó juntou toda a sua família, tudo o que tinha, seu rebanho, e partiu para Canaã.

PARA REFLETIR:

Depois de enganar seu irmão, Esaú, Jacó foi enganado por Labão e aprendeu como é ruim ser trapaceado. Às vezes, só aprendemos a não fazer algo quando alguém o faz conosco, mas não precisa ser assim. Deus Pai se alegra quando tratamos o outro como gostaríamos de ser tratados e agimos com justiça, mesmo quando não são justos conosco!

GÊNESIS 32.6-8.

Ted percebe que a história de Jacó ainda não chegou ao fim!

Ana: Agora, Ted, vem a pergunta que não quer calar: você está preparado para o *plot-twist*?

Ted: É tanto suspense que estou quase indo buscar uma pipoca!

Ana: Vou contar, não agueeeentooooo! Foi assim: Esaú soube que Jacó estava voltando. Então, disse aos mensageiros do irmão que ia se encontrar com ele, acompanhado de mais quatrocentos homens!

Ted: U-A-U! É, eu não estava preparado! Definitivamente, não estava! Jacó deve ter tremido na base com essa notícia!

Junior: Tremeu feito vara verde! Ele achou que Esaú ainda estava bravo com ele, por isso ficou morrendo de medo por sua vida e por sua família. Então, escondeu todo mundo em um lugar seguro e passou a noite orando a Deus, que o visitou e o abençoou.

Michelle: Isso mesmo! Depois disso, Jacó foi se encontrar com Esaú e, adivinhe só, ele já não estava mais zangado!

Ted: Ufaaaa!

Ana: Em vez disso, Esaú ficou feliz por reencontrar seu irmão. Jacó também estava, mas foi pego de surpresa com a reação de Esaú.

Junior: E não é para menos. Esaú poderia ter ressentimento e desejar vingança, mas optou por perdoar e restaurar seu relacionamento com Jacó. A Bíblia diz que, depois desse reencontro, cada um seguiu seu caminho, mas viveram o resto de seus dias em paz um com o outro.

Ted: Que história in-crí-vel! Esaú jurou vingança contra Jacó, mas, mesmo assim, o perdoou. Se ele conseguiu, a gente também consegue, não é?

Michelle: Com certeza, Ted! Essa passagem da história de Esaú e Jacó nos ensina que, por mais que a jornada do perdão seja desafiadora, ela nos amadurece, nos restaura e nos aproxima mais de Deus.

DESAFIO

Você precisa perdoar alguém? Não é uma tarefa fácil, mas é libertadora! Ao perdoar, você se liberta do peso do ressentimento, mas também abre espaço para a restauração e a cura. Pense nisso!

Junior: Outra história sobre perdão que eu gosto muito é a de José.

Ted: O pai de Jesus?

Ana: Não, garoto! Hahaha! Ele não é o único José que existe na Bíblia. É o José do Egito.

Michelle: É, filho de Jacó, aliás.

Ted: Jacó teve muitos filhos?

Junior: Sim. No total eram doze. José e Benjamim eram os mais novos e houve muitas desavenças entre os filhos de Jacó.

Ana: Pensa em uma família que teve encrenca! Mas vamos combinar que José também não facilitava as coisas: era um adolescente dedo-duro! Ele sempre contava ao pai tudo o que seus irmãos faziam de errado. Para piorar, ele também falava para os irmãos dos sonhos que tinha e que revelavam, por exemplo, que seus irmãos se curvariam diante dele.

Ted: Ah, então José pedia para ser zoado!

Ana: Total. Imagine você chegar para alguém e dizer "Ei, eu sonhei com vocês! No meu sonho havia o sol, a lua e onze estrelas, e vocês estavam ao redor de mim, porque eu era o sol". Debochado demais, sim ou com certeza?

Todos riram muito.

Ana: A gente ri, mas é de desespero!

Junior: Essas situações só mostram a imaturidade de José. Ele ainda não entendia o quanto esses sonhos eram especiais, afinal eram revelações do próprio Deus.

Michelle: Isso! Com o passar dos anos, José amadureceu e continuou fiel a seus princípios apesar das adversidades, que não foram poucas! Deus, em sua infinita bondade, usa tudo que nos acontece para nos moldar e nos ensinar.

ORAÇÃO

Pai, ajuda-me a trilhar o caminho que preparaste para mim. Que cada desafio me fortaleça e me conduza a uma vida de maturidade e plenitude em Cristo. Oro em teu nome. Amém.

Café com Deus Pai TEENS

Junior: Ei! É isso, Michelle. A história de José nos mostra que tudo pelo que passou foi necessário para ele amadurecer e poder cumprir o propósito de Deus, que abençoou sua vida, o povo de Israel e os egípcios.

Junior interrompe sua fala ao perceber que o portal de teletransporte da xícara estava aberto atrás de Michelle. Ele se levanta e corre na direção enquanto diz:

Junior: O portal pode nos levar para lá!

E todos o seguiram. A rápida queda os levou a alguns anos adiante, para dentro de um buraco profundo, do qual somente enxergavam o céu e ouviam vozes.

Michelle: Será? Ouçam! São os irmãos de José! Eles estão tramando como se livrar dele!

Ted: Mentira que eles tiveram coragem! José era meio sem noção, mas... que sombra é essa?

TUUUUUMMM! Um homem foi jogado no buraco e quase caiu em cima deles.

Ana: Meu Deus!!! Ele quase me esmigalhou!!!

Michelle: SHHH! – **ela continua, sussurrando:** – É José! Ele veio encontrar os irmãos . Quando o viram, decidiram roubar sua túnica, um presente muito especial dado pelo pai, e matá-lo. Mas um deles, Rúben, convenceu todos a jogá-lo neste poço. Rúben pretende voltar e resgatar José.

Ted: Algo me diz que o plano não deu certo.

Junior: Acertou! Está ouvindo? É uma caravana de ismaelitas que se dirigia ao Egito. Os irmãos o venderam antes de Rúben voltar.

Ana: Como maldade pouca é bobagem, pegaram a túnica roubada de José e a mancharam com o sangue de um animal, para dizer a Jacó que seu filho amado estava morto.

Ted: Quanta maldade! Eita... estão puxando José!

Michelle: Lá se vai a caravana com José, vivinho da Silva. Ele será escravo de Potifar no Egito, enquanto o pai acha que o filho está morto. Mas, a partir daí, Deus passou a escrever um novo capítulo em sua história.

ORAÇÃO

Paizinho, sou grato porque tu sempre nos mostras um caminho quando não parece haver nenhum. Em teu nome, eu oro! Amém.

Os amigos se sentaram para conversar sobre o restante da história.

Junior: José passou a morar na casa de Potifar, e tudo ia bem. A Bíblia diz que Deus estava com José, e Potifar percebia isso. Foi assim que José ganhou a simpatia do homem e se tornou seu ajudante particular.

Ted: Finalmente, uma boa notícia!

Michelle: Não por muito tempo! A esposa de Potifar inventou uma mentira muito grave sobre José.

Ted: José não tem um dia de paz! Que mulher ardilosa!

Ana: Demais! A mentira dela fez José ir parar na cadeia com os prisioneiros do rei. Mas até nisso Deus tinha um propósito?

Michelle: Tinha mesmo, amiga! O Senhor continuava com José e o abençoava em TU-DO. Na prisão, José conquistou a simpatia do carcereiro, que passou a confiar nele e o colocou como responsável pelos outros prisioneiros. Foi assim que ele conheceu o padeiro e o copeiro que trabalhavam para o faraó, que estavam assustados com os sonhos estranhos que tiveram.

Ted: Peraí! Essa eu sei! Deus usou José para interpretar o sonho daqueles dois homens.

Ana: Uau, Ted! Você não merece palmas, merece o Tocantins inteiro!

Junior: Acertou em cheio, Ted! Três dias depois, o copeiro foi liberto da prisão e voltou a trabalhar para o faraó. Depois de muito tempo, foi a vez de o faraó ser atormentado por sonhos estranhos. O copeiro, então, se lembrou de José e falou dele para o faraó. Foi aí que tudo começou a mudar!

ORAÇÃO

Senhor, obrigado por fazer até as circunstâncias ruins cooperarem para o cumprimento das tuas promessas e dos teus planos para mim. Oro em teu nome, amém.

GÊNESIS 41.38-40

café com Deus Pai TEENS

Michelle: A vida de José deu uma reviravolta! José interpretou os sonhos do faraó, ganhou a confiança dele e foi nomeado governador do Egito.

Ted: Isso, sim, eu chamo de reviravolta. O cara foi de escravo a governador do Egito! Os dias de glória chegaram com força!

Ana: Ah-ham! E o que chegou com força também foi a fome no Egito.

Junior: Ei, os sonhos do faraó foram uma previsão de que iria acontecer: sete anos de muita fartura seguidos de sete anos de muita miséria no Egito. Para evitar que o povo passasse fome, José foi encarregado de armazenar alimentos.

Michelle: Siiim! E quando a fome aumentou, as nações vizinhas e o povo começaram a clamar ao faraó por comida. O faraó mandava irem até José e fazerem o que ele dissesse.

ORAÇÃO

Deus Pai, que a história de José me faça me lembrar que tudo acontece, conforme o teu grande propósito. Em nome de Jesus, oro. Amém.

Ana: José mandou abrir os armazéns e começou a vender cereais aos egípcios. Até Jacó ficou sabendo que tinha comida no Egito e mandou os irmãos de José irem lá para comprar alimentos - **diz, levantando-se.**

Ted ficou de queixo caído!

Ana: E você acredita que ninguém o reconheceu? Tinham se passado muitos anos e José usava um nome egípcio, por ordem do faraó. Mas José reconheceu os irmãos! Só que ele disfarçou. Depois de ter certeza de que seu pai e seu irmão Benjamim estavam bem... Tcha-nan! José revelou-se a seus irmãos! E tem mais: ele os perdoou porque entendeu que Deus usou todo o mal que ele havia sofrido para fazer com que sua família sobrevivesse à fome.

Ted: Que top! Os propósitos de Deus sempre prevalecem. - **disse, lavantando-se em um pulo.**

Michelle: Issooo! Até quando nada parecia fazer sentido, Deus cuida de cada detalhe. Nada acontece por acaso. Nossa história também faz parte de algo maior usado por Deus para cumprir seus propósitos nesta terra!

Ana: Genteeeee, o portal voltou!

Ted: Ufa! Achei que íamos ficar neste poço para sempre!

Junior: Vamos! Melhor do que conversar sobre as histórias bíblicas é vê-las com nossos próprios olhos.

Junior corre em direção ao portal, seguido de Ana, Ted e Michelle. Dessa vez, os flashes das cenas bíblicas parecem um pouco diferentes.

Ted: Areia, areia e mais areia! Para onde estamos indo, afinal?

Antes que alguém possa responder, eles caem em um monte de areia fofa. Enquanto se levantam e chacoalham as roupas, os amigos analisam o local, tentando identificar onde estão.

Junior: Ei! Acho que estamos no Egito!

Ted: Será que vamos ver José como governador? Seria maneeeiro!

Michelle: Acho que estamos depois do tempo de José. Os descendentes de Jacó, os israelitas, se mudaram para o Egito e tiveram muitos filhos. Eles eram tantos, tantos, mas tantos que se tornaram poderosos.

Ted: E por que há tantos escravos?

Ana: Porque já passou muito tempo depois de José partir que o faraó atual não sabe nada sobre ele. Como os israelitas são fortes e não param de aumentar, esse faraó ordenou aos egípcios que escravizassem os descendentes de Jacó.

Ted: Esse mundaréu de gente sofrendo é o povo de Israel?

Michelle: Sim! O povo estava sendo subjugado, mas esse sofrimento estava com os dias contados.

PARA REFLETIR:

Você já passou por injustiças ou viu alguém ser injustiçado? Certamente, nosso coração se revolta e sofre ao presenciar essas situações, mas podemos ter esperança, porque nossos sofrimentos são passageiros! Chegará o dia em que toda a dor cessará e Deus restaurará este mundo caído.

café com Deus Pai TEENS

De repente, os amigos ouvem o choro de um bebê. Ao se virarem, deparam-se com uma mulher com o semblante triste e preocupado. Ela aconchega um bebê em um cesto e o coloca na margem do rio.

Michelle: Vejam! Só pode ser Moisés e sua mãe, Joquebede!

Ted: Moisés? Como você pode ter tanta certeza disso?

Ana: A Bíblia conta que, para tentar conter o crescimento do povo de Israel, o faraó ordenou matar todos os meninos israelitas recém-nascidos. Joquebede escondeu o filho por

alguns meses, mas quando não foi mais possível, ela o acomodou em um cesto e o colocou na margem do rio Nilo.

Ted: Coitadinho do bebê! E agora?

Junior: Já já, Moisés vai ser encontrado. A Palavra diz que Miriã, irmã dele, observou-o de longe, para garantir que estava seguro, e viu quando a filha do faraó, que se banhava no Nilo, encontrou o cesto. Ela pegou o bebê e o chamou de Moisés, que significa "tirado das águas".

Michelle: Olhem! Miriã está falando com a filha do faraó e oferecendo a própria mãe como babá até ele desmamar!

Ted: Espertinha!

Ana: Super! Depois, Moisés cresceu como egípcio e via seu povo, os israelitas, serem maltratados. Até que, um belo dia, aconteceu uma problema muito grave.

Michelle: Moisés agiu por impulso em uma briga. Quando o faraó descobriu, tentou matá-lo e, por isso, Moisés fugiu do Egito.

ORAÇÃO

Deus Pai, ajuda-me a nunca me esquecer de quem eu sou em ti e a ser fiel aos teus princípios, não importa onde eu esteja. Em teu nome eu oro, amém.

ÊXODO 2.23-24; 3.5-11

O tempo acelera e o chão corre sob os pés dos amigos...

Todos: Ooooooooooohhhhhhhhhh!

Junior: Ufa, parou! Depois de sair do Egito para poupar a própria vida, Moisés entendeu que Deus tem um propósito muito maior para ele. Agora a história vai ficar ainda mais interessante!

De repente, um clarão muito forte surge e faz com que os amigos protejam os olhos. Quando olham novamente, notam um arbusto arder em chamas. Moisés tenta se aproximar.

Ted: É Moisés adulto? Vejam! Ele está... tirando os sapatos?! Buguei!

Michelle: Aquela planta em chamas é a sarça ardente, Ted. A Bíblia diz que é o próprio Deus que está ali falando com Moisés! Para se aproximar, Moisés recebe a ordem de tirar seu calçado, porque aquela terra é santa.

Ted: Isso explica a cara de assustado dele. Eu também iria tremer na base no lugar dele.

Ana: Ah, tá! Isso é porque você não sabe o que Deus está pedindo para ele fazer.

Ted: Estou até com medo de perguntar.

Junior: Deus está ordenando a Moisés que volte para o Egito para resgatar os israelitas porque eles sofriam muito com a escravidão. E o Senhor ouviu o clamor deles.

Ted: Voltar para o lugar onde queriam matá-lo? Eu não voltaria de jeito ne-nhum!

Michelle: Já passaram muitos anos, e o faraó que queria matar Moisés já morreu. Mas, para falar a verdade, Ted, acho que ninguém em sã consciência voltaria. Moisés já tinha esposa e uma nova vida.

Junior: Viver com Deus é isto: abrir mão da nossa vontade para que a dele se cumpra em nós e através de nós.

DESAFIO

Pare e pense um pouco em algo que faça você sentir medo. Que tal separar alguns dias desta semana para pedir a Deus que o ajude a superar essa limitação? Deixe Deus trabalhar em seu coração e se surpreenda com o que ele pode fazer!

Café com Deus Pai TEENS

Ana prossegue com a história.

Ana: Tem razão, amiga, mas vamos combinar que Moisés foi bem teimoso na hora de atender ao chamado de Deus. Ele inventou váááárias desculpas! Primeiro, questionou a própria capacidade de falar com faraó e, mesmo depois de Deus dizer que estaria com ele, continuou temeroso.

Michelle: Verdade! Moisés também ficou com medo de não acreditarem nele. Então, Deus deu a ele autoridade para confirmar ao povo o que falava.

Junior: Issooo! Deus também explicou tudo o que Moisés deveria dizer, mas nem isso bastou. Ele disse que não era bom com as palavras e que seria melhor enviar outra pessoa. Deus disse então que ele iria com seu irmão Arão.

Ted: Hahahaha! Para cada desculpa de Moisés, Deus arrumava uma resposta! Dá hora!

Junior: É! No final das contas, Moisés percebeu que não tinha outra escolha a não ser confiar.

Michelle: Mas sabem de uma coisa? Não foi à toa que Moisés se mostrou tão relutante em aceitar sua missão. Ser chamado por Deus nem sempre é fácil e simples, porque envolve um conflito interno precisamos abandonar nossa vontade e nos submeter à vontade de Deus.

Ana: Sim, uma decisão muda tudo, tudo mes-mo!

Ted: Parece que agora ele entendeu o seu chamado, pois está indo reunir suas coisas para... Ei, quem é aquele que está vindo ali?

Enquanto Moisés se afasta da sarça, que logo se apaga, os amigos veem Arão se aproximando, e os dois se abraçam.

Junior: Deve ser Arão, o irmão de Moisés enviado por Deus, para resgatar o povo do Egito com Moisés.

Ana: Vamos nessa também?

ORAÇÃO

Deus Pai, quero estar pronto para cumprir meu chamado. Ajuda-me a ter coragem para abrir mão das minhas vontades e para confiar nos teus planos para mim. Em nome Jesus, oro, amém.

Os amigos são teletransportados pelo portal da xícara e...

Ted: Cá estamos nós outra vez no Egito! Já faz tempo que Moisés fugiu daqui?

Michelle: Sim, a Bíblia relata que Moisés ficou longe do Egito por quarenta anos, até Deus chamá-lo na sarça. Agora é seguro ele voltar porque todos que queriam matá-lo já morreram.

Ted: Faz sentido!

Ana: Isso mesmo, amiga. O triste é perceber que, mesmo tendo passado todo esse tempo, algumas coisas continuam iguais: o faraó continua oprimindo o povo israelita.

Junior: Mas isso está prestes a mudar! Venham aqui!

Junior chama os amigos para acompanharem de perto a primeira conversa de Arão e Moisés com o faraó.

Ted: O que está acontecendo?

Junior: Moisés e Arão pediram pela libertação do povo, mas o faraó está irredutível e não concorda de jeito nenhum. Inclusive, ele está duvidando dos dois e pediu para que fizessem um milagre.

Ana: Será agora? Ai, meu Deus, alguém me ajude! Eu morro de medo de...

Ted: Cobra!!!

Ted, que não estava esperando por aquilo, acaba reagindo de forma mais exasperada que o habitual. Ana ameaça dar um grito, que rapidamente é abafado por Michelle, enquanto Junior tenta silenciar Ted.

Junior: Calma, gente! A gente sabe que a cobra não é o animal mais simpático do mundo, mas vejam que massa!

Quando olham, os amigos testemunham o cajado de Arão transformado em cobra engolir os cajados transformados em cobra dos funcionários do rei.

Ted: U-A-U! Isso pareceu um fatality das lutas do videogame! Que incrível!

Ana: Com certeza, Ted. Tudo que Deus faz é incrível!

PARA REFLETIR:

Você já teve receio em falar de Deus para alguém? É natural que nossa natureza invente desculpas para não compartilharmos a mensagem do evangelho. Não aceite isso! Deus está com você e sempre o capacitará!

café com Deus pai TEENS

Os amigos comentam sobre o feito.

Ted: Será que agora o povo de Israel já pode ir para casa? Ficou bem claro quem é mais poderoso!

Ana, Michelle e Junior se entreolham.

Ana: É... então... como eu posso dizer...

Michelle: Não será dessa vez, Ted. Nem nas próximas dez.

Ted: DEZ? Como assim, dez? Vocês estão querendo dizer que eles vão falar com faraó mais dez vezes, e ele vai recusar to-das? E eu achava que eu era teimoso!

Ana, Junior e Michelle riram muito.

PARA REFLETIR:
Enquanto em outros lugares as pessoas dependiam das chuvas para terem seu suprimento de água, no Egito, havia o rio Nilo, no qual o povo depositava toda sua confiança. No entanto, Deus é maior que todos os recursos nos quais possamos confiar.

Michelle: Isso mesmo, Ted, não vai ser fácil, não. Mas isso já estava nos planos de Deus, pois foi ele quem endureceu o coração de faraó.

Ted: Está de brincadeira, não é? Pra quê?

Ana: Deus não dá ponto sem nó. O Senhor vai demonstrar seu poder, e todos proclamarão seu nome em toda a terra.

Ted: Ah, saquei! Se todos vissem a grandeza do poder de Deus, não apenas o povo de Israel passaria a ser livre, os próprios egípcios poderiam se converter e adorar ao Senhor.

Junior: Mandou beeeem! A ideia é essa, mas o processo será doloroso. Por terem sido cruéis com o povo de Deus, os egípcios serão amaldiçoados com terríveis pragas, porque o faraó não deu ouvidos ao Senhor.

Ted: E qual será a primeira?

Antes que possam responder, os amigos ouvem gritos vindos de toda parte. Quando param para observar, notam que a água de todo o Egito se transformou em sangue.

Michelle: Vejam, toda a água virou sangue. Enquanto conversávamos, Arão recebeu a orientação de Deus para enviar a primeira praga. Isso afetou muito o povo, porque o rio Nilo era muito importante: além de fonte de água, o povo pescava e usava a água para irrigar a terra.

Após testemunharem a primeira praga, os amigos já estão mais preparados para o que vem a seguir, mas a realidade os surpreende.

Ted: Então, quais são as próximas pragas? Algo me diz que não vão ser menos impressionantes!

Michelle: A próxima praga envolverá rãs. Deus mandará rãs cobrirem todo o Egito.

Ted: Rãs por toda parte? Até nas casas, nos quartos e nas camas?

Michelle: Exatamente, Ted. Imagine só, rãs em todos os lugares, até nas camas. Em tudo!

Ana: Faraó pensava ter o controle de tudo no Egito, mas, quando as pragas começaram a aparecer, percebeu que, na verdade, seu controle não servia para nada. O Deus israelita era mais poderoso!

Junior: Ei! Esse foi só o começo! A terceira praga foi uma invasão de piolhos; e a quarta, de moscas! A cada uma, Moisés e Arão iam até o faraó para tentar dar a ele uma nova chance de deixar o povo partir, mas ele permanecia com o coração endurecido.

Ted: Deus me livre! Nunca pensei que diria isso, mas vou pedir para a minha mãe comprar aquele remédio horrível de matar piolhos e um bom veneno para moscas!

Ana: É nojentooooo! Argh! Está até me dando coceira!

Os amigos riem, mas logo ficam sérias ao ouvirem o barulho de uma nuvem de moscas. Eles se entreolham e saem correndo, para longe dos insetos.

Ana: Tu-do cul-pa da tei-mo-sia do fa-raóóóóóó!

ORAÇÃO

Paizinho, reconheço a tua grandeza e misericórdia. Não há nada que o homem possa fazer para mudar os teus planos. Tu és soberano, mas, ainda assim, te importas e sempre nos dás uma nova chance de nos arrependermos. Obrigado por tudo. Em teu nome, oro. Amém!

Os amigos param de correr quando não ouvem mais o som das moscas.

Ana: Gente! Não é por nada, não, mas vocês estão vendo aquela ovelhinha? Parece tão fraquinha, tadinha...

Ao olharem na direção em que Ana apontou, veem uma ovelha bem fraquinha, caminhando devagar. O rosto dos amigos se entristece.

Junior: Essa não! É a quinta praga. Ela deixa meu coração muito triste.

Ted: Por que ela está tão fraquinha e magra?

Michelle: Nessa praga, os rebanhos de cavalos, jumentos, camelos, bois e ovelhas morrem. Mas Deus separou os animais do Egito dos de Israel. Os únicos que sobreviveram foram os rebanhos dos israelitas.

Ana: Triste demais! E o pior é que a Bíblia conta que, a cada praga que Deus mandava, o faraó mentia que liberaria o povo, para que Moisés e Arão orassem para as pragas irem embora. No dia seguinte, ele negava a liberdade dos hebreus.

Ted: Ih! Estou vendo que vai piorar cada vez mais...

Junior: Infelizmente, sim, Ted. A sexta praga foram feridas horríveis que começaram no corpo dos egípcios. A sétima foi a pior tempestade de granizo de todas que o Egito já viu! Pragas terríveis.

Michelle: Sabem o que me chateia? Assustado com as pragas, o faraó disse a Moisés e a Arão que ele e seu povo haviam pecado, demonstrou arrependimento, mas logo depois voltou a ter a mesma atitude, como sempre! Isso não é arrependimento de verdade.

Junior: Não mesmo! O verdadeiro arrependimento envolve mudança de comportamento. Não adianta falar da boca para fora.

DESAFIO

Apesar de o faraó não cumprir sua palavra e não ser confiável sucessivamente, Moisés continua a orar por ele para que Deus intervenha e cada praga cesse. Você já ficou arrasado por acreditar em alguém que mentiu e sentiu vontade de se vingar? Que tal praticar o perdão? Peça a Deus que o ajude a superar a situação e limpe o seu coração de toda tristeza e de todo sentimento ruim. Como Moisés, ore em favor daqueles que o magoaram ou o prejudicaram.

De repente, um vento forte começa a soprar por toda a região, deixando todos descabelados. Eles correm até uma tenda próxima e observam a ventania do lado de fora.

Ted: Gente, que vento é esse?

Eles ajeitam o cabelo e tiram a terra das roupas.

Ana: Acho que eu já sei! Esse é o começo da oitava praga. A Bíblia diz que Deus fez soprar sobre todo o Egito, durante um dia e uma noite, um vento oriental. Quando amanheceu, a terra foi coberta por gafanhotos.

Michelle: Olha só, a minha amiga andou estudando a Bíblia. Gostei de ver, Ana! É isso mesmo, eles cobriram toda a terra de tal forma que ela escureceu!

Ted: Tenso! Não consigo nem imaginar uma coisa dessas!

Junior: O faraó até tentou negociar com Moisés e Arão, para somente os homens israelitas saírem. Mas como ficariam os outros? Deus tinha dito que todo o povo e os animais deveriam ser libertos!

Junior: Mas ainda há muita coisa para acontecer até que, finalmente, o povo seja liberto e a promessa de Deus se cumpra.

Ana: É verdade. Depois dos gafanhotos irem embora e mais uma vez o faraó se recusar a libertar os israelitas, Deus mandou trevas profundas cobrirem todo o Egito. Essa foi a nona praga. Não dava para ver ninguém nem para sair do lugar por três dias! Somente os israelitas tinham luz onde moravam.

Ted: Então, finalmente faraó vai libertar os israelitas na décima praga?

Michelle: Sim, mas não será fácil. Haverá um sofrimento muito grande!

Ted: Maior ainda do que tudo o que já sofreram? E é possível?

Ana: E como, Ted!

PARA REFLETIR:

Deus insistiu em libertar todo o povo da escravidão, e até seus rebanhos. Ele também deseja nos libertar por completo do pecado! Uma vez que saímos das trevas para viver na maravilhosa luz de Deus, não há mais espaço para os hábitos ruins da nossa antiga vida. É hora de viver em liberdade.

Em seguida, Ted questiona:

Ted: O que mais pode acontecer, afinal?

Michelle: O Senhor mandou avisar ao faraó que todos os primogênitos, desde o trono até os escravos, morreriam à meia-noite.

Ted: Todinhos mesmo? Vai dizer que nem assim o faraó deu ouvidos?

Ana: Deu nada! E tem mais: para que os primogênitos do povo de Israel fossem libertos da morte, os israelitas precisariam seguir algumas instruções.

Ted: Eita, Deus não brinca mesmo!

Michelle: Todas as famílias fizeram exatamente como Deus tinha instruído por meio de Moisés. Pegaram um pouco de sangue e passaram no batente da porta. Também assaram e comeram a carne indicada com pão sem fermento e ervas amargas.

Junior: E assim foi a primeira Páscoa: o povo israelita saiu da escravidão para a liberdade! A partir daí, um novo tempo começou e eles puderam adorar e dedicar-se a Deus.

Michelle: Per-fei-to! Uma coisa bem legal é que eles celebraram a libertação antes de serem livres.

Ana: Ih, gente! Acho que já é meia-noite. Estão ouvindo o choro?

Os amigos abaixam a cabeça, tristes pelo acontecido.

Junior: De tão teimoso, até o faraó perdeu seu filho. Vejam a tristeza dele.

Michelle: Gente! O faraó está falando com Moisés e Arão! Finalmente disse que o povo poderia ir, falou até que poderiam levar o que quisessem, desde que saíssem do Egito.

Ted: Aêeeee!!!!!! Aleluiaaaaa!

Junior: Não comemore tão rápido, Ted. As pragas acabaram, mas faraó é cheio de surpresas.

ORAÇÃO

Senhor, quero agradecer pela vida, pela liberdade e pela salvação. Que eu possa reconhecer e me lembrar de todas as vezes em que estive em perigo e o Senhor me livrou do mal.

19/02

ÊXODO 13.17-22; 14.1-14

Os amigos observam os israelitas saírem do Egito

Ana: Ih, amigo! Olhe lá! O povo está saindo, e o faraó não está gostando nadinha disso.

Ted: Ai, isso me dá uma raiva! Onde já se viu, libertar o povo e querer voltar atrás na própria decisão. Que vontade de ir lá e...

Michelle: Não se estresse, Ted. Deus está no controle de todas as coisas!

Ted respira fundo e se acalma.

Junior: Deus queria usar faraó e todo o exército do Egito para mostrar toda a sua glória.

Ted olha para Junior muito confuso.

Ana: Faraó está separando as carruagens e todo o seu exército.

Ted: Ah, não. O povo vai ser capturado de novo...

Michelle: Ted, não duvide do poder de Deus.

Os amigos veem o exército de faraó se aproximando e Ted fica apreensivo.

Ana: Olhem o povo reclamando com Moisés depois de tudo o que Deus já tinha realizado por eles!

Ted: Normal, ué! Eu faria o mesmo.

Junior: Ted, quando estamos sob a direção de Deus, não precisamos ter medo. Mas, se tivermos, não devemos reclamar, temos apenas confiar, independentemente do que sentimos.

Ana: Verdade, Junior, mas entendo o Ted. Nem sempre é fácil acreditar. Os israelitas estavam apavorados. Eles sabiam do que o faraó era capaz. Na nossa vida, também sentimos medo, mas à medida que caminhamos com Deus, percebemos que ele é maior que quaisquer circunstâncias.

Junior: E foi por isso que Deus avisou Moisés que queria mostrar sua glória, Ana, para eles não ficarem com medo, porque não veriam mais os egípcios.

Ted: Ai, sim! Mas como? Porque, o mar está logo ali!

DESAFIO

Todos nós sentimos medo! Talvez nunca tenhamos enfrentado situações tão assustadoras como os israelitas, mas o medo faz ou já fez parte de nossa vida. Faça uma lista dos medos que você já superou! Depois, faça uma lista dos que ainda persistem e ore para que Deus ajude você a vencê-los. Você também pode conversar com alguém de sua confiança sobre seus medos.

ÊXODO 14.15-31; 15.1-21

Michelle explica:

Michelle: Tem mesmo. É o mar Vermelho. Mas Deus já tinha um plano.

Ted: Como o povo passará por aquela imensidão de água sem ser capturado?

Junior: Ei! Olhe para Moisés, amigo, com o cajado bem alto apontando a mão para o mar?

Ted: SE-NHOR! Aquilo é o mar se abrindo?

Ted coça os olhos, olha fixamente para o mar se abrindo e tem certeza que não está vendo coisas. Era o poder de Deus!

Ana: Viu só, Ted? Deus torna possível o impossível. É só a gente acreditar! Deus é lindo demais!

Junior: E lá vai o povo de Israel passando pela ter-ra seeeeca! No meio do mar, sem nem uma gotinha de água. Deus é muuuito incrível!

Ted: U-A-U! Maaaaasss... o exército de faraó está atravessando o mar também!

Michelle: Sim, Ted! Mas olha só o que vai acontecer...

Os amigos veem Moisés estender as mãos sobre o mar Vermelho novamente, e Ted grita, empolgado:

Ted: O MAR ESTÁ SE FE-CHAN-DOOOO! A água está cobrindo as carruagens e todo o exército egípcio.

Junior: Viu só como Deus estava no controle de tudo?

Ana: Que legal! O povo de Israel está cantando e dançando em comemoração, pois agora, sim, foram totalmente libertos da escravidão do Egito.

PARA REFLETIR:

Você já viveu alguma situação que parecia ser difícil demais ou impossível, até que algo especial aconteceu, mudando o cenário? Se sim, então você já viveu um milagre! Pode ter sido algo simples, mas, se você já venceu um desafio acima de suas forças, tem uma ideia da alegria do povo ao atravessar o mar.

Michelle: Ah! E tem um detalhe que eu tinha me esquecido de comentar.

Ted: Conta logo!

Ana: Amiga, eu não me lembro de mais nenhum detalhe. Conta, por favorzinho?

Michelle sorri e explica: Vamos lá! O povo de Israel foi para o deserto porque Deus mandou, certo?

Junior: Já sei! De dia, o Senhor ia na frente deles em uma coluna de nuvem, para guiá-los; e, durante a noite, em uma coluna de fogo para iluminá-los. Assim, podiam caminhar dia e noite.

Michelle: Acertou! É isso mesmo, Junior!

Ted: Que top! Deve ter sido irado!

Ana: Sim! Ainda mais porque, no deserto, de dia faz muito calor; e, à noite, o frio é de lascar!

Ted: Mas como faziam para beber e comer?

Michelle: Moisés tocou na água com um pedaço de madeira, e ela se tornou doce. Depois, Deus os conduziu até fontes de água, e eles acamparam ali.

Junior: A provisão da comida foi incrível! Ao entardecer, caíam codornas do céu. E, todas as manhãs, caía uma espécie de pão. Alguém se lembra do nome que os israelitas deram ao pão que caía do céu?

Ana: Eu sei, eu sei. É maná, porque tinha gosto de bolo de mel.

Ted: Delícia! Fiquei até com vontade de provar!

Os amigos riem e concordam com Ted.

Michelle: Tem mais! Deus deu uma instrução a respeito dos alimentos.

ORAÇÃO

Senhor, ajuda-me a confiar na tua provisão. Quero confiar que o que tens para mim é bem melhor. Em teu nome eu oro, amém.

Junior: Sim! Ei! O povo só poderia pegar alimento para aquele dia, sem sobrar para o outro.

Michelle: Isso mesmo! Se sobrasse para o outro dia, estragaria. Eles precisavam confiar que Deus cuidaria deles todos os dias.

Ana: Exceto aos sábados, não é, Mi?

Michelle: Isso, Ana. No sexto dia da semana, caía o alimento em dobro, para eles se alimentarem aos sábados.

Junior: Mas vocês acreditam que o povo não ficou satisfeito nem com o maná, nem com tudo o que Deus já havia feito?

Ted olha espantado para Junior. Ana e Michelle já sabem da insatisfação do povo, então não ficam surpresas.

Ted: Eita, que povo mais ingrato! Isso já me sobe o sangue. Como podem? Preferiam continuar presos no Egito então?

Michelle: Hahaha, não é que você acertou? Olha lá a cara de insatisfação deles!

Ted: Estão reclamando com Moisés? Por quê?

Ana: Só porque não estão encontrando água agora.

Ted: Ah! Quando eu estou com sede ou com fome... sai de perto... também fico reclamão!

Ana: Amigo, eles só deviam acreditar no Deus que já tinha dado tudo a eles. O Senhor não os deixaria morrer, não tinha necessidade de reclamar.

Ted: Pensando por esse lado, você está certa, Ana. Deus já tinha preparado tantas coisas. Duvido que faltaria água.

Junior: É! mas preferiram reclamar!

Ted: E eu me achava reclamão! Esse povo aí está se superando!

Michelle: Mas, como Deus é muito bom, preparou água para eles. Olhem Moisés caminhando até a rocha e aguardem!

Os amigos olham com muita expectativa.

DESAFIO

Você já ficou um dia inteiro sem reclamar de nada? Que tal não reclamar por vinte e quatro horas? Faça isso e anote como se sentiu. Tenho certeza de que sentirá paz e alegria sem igual!

Ted: Ele bateu na rocha, e dela começou a jorrar água. Que in-crí-vel!

Michelle, Ana, Junior e Ted vibram por terem visto mais esse milagre.

Junior: Viu só? O Senhor provê tudo do que necessitamos!

Ted exalta o Senhor:

Ted: Glórias a Deus! Ele é maravilhoso! Quero aprender mais sobre esse nosso Pai bondoso!

Junior, Michelle e Ana batem palmas e ficam felizes pelo que Ted falou.

Michelle: Perceberam que o povo está caminhando há um bom tempo? Pelo que me lembro do relato bíblico, eles já estão andando há três meses. Sei disso porque estou avistando o monte Sinai.

Ana: É o monte em que Moisés subiu para falar com Deus, não é?

Michelle: Esse mesmo, amiga. Os israelitas ficaram acampados na região do Sinai por quase um ano. Só Moisés subia o monte. Deus lhe ensinava muitas coisas lá, e ele descia para repassar ao povo.

Junior: Mas o povo não podia subir o monte. Deus estabeleceu limites. O Deus que cuida e ama também é santo. O povo precisava aprender a levar Deus a sério!

Michelle: Isso aí. Deus lembrou o povo que eles foram salvos da escravidão no Egito, por pura graça e puro amor. Além disso, comparou o cuidado que uma águia tem com seus filhotes ao seu cuidado com o povo e disse que faria deles um povo especial que abençoaria todas as nações!

Ted: Uau, e como eles abençoariam todas as nações?

Junior: Por meio de Jesus, Ted, que nasceu muitos e muitos anos depois. Desde o início, Deus tinha um plano lindo de trazer salvação a todos nós e restaurar o relacionamento entre Criador e criatura que foi interrompido na queda.

ORAÇÃO

Deus Pai, eu te agradeço por teu cuidado e amor. Ajuda-me a me alegrar com teu grande plano de redenção e a te amar com tudo o que sou! Em nome de Jesus, eu oro, amém.

café com Deus Pai TEENS

A história dos israelitas no deserto continua.

Junior: Olha só, gente! Acho que estamos no dia em que Deus entrega os Dez Mandamentos a Moisés. Isso é épico!

Michelle: É muito importante, Junior. O primeiro mandamento é "Não terás outros deuses além de mim". Deus quer ser o único em nossa vida, porque sabe que só ele pode nos dar tudo que realmente precisamos.

Ted: E isso quer dizer que não devemos colocar nada, nem dinheiro nem sucesso, acima de Deus. É a questão da idolatria, certo?

Ana: Exatamente, Ted! Às vezes, até sem querer, a gente acaba dando mais importância a outras coisas. Tipo, eu amo moda, mas isso não pode ser mais importante do que a minha fé.

Ted olha para Ana, Michelle e Junior e dá uma risadinha sarcástica.

Ted: Bom, nem preciso me preocupar, então. Não tenho outros deuses, a menos que meu videogame conte!

Michelle: Lóóógico que conta, Ted! Às vezes, sem perceber, colocamos nossos divertimentos preferidos e até pessoas que gostamos em um pedestal. E isso pode ser muito perigoso.

Ted: Eita! Vou precisar tomar bastante cuidado com isso, então. Gosto demais do meu videogame e de jogar com meus amigos. Isso não é pecado. Ou é?

Michelle: Claro que não. Todos temos preferências, atividades que gostamos de fazer, amigos, família, responsabilidades e coisas como o videogame, mas precisamos tomar cuidado para que nada disso se torne mais importante que Deus, que deve vir sempre em primeiro lugar.

DESAFIO

Tente identificar se você está colocando algo ou alguém acima de Deus em sua vida e reflita sobre isso. Pense em como fazer com que isso não tome o lugar de Deus, que deve ser adorado sobre todas as coisas.

25/02

ÊXODO 20.4-6

E a conversa dos amigos continua.

Ana: O segundo mandamento é sobre não fazer imagens para adorar. Isso é tipo não criar ídolos, não é?

Michelle: Sim, Ana. É essencial adorar a Deus da maneira que ele deseja, não por meio de objetos ou imagens que as pessoas às vezes usam para se sentir mais próximas a ele.

Junior: Acho que é uma forma de nos lembrar de que devemos adorá-lo em espírito e em verdade, não por coisas que podemos ver ou tocar.

Ted: Então, é errado ter uma cruz no meu quarto? - questiona Ted, intrigado.

Michelle: Não é o objeto, Ted, mas o significado que damos a ele. A cruz pode ser um lembrete do sacrifício de Jesus, mas não deve ser adorada.

Ted: Ah, tá! Então, posso ter a cruz para me lembrar do sacrifício de Jesus, mas não posso fazer dela a minha adoração a Deus. Agora acho que entendi.

Junior: Isso mesmo, Ted. Entendeu certinho. Nenhum outro objeto deve ser adorado.

Ana: Fiquei muito feliz que você conseguiu entender isso, amigo! Esses mandamentos nos ajudam a agradar a Deus e a nos relacionar com ele da forma certa.

Os amigos continuam a conversa citando outros objetos que podem servir de adoração e se lembrando de como Deus quer receber todo louvor, honra, glória e adoração.

ORAÇÃO

Querido Deus, ajuda-me a te adorar da maneira que tu desejas. Que meu coração esteja sempre voltado somente a ti e não a símbolos nem a objetos. É no nome precioso de Jesus que eu oro, amém.

26/02

ÊXODO 20.7

Depois, conversam sobre o mandamento que vem a seguir.

Junior: O terceiro mandamento é sobre não usar o nome de Deus em vão. Isso significa mais do que só não falar coisas ruins, não é mesmo?

Michelle: Exatamente, Junior. É sobre respeitar o nome de Deus em todas as situações, seja em nossas conversas ou até quando fazemos promessas.

Ted não entende nada, mas espera para saber o que Ana vai falar a esse respeito.

Ana: Às vezes, as pessoas falam "Eu juro por Deus" sem realmente pensar na seriedade disso. Eu mesma já falei algumas vezes e, imediatamente, pedi perdão ao Senhor.

Ted: Ah, isso faz sentido. É como se usar o nome de Deus de qualquer jeito tirasse o valor dele, certo?

Michelle aplaude e diz: É isso aí, Ted. Deus é santo; o nome dele também é.

Ted: Vou prestar mais atenção nisso. E todas as vezes que alguém jurar por Deus ou usar o nome dele em vão perto de mim, vou ensinar que isso não se faz, porque é grave.

Junior: Infelizmente, todos nós, vez ou outra, já usamos o nome de Deus em vão. O importante é tomar cuidado para não repetir o erro. Além disso, temos de nos lembrar de sempre pedir perdão ao Pai, que é misericordioso e nos perdoa com amor.

PARA REFLETIR:

Você costuma "jurar por Deus", ou falar do nome dele sem que seja para adorá-lo? Sempre que usar o nome de Deus, lembre-se do respeito e da reverência que ele merece. É uma forma de demonstrar seu amor e admiração pelo que ele é: santo!

café com Deus Pai TEENS

A conversa agora gira em torno do quarto mandamento.

Ana: Quem se lembra do quarto mandamento?

Junior: Se não me engano, diz que devemos guardar o sábado como dia santo.

Ted: Isso significa que não podemos jogar bola, no meu caso, jogar videogame, ou sair para nos divertirmos?

Michelle: Na verdade, Ted, o sábado é mais sobre descanso e reflexão. É um dia para pausar nossas atividades normais e focar em Deus, na família e no descanso.

Ana: Isso parece legal. É uma chance de desacelerar e pensar nas coisas mais importantes. E uma oportunidade de agradecer a Deus por tudo o que temos.

Ted parece estar confuso.

Ted: Mas e se alguém realmente precisa fazer algo no sábado? Tipo, uma emergência?

Michelle: Deus entende as nossas necessidades, Ted. O importante é a intenção do coração e reservar um dia da semana para dedicar a Deus, à sua família e ao descanso. Talvez seja o domingo o dia da sua família desacelerar e se dedicar ao Senhor.

Ted: É bom pensar nisso. Agora entendi o sentido de Deus dar essa ordem ao povo. E vou incentivar minha família a ter um dia de descanso, para ficarmos juntos fazendo coisas legais, e principalmente para pensarmos em Deus e nas boas coisas que ele faz!

DESAFIO

Tente passar o próximo sábado, domingo, ou outro dia da semana junto de sua família e de pessoas especiais para você. Faça atividades que aproximem mais vocês de Deus e uns dos outros. Pode ser uma caminhada, um estudo bíblico, uma noite de jogos ou até mesmo um filme em família.

28/02

ÊXODO 20.12

A conversa sobre os mandamentos segue animada.

Junior: O quinto mandamento é difícil para mim. Honrar pai e mãe não é fácil quando as coisas em casa são complicadas.

Michelle: Entendo, Junior. Mas lembre-se: honrar não significa aceitar tudo, especialmente se a situação é complicada. Honrá-los conforme diz a Bíblia significa respeitar e valorizar o papel deles em nossa vida.

Junior: Mi, isso é tão difícil. Mas eu tento seguir esse mandamento, de verdade.

Michelle: É isso que importa, Junior!

Ana: Amiga, isso também se aplica, por exemplo, a ajudar em casa, certo? Tipo, fazendo minhas tarefas sem minha mãe ter que me pedir um milhão de vezes.

Michelle: Com toda certeza! Além de agradar a Deus, agradamos nossos pais, que são nossos melhores amigos aqui na terra, as pessoas que mais nos amam, depois de Deus, claro!

Ted: Isso me faz pensar... Eu deveria ser mais grato pelo que meus pais fazem por mim. Às vezes me esqueço de agradecer.

Michelle: Agradecer e reconhecer o esforço deles é uma boa maneira de mostrar honra, Ted. E, cumprindo esse mandamento, nossos dias na terra são prolongados. Além do mais, devemos pensar que também teremos filhos algum dia e vamos colher exatamente o que plantamos.

ORAÇÃO

Senhor, ajuda-me a honrar meus pais da maneira que te agrade. Concede-me sabedoria para entender o melhor modo de fazer isso, mesmo quando é difícil. Em teu nome, eu oro, amém.

Junior: Verdade. E eu desejo ser um pai exemplar e maravilhoso para meus filhos quando os tiver. Por isso, independentemente das circunstâncias, eu honro meus pais.

Ana: Arrasou! Vamos todos seguir esse mandamento!

Que tal escrever uma carta para Deus Pai? Com certeza você já aprendeu algo sobre confiar no Senhor, então, escreva uma oração com seus pedidos!

café com Deus pai TEENS
DEUS
É QUEM
AJUDA A
CONQUISTAR

MARÇO

AS MULHERES SÃO CRIAÇÕES INCRÍVEIS DE DEUS!

Este mês escreva **1 BILHETE** por semana e o entregue a uma mulher especial em sua vida.

Anote aqui as datas e quem são elas!

- [ ]
- [ ]
- [ ]
- [ ]
- [ ]

Ted se arrisca a tentar lembrar do sexto mandamento.

Ted: O próximo mandamento é "Não matarás", certo? Esse é bem direto, não é? Significa não acabar com a vida de alguém.

Michelle: Sim, Ted, mas vai além. Inclui não ferir os outros com nossas palavras ou ações. É sobre preservar a vida e a paz.

Ana: Tipo, não apenas fisicamente, mas também emocionalmente? Não magoar as pessoas com o que falamos?

Junior: Exato, Ana. Às vezes, as palavras podem ser tão destrutivas quanto as ações que temos.

Ted: Também devemos apoiar uns aos outros, não é? Como ajudar alguém que passa por um momento difícil.

Michelle: Isso mesmo! Proteger a vida em todos os sentidos. Fazendo isso, seguimos esse mandamento de Deus.

Ana: Isso é muito forte. Às vezes, a gente relaciona esse mandamento só à morte física, mas é muito importante refletir sobre tudo o que pode "matar" alguém, tanto por fora como por dentro. Vou começar a pensar em tudo antes de falar, porque eu sei bem como machuca quando alguém caçoa de mim por causa da cor da minha pele.

Junior: Ana, eu imagino que deve doer, mas tente nunca deixar isso entrar em seu coração.

Michelle: Amiga, você é linda e perfeita do jeitinho que Deus a criou!

Ana chora, emocionada com as palavras de seus amigos, e todos se abraçam.

Ana: Vocês são os melhores amigos que Deus poderia ter me dado. Amo vocês!

Todos: Nós também amamos você!

PARA REFLETIR:

Você já falou algo que magoou alguém? Lembre-se de que cada pessoa é valiosa aos olhos de Deus. Nossas ações e palavras devem refletir o amor e o respeito dele em nós.

café com Deus Pai TEENS

Ainda há mais mandamentos!

Michelle: O sétimo mandamento fala de fidelidade e respeito nos relacionamentos. "Não cometerás adultério" é uma maneira de Deus proteger o amor entre duas pessoas.

Ted: Isso é mais para adultos, certo? É um mandamento um pouco difícil para a gente entender na nossa idade.

Ana: É verdade, Ted, mas podemos começar aprendendo respeito e compromisso desde cedo. Por exemplo, devemos ser leais aos nossos amigos e manter nossa palavra quando dizemos que faremos algo.

Junior: Com certeza, Ana. Além disso, também nos faz entender melhor a confiança. Minha mãe sempre me diz que, se a confiança é quebrada uma vez, é muuuito difícil de consertá-la.

Michelle: Com todas as relações é assim. Devemos ser pessoas em quem os outros podem confiar, demostrando respeito e amor em nossas ações.

Ana: E isso fará toda a diferença na vida das pessoas que nos cercam, porque seremos amigos com quem elas saberão que podem contar.

Michelle: Não tem nada melhor do que achar um bom amigo em quem você sabe que pode confiar e com quem se sente seguro, não é? Isso também reflete o amor de Deus por nós. Quando somos fiéis, amorosos e respeitosos, estamos refletindo o caráter do Criador e dando um ótimo exemplo para quem está ao nosso redor.

DESAFIO

Faça uma lista de ações que demonstrem respeito e lealdade às suas amizades e família. Compartilhe essa lista com seus amigos para ajudá-los a também serem respeitosos e leais.

O antepenúltimo mandamento também é importante!

Junior: E o próximo mandamento, alguém sabe qual é?

Ana: Se eu não me engano, é sobre não furtar, é isso?

Junior: Acertou, Ana! O oitavo mandamento é "não furtarás", ou "não roubarás".

Ted: Isso significa não pegar coisas que não são nossas, certo?

Michelle: Sim, Ted, mas também envolve ser honesto em tudo o que fizermos, como não enganar ou tirar vantagem dos outros.

Ana: Ou não pegar uma moeda que caiu do bolso de alguém que estava na minha frente, mesmo que esse alguém não perceba.

Michelle: Isso aí! Cada atitude que tomamos reflete nosso caráter e o respeito que temos pelo nosso próximo e por Deus.

Junior: Por isso é importante sempre estarmos atentos às nossas atitudes. Até mesmo pegar uma caneta de alguém e não devolver pode ser considerado furto.

Ana: Deus me livre disso! Estou com uma pulseira que uma colega minha me emprestou faz um bom tempo e sempre me esqueço de devolver. Vou cuidar disso assim que eu chegar em casa, porque não quero cometer o pecado do furto.

Michelle: Ai, amiga, que bom! Eu estou com uma presilha que você me emprestou há um bom tempo também. Só me esqueço de devolver, mas já estou avisando que está comigo para você não pensar que furtei, hein!

Os amigos dão risada da situação e continuam a prestar atenção nos mandamentos que Deus transmitiu a Moisés.

ORAÇÃO

Pai celestial, ajuda-me a ser sempre honesto e justo em minhas atitudes. Que eu possa respeitar a todos que me cercam e viver da maneira que te agrade. Em nome de Jesus eu oro, amém.

ÊXODO 20.16.

Agora é o penúltimo mandamento!

Michelle: Estamos quase chegando ao final dos mandamentos que Deus entregou a Moisés.

Ana: Ah, verdade, o próximo é o nono. Esse eu me lembro de como é: "não dirás falso testemunho contra seu próximo".

Ted: Isso é como não mentir sobre os outros, certo?

Michelle: Exatamente, Ted. É ser verdadeiro em tudo que dizemos sobre os outros, evitando fofocas ou acusações falsas.

Ana: Agir assim pode realmente machucar alguém. Uma vez, uma amiga minha espalhou um boato sobre mim, e foi horrível. Chorei por vários dias e não queria nem ir à escola por causa do que ela havia falado. O pior de tudo a mentira, foi minha amiga ter inventado algo maldoso.

Michelle: Quanta maldade! Uma coisa importante de que eu me lembro dessa ocasião é que você a perdoou.

Ana: Perdoar alivia nosso coração!

Junior: Ei! Essa situação toda também mostra como a verdade é importante. Devemos proteger o nome dos outros como protegemos o nosso.

PARA REFLETIR:

Lembre-se sempre de que suas palavras têm o poder de mudar vidas. Ao falar, escolha usar palavras que honrem a verdade e construam pontes, não muros.

Ted: Isso me faz lembrar de como as palavras são poderosas e de que devemos usá-las para o bem.

Michelle: Isso mesmo! Fofocar e inventar coisas sobre o outro são coisas que infelizmente as pessoas têm feito com frequência, mas nós precisamos ser diferentes, afinal, servimos a Deus! Não podemos normalizar essas coisas.

05/03
ÊXODO 20.17

O último mandamento não é menos importante:

Michelle: Agora chegamos ao último mandamento, que é "não cobiçarás", ou seja não desejar para nós as coisas que pertencem aos outros.

Ana: Igual a quando eu quero aquela bolsa nova que minha amiga comprou?

Ted: Ou a quando eu fico com inveja do videogame ou dos jogos novos do meu primo?

Michelle: É isso aí! Todas essas atitudes são cobiça. Claro que não é errado achar bonito e querer comprar também. O pecado está na inveja; em desejar que o outro não tenha nada ou perca o que tem para que nós consigamos aquilo.

Junior: Isso! Devemos ficar contentes com o que temos e confiar que Deus nos dará o que precisamos no momento certo.

Ana: E precisamos valorizar o que temos. Isso me tocou, amiga. Às vezes, quero algumas roupas e acessórios iguais aos das minhas amigas, mas não por maldade, só porque acho bonito mesmo.

Michelle: Isso não é pecado, Ana. Mas você precisa tomar cuidado para que isso não se torne um sentimento de inveja e cobiça, porque aí, sim, é que mora o pecado.

Ted: Eu tenho que confessar que, às vezes, fico muito irritado e inconformado quando meus primos compram os jogos que eu quero antes de mim.

Michelle: Quando percebemos algo assim dentro de nós, precisamos pedir perdão e ajuda a Deus!

Ted ora: Deus, peço perdão por esse sentimento. Não quero sentir inveja nem cobiça! Amém.

Junior: O importante você já fez, Ted. Pediu perdão, agora é só mudar de atitude!

Ted: Pode deixar, meu amigo!

DESAFIO

Durante uma semana, anote todas as coisas pelas quais você é grato. Isso pode ajudar você a ver quão abençoado já é e, consequentemente, reduzir seu desejo por coisas que não tem.

ÊXODO 32.1-35

Ted olha para os israelitas e comenta:

Ted: Vejam, o que está acontecendo ali? Por que o povo está tão animado?

Michelle: Estão construindo um bezerro de ouro, Ted. Estamos em Êxodo 32. Enquanto Moisés estava no monte falando com Deus, o povo ficou impaciente e decidiu fazer um ídolo.

Ana: Mas eles acabaram de receber os mandamentos dizendo para não adorarem outros deuses! Como puderam se esquecer tão rápido?

Junior: Às vezes, as pessoas assustadas ou ansiosas fazem escolhas ruins. Eles queriam algo tangível para adorar, algo que pudessem ver e tocar.

Ted: Que loucura! Como um pedaço de ouro pode substituir Deus?

Michelle: É uma lição importante sobre a fé, Ted. Devemos confiar em Deus, mesmo quando não podemos vê-lo. E precisamos ser pacientes, mesmo quando as coisas parecerem incertas.

Ana: Parece que é fácil nos esquecermos das bênçãos quando estamos com medo ou incertos sobre o futuro.

Junior: E isso nos mostra como é importante ter líderes e amigos que nos ajudem a lembrar de quem Deus é e do que ele nos prometeu.

Ted: Vocês acham que eles sabiam que era errado?

Michelle: Provavelmente, sim. Mas o medo e a incerteza podem fazer que nos esqueçamos da verdade. Eles precisavam de algo para segurar e dar a eles uma sensação de controle.

ORAÇÃO

Paizinho, nos momentos difíceis e incertos, quando eu estiver com medo ou assustado, que eu possa confiar e me lembrar de seu cuidado!

Ana: Apesar de Moisés ter ficado bravo com essa atitude do povo, ele pediu ao Senhor que tivesse misericórdia deles, e todos aqueles que se arrependeram alcançaram a graça maravilhosa de Deus.

07 03

ÊXODO 35:30-35; 37.1-9

Ted compreende como Deus sempre está disposto a nos perdoar.

Ted: Ufa! Deus é misericordioso mesmo! Por que perdoar o povo, que adorou uma imagem? Eu não perdoaria, não!

Junior: Ainda bem que você não é Deus, Ted!

Os amigos dão gargalhadas e, sem seguida, sentem o chão correr sob seus pés. Ted percebe que estão em outra cena.

Ted: Uaaaaaaau! O que é exatamente essa caixa decorada?

Michelle: É a Arca da Aliança, Ted. Deus ordenou que o povo a construísse como símbolo da aliança entre Deus e os israelitas, e para guardar as tábuas dos dez mandamentos. A arca não era um objeto de adoração, como o bezerro de ouro, mas um memorial, para lembrá-los de como O Senhor cuidava deles e queria se relacionar com eles de modo especial.

Ana: Sim! Deus deu a eles algumas instruções. Havia arte e beleza nos objetos que seriam usados no culto que os israelitas prestavam a Deus.

Michelle: O Senhor aprecia a beleza e os detalhes, por isso ele criou um mundo tão belo.

Ana: Sabe o que acho mais bonito nisso tudo? Deus capacitou pessoas para fazerem esse lindo trabalho.

Michelle: É verdade, amiga! Deus sempre multiplica nossos talentos se nos dedicarmos a ele. Ele também faz muito mais do que esperamos.

Junior: Poxa, eu também queria ter habilidade para fazer algo especial para Deus.

Michelle: Junior, tenho certeza que Deus ainda vai usar você de uma forma especial. Quando for adulto, você terá um lindo chamado a cumprir!

Ana: É, Junior! Você pode não ter habilidades para construir uma arca, mas tem a capacidade de ouvir as pessoas e de se preocupar com osoutros. Deus pode usar a sua vida de uma forma especial para ajudar as pessoas.

ORAÇÃO

Senhor, sei que podes multiplicar minhas habilidades. Ajuda-me a usar os dons e talentos que me deste para tua glória!

Café com Deus Pai TEENS

Um ventinho diferente surge perto dos amigos. Era a xícara abrindo um novo portal! Ana se levanta toda atrapalhada, quase cai, e corre. Junior, Michelle e Ted riem enquanto seguem a amiga. Eles são teletransportados para um novo tempo, mas ainda no deserto.

Michelle: Olhem! Um sacerdote ensinando leis para o povo! Acho que chegamos a Levítico.

Ted: Aff! Ele não para de falar de regras e mais regras! Pra quê?

Michelle: As leis serviam para mostrar como viver de maneira que agradasse a Deus. E também ajudavam o povo a viver em ordem e com saúde.

Ana: Nada aleatório! As leis tinham um propósito real para aquele tempo e lugar.

Ted: É, faz sentido. Mas ainda faz hoje? Nós ainda precisamos seguir tooodas as leis antigas?

Michelle: Muitas das leis de Levítico serviam para aquele tempo. Hoje, as condições de saúde e higiene são diferentes; algumas já não fazem sentido. Fora que nós vivemos sob a nova aliança em Cristo. Ah, mas os mandamentos de Deus sempre devem ser seguidos.

DESAFIO

Converse com sua família sobre como cada pessoa segue os dois mandamentos que Jesus nos ensinou e o que fazer para melhorar!

Ted: Mas é coisa demais! Como vou decorar?

Junior: Ei! Jesus fez um resumo: "Amar a Deus sobre todas as coisas" e "amar ao próximo como você mesmo!".

Ted: Só isso?

Michelle: Só? Isso significa que, se você usar esses dois mandamentos como filtro, conseguirá, com a ajuda de Deus, seguir tooooodos os outros.

Ted: Tipo, se eu amar a Deus acima de todas as coisas, então não adorarei nada além dele. E, se eu amar as pessoas como a mim mesmo, vou honrar meus pais, não vou falar mal dos outros, nem fazer *bullying*, ou partir para briga quando for contrariado, é isso? Acho que saquei.

Ana: É! São como as regras em casa: nossos pais colocam regras porque nos amam e querem o melhor para nós.

Junior: Exato! Deus nos impõe limites para nos proteger e nos guiar ao melhor caminho.

De repente, os amigos são cobertos por uma sombra.

Ted: Queria aquela sombrinha! Não é a primeira vez que vemos uma nuvem no deserto, não é? Está cobrindo aquela tenda, que ficam chamando de Tenda do Encontro, ou Tabernáculo. O que significa?

Michelle: A Bíblia muitas vezes repete certas coisas para nos lembrar da presença constante de Deus e das suas promessas.

Junior: A repetição ajuda as pessoas a se lembrarem do que é importante.

Ana: É tipo a minha mãe me lembrando várias vezes de levar o guarda-chuva. Ela sabe que eu posso esquecer.

Michelle: Bem isso, amiga.

Ted: Então, essa nuvem... é como um lembrete de que Deus está com eles o tempo todo?

Michelle: É, Ted. A nuvem sobre a Tenda do Encontro simboliza a presença direta de Deus no meio do povo. Nuvem presente é igual a Deus presente

Ana: Imagina como dever incrível para os israelitas terem um sinal visível da presença de Deus o tempo todo! Eles olham para cima e sabem que Deus está lá!

Ted: Um total de zero dúvidas sobre a presença de Deus!

Junior: Sim, e eu acho que isso nos mostra algo importante sobre Deus. Ele quer que saibamos que sua presença está perto de nós. Mesmo hoje, sem uma nuvem visível, temos outros sinais da sua presença e direção em nossa vida.

ORAÇÃO

Senhor, nos momentos difíceis, quando eu me sentir perdido ou sozinho, que eu me lembre de que estás comigo. Quando eu não souber qual caminho ou decisão tomar, que a tua palavra seja como a nuvem que apontava o caminho para o teu povo. Amém!

café com Deus Pai TEENS

Parece que nada é capaz de agradar aos israelitas.

Ana: Estão ouvindo esse barulho? Parece que tem um monte de gente falando ao mesmo tempo, todos bravos.

Junior: O povo está reclamando de novo, Ana.

Ted: E lá vamos nós mais uma vez... Qual o motivo da reclamação agora? Eles recebem comida de graça!

Michelle: É, Ted. Mesmo depois de Deus enviar as codornas, o povo ainda não estava satisfeito. Eles queriam mais: queriam ter uma grande variedade de alimentos como tinham no Egito.

Ana: Parece um pouco com a gente, não é? Às vezes, tantas coisas boas acontecem em nossa vida, mas ainda assim encontramos algo para reclamar.

Junior: Pior que é, Ana. – **diz, encabulado.**

Ted: É como quando eu ganho um novo jogo de videogame, mas fico chateado porque não é exatamente o que eu queria. Parece que sempre queremos mais.

Junior: Por que é tão difícil para nós ficarmos satisfeitos com o que temos?

Michelle: Acho que é parte da natureza humana. Mas também serve de lição para aprendermos a ser gratos pelo que temose estar cientes de que Deus sabe o que é melhor para nós.

Ana: Também nos mostra como é importante nos lembrarmos das bênçãos recebidas, em vez de apenas focarmos no que nos falta.

PARA REFLETIR:

Você já ganhou algo e ficou decepcionado porque não era exatamente como você imaginava? Lembre-se de que manter um coração agradecido é essencial para a vida cristã, porque nossa satisfação deve estar em Deus.

Junior: Se nunca nada nos satisfaz, podemos estar buscando a felicidade nas coisas erradas.

Ted: Faz sentido! Eu deveria agradecer mais do que pedir e pedir.

Michelle: Com essa atitude, Ted, talvez a gente consiga até influenciar as pessoas que estão ao nosso redor e mostrar como é bom ter o coração grato!

De repente, os amigos veem outro portal da xícara se formar e entram nele sem hesitar. Eles caem perto do povo reunido ao redor de Moisés, que convoca alguns homens pelo nome.

Junior: Ei! O deserto está diferente...

Michelle: Verdade. Se aqui não é o Sinai, deve ser o deserto de Parã.

Ted: Por que Moisés está chamando aqueles homens?

Ana: Acho que chegou a hora de inspecionar Canaã, a terra prometida por Deus. O Senhor pediu a Moisés que enviasse alguns homens como espiões para reconhecerem o território.

Ted: E eles gostaram do que viram?

Michelle: Doze homens foram enviados e todos concordaram que a terra era muito fértil, cheia de frutas e paisagens lindas. Mas também viram que as cidades eram fortificadas e os habitantes eram poderosos. Isso deixou dez homens aterrorizados.

Ana: Tipo eu quando tive que mudar de escola, antes de conhecer vocês! Pavor define!

Junior: Exatamente! E o povo não soube lidar. Dez espiões focaram apenas os desafios e perigos. Eles espalharam medo entre o povo. Josué e Calebe, os outros dois espiões, confiaram em que Deus os ajudaria a conquistar a terra, porque era uma promessa! Os israelitas, como sempre, ficaram desesperados e desejaram ter morrido no Egito ou no deserto!

Michelle: O povo ficou impressionado só com a parte ruim. Calebe tentou acalmá-los e disse que Deus lhes daria a vitória, que eles não deveriam temer. O povo ficou indignado e até falou em apedrejá-lo.

DESAFIO

Pense em um desafio que você esteja enfrentando. Pode ser uma prova difícil, fazer novos amigos ou aprender algo novo! Compartilhe com alguém de confiança e ore, peça a Deus coragem e fé, como Josué e Calebe.

NÚMEROS 14.17-19

A conversa continua!

Ana: Pode ser mais fácil focar os problemas em vez das promessas. Todos nós duvidamos em algums momentos, especialmente quando as coisas parecem muito assustadoras.

Junior: Cada vez que eles se revoltavam, Deus se entristecia. Mesmo assim, o Senhor continuou cuidando deles. Isso diz muito sobre a persistência do amor do nosso Pai!

Ted: Eu entendo que é difícil, mas fico muito bravo ao ver o que eles fazem o tem-po to-dooo!

Michelle: Muitas vezes, a gente também é assim. Nós pecamos, e Deus perdoa. Aí, pecamos de novo e de novo, como os israelitas. A paciência e a misericórdia de Deus são gigantes! Mesmo que não mereçamos ser perdoados, ele não desiste de nós.

Junior: Ei! É verdade! É reconfortante saber que Deus nos ama tanto que nos perdoa, mesmo quando cometemos o mesmo erro várias vezes.

Ted: Pensar assim muda tudo. Acho que está na hora de eu ser mais paciente com os outros porque Deus é muito paciente comigo, muito mesmo!

Ana: Só devemos tomar cuidado para não cairmos na armadilha de achar que está tudo bem continuar pecando só porque Deus perdoa! Afinal, se continuamos a cometer o mesmo erro, é porque não nos arrependemos verdadeiramente.

Michelle: Isso é suuuuuperimportante. Deus é justo, e a insistência do povo em viver pecando teve consequências.

ORAÇÃO

Querido Deus, obrigado por tua paciência comigo e por me amares com minhas falhas. Ajuda-me a ser paciente e amoroso com as pessoas que me cercam, assim como tu és comigo, e a não repetir os mesmos erros. Em nome de Jesus, amém.

café com Deus Pai TEENS

Os amigos refletem.

Michelle: Deus disse a Moisés que o povo não cria no Senhor, que já havia dado muitos sinais de seu cuidado. Então, aquelas pessoas não entrariam na terra prometida. Eles passariam quarenta anos no deserto, um ano para cada dia que os espiões exploraram Canaã.

Ana: Quarenta anos parece uma eternidade! Por que tanto tempo?

Junior: Deus queria que uma nova geração crescesse no deserto, que essa geração confiasse nele e estivesse pronta para seguir seus planos.

Ted: É como quando nossos pais nos dão um tempo de espera depois de fazermos algo errado, para pensar em nossas atitudes.

Michelle: Olha ele! Isso aí, Ted. O tempo no deserto não era apenas um castigo, mas também um tempo para ensinar e preparar os israelitas para o futuro que Deus tinha para eles.

Ana: Isso me faz pensar nos "desertos" que passamos na vida? Às vezes, são tão difíceis que parecem durar para sempre.

Junior: Sim, mas podem nos ensinar muita coisa, como paciência e fé nas promessas de Deus independentemente das circunstâncias.

Ted: Acho que estou entendendo: apesar dos tempos difíceis e dos desafios, precisamos continuar confiando nele.

Ana: Isso aí, ainda que estejamos passando por um "deserto", temos que nos lembrar de que Deus está conosco. Ele nos ensina e nos prepara para algo melhor. O Senhor cuida de nós o tempo todo.

ORAÇÃO

Querido Deus, ajuda-me a confiar que tu estás comigo em cada passo do caminho. Dá-me forças para enfrentar os "desertos" desta vida. Em teu nome, eu oro, amém.

café com Deus Pai TEENS

Curioso, Ted observa algo:

Ted: Ei, pessoal! Parece que o tempo correu mais um pouco! Estou vendo Moisés ali, falando com o povo, e parece que é sério.

Michelle: Ah, sim! É sério mesmo, Ted! Ele está renovando a aliança entre Deus e os israelitas, ao falar das promessas de Deus e as bênçãos que virão se o povo for fiel.

Ana: É um acordo, não é? Se eles seguirem o que Deus diz, serão abençoados?

Michelle: Uhum! Tipo como quando seguimos as regras da escola ou em casa; sabemos bem o que acontece quando não obedecemos.

Ted: Como sei, Mi! Semana passada, fiquei de castigo porque não entreguei as lições de casa. No caso deles, o que acontece se não conseguirem seguir as regras direito?

Michelle: Essa é a parte incrível da fidelidade de Deus. Ele diz que, mesmo se eles errarem, ao se voltarem para o Senhor e obedecerem de coração, serão abençoados.

Ana: Ai, que lindo! Isso mostra que Deus não está esperando que falhemos para nos punir. Ele nos ama mesmo quando erramos.

Ted: Isso faz eu me sentir um pouco melhor. Quando cometo erros, não é o fim de tudo. Posso aprender e tentar fazer melhor da próxima vez.

Junior, Michelle e Ana olham para Ted e concordam com o que ele acabou de dizer.

Michelle: Exatamente, amigo. Deus nos ama tanto que sempre nos dá outra chance.

DESAFIO

Pense sobre algo em seu comportamento que possa melhorar e sobre como você pode, por meio de suas atitudes, demonstrar sua fidelidade a Deus. Pode ser algo que você considere pequeno, como ser mais paciente ou ajudar mais nas tarefas de casa.

Logo em seguida, eles veem Moisés perante o povo.

Ana: Gente, estão vendo Moisés ali? Parece que ele está falando algo muito importante para aquele homem na frente de todo o povo de Israel.

Junior: Aquele homem ao lado de Moisés é Josué, Ana. Moisés conduziu o povo até aqui, sob a direção de Deus, e ensinou a todos sobre o cuidado e a vontade de Deus. Agora, o Senhor está levantando outro líder para guiar seu povo.

Ana: Ah, é verdade! Josué foi escolhido por Deus para iconduzir povo na entrada em Canaã, porque Moisés já está bem velhinho.

Junior: Depois de conduzir três gerações, chegou a hora de Moisés olhar para a terra prometida do alto do monte, pois ele não entrará nela.

Ted: Então, é tipo uma despedida de Moisés? Ele está passando a liderança do povo para Josué?

Michelle: Sim, Ted. Moisés está preparando Josué para liderar Israel após sua morte, por isso o chamou na frente de todos.

Ana: Deve ser um momento especial para Josué, mas assustador também! Imagina ter que seguir os passos de nada mais, nada menos que Moisés.

Junior: Sem dúvidas, porque Moisés foi um grande líder. Mas a Bíblia diz que Josué estava cheio do Espírito de sabedoria, porque Moisés tinha imposto as suas mãos sobre ele, então os israelitas o obedeceram.

Michelle: O povo não vai ficar desamparado, até porque o Senhor jamais deixaria isso acontecer. Novos líderes sempre serão levantados por Deus.

ORAÇÃO

Pai, creio que tu nunca desamparas o teu povo, nem na época de Josué, nem hoje. Que tu continues a levantar líderes segundo o teu coração, para guiarem as pessoas na direção da tua vontade. Em nome de Jesus, oro, amém.

16/03

DEUTERONÔMIO 31.9-13

Os amigos continuam a conversar.

Junior: É, pessoal, parece que chegamos ao final do Pentateuco.

Ted: Pentateuco? O que é isso, Junior?

Junior: São os cinco primeiros livros da Bíblia, Ted: Gênesis, Êxodo, Levítico, Números e Deuteronômio.

Ted: Ah, entendi. Mas, sabe, eu reparei numa coisinha: por que eles são tão parecidos? As histórias são muito parecidas.

Michelle: Boa observação, Ted. Os cinco livros são parecidos porque todos eles contam a história de como surgiu o povo de Israel, além das promessas e das leis de Deus. E também fala das lutas e inconstâncias do povo, em contraste com a misericórdia do Senhor, que desejava levá-los a viver essas promessas. Além disso, Moisés é o autor de todos eles.

Ana: É tipo os capítulos de um grande livro de aventuras. Cada parte nos conta mais sobre os personagens e prepara o cenário para o que vem a seguir.

Junior: Cada livro tem uma parte importante. Gênesis fala do início de tudo: a criação, a desobediência e suas trágicas consequências; como Deus escolheu Abraão e sua descendência.

Ana: E a partir da Queda, Deus trabalha na história a fim de trazer o homem de volta para ele.

Michelle: Em Êxodo, está a libertação de Israel; em Levítico, as leis; em Números, tudo o que passaram no deserto; e, em Deuteronômio, Moisés relembrou o povo de sua aliança, ou acordo especial, com Deus, afim de prepará-los para entrarem na terra prometida.

Ted: Ahhhh, faz sentido. E depois de Deuteronômio?

Michelle: Aí, nós entramos no livro de Josué, que liderou depois de Moisés.

Ana: É como a próxima temporada de uma série! Mal posso esperar para ver o que acontece! Nem precisa falar mais nada, amiga, porque eu não gosto de *spoiler*!

ORAÇÃO

Paizinho, obrigado pelos teus ensinamentos! Ajuda-me a aprender a tua Palavra a cada dia e a guardá-la em meu coração. Amém.

Ted: Então, Josué é o novo líder? Ele deve ter ficado com um pouco de medo. Eu, que não tenho medo de nada, ficaria.

Michelle: Medo de nada? Ah, tá, sei! E aquela vez que você correu de uma lagartixa?

Ted: Eu não estava com medo, não. Só saí rápido, porque achei que minha mãe estava me chamando!

Junior: Ih, essa desculpinha não colou, hein! Fica tranquilo, a gente não vai zoar você!

Ted fica sem graça pelos amigos terem descoberto que ele tem medo de lagartixa.

Michelle: Eu tenho medo do escuro! É importante respeitar o medo até conseguirmos vencê-lo! Acho que Josué ficou com medo, sim. Mas Deus é tão maravilhoso que falou para ele ser forte e corajoso.

Ana: E não falou uma vez só, não é, amiga? Deus falou váááárias vezes! Ele sabia que Josué precisaria de muita coragem para liderar o povo e conquistar a terra prometida.

Junior: Imagina ter que liderar tantas pessoas e tomar decisões importantes. Só por Deus mesmo!

Ana: O mais top é que Deus também prometeu estar com Josué, assim como esteve com Moisés.

Michelle: E essa é uma promessa para nossa vida também, Ana. Quando temos desafios ou coisas novas para enfrentar, Deus está conosco e nos encoraja a ser fortes e corajosos.

Ana: Isso me deixa menos preocupada com tudo que é desafiador para mim, como mudar de escola ou tentar coisas novas.

Junior: E nos lembra de que, com a ajuda de Deus, podemos enfrentar qualquer coisa.

Ted: Isso me faz querer encorajar os outros, como Deus fez com Josué.

Michelle: Que demais, Ted! Orgulho define! Precisamos mesmo ser pessoas encorajadoras.

ORAÇÃO

Senhor, ajuda-me a ser forte e corajoso. Dá-me a confiança de saber que tu estás comigo em todos os momentos. E que eu possa encorajar todos os meus amigos a confiarem em ti. Em teu nome, eu oro, amém.

A xícara abre outro portal. Os amigos entram nele, animados para descobrir o que vem em seguida. Logo percebem que estão diante dos muros de uma grande cidade.

Junior: Humm, deve ser Jericó! E aquela deve ser a casa de Raabe. Tem um cordão vermelho pendurado na janela!

Ted: Raabe? Quem é essa?

Michelle: Josué mandou dois espias para verem Jericó. E eles entraram na casa de Raabe, uma mulher pecadora. Eles não podiam estar ali, mas ela os escondeu mesmo sabendo que corria grande risco caso alguém descobrisse.

Ana: E não é só isso! Ela acreditou que o Deus de Israel era o verdadeiro Deus apesar de ela viver em uma cidade que adorava outros deuses.

Junior: In-crí-vel! Isso mostra que não importa de onde você vem nem o que você faz, mas o que realmente importa é sua fé e suas ações.

Michelle: Uhum! Por causa da coragem de Raabe, ela e sua família foram salvos da morte.

Ted: Como é?

Michelle: Além de Raabe esconder os espiões de Israel, ela os ajudou a escapar pela janela. E ainda indicou onde eles poderiam se esconder por três dias. Os homens combinaram com ela que, quando voltassem, se o cordão vermelho estivesse na janela, eles saberiam que ela e sua família estavam lá. Então, eles não sofreriam dano algum.

Ted: Sur-re-al! Que legal!

Ana: E tem mais! Raabe fez parte da ascendência de Jesus, sabia? Mas essa é outra história!

Michelle: Ih, amiga, você, que não gosta de *spoiler*, acabou soltando um dos grandes! Hahaha! Agora, falando sério, a história de Raabe nos ensina que Deus olha o coração e a fé das pessoas, não apenas sua posição social ou seu passado.

DESAFIO

Você já julgou alguém apenas pela aparência? Já pensou em tentar mudar essa maneira de agir? Tente conhecer mais profundamente alguém de quem você nunca se aproximou, você pode se surpreender!

Ana: Genteeee, outro portal!

Ana vai em direção ao portal da xícara, e todos a seguem. Os amigos são levados para perto de um grande rio.

Ted: Porque aquelas pessoas estão carregando a Arca da Aliança?

Os amigos ficam quietos para observar.

Junior: São sacerdotes, Ted. Estão se preparando para atravessar o rio... riiiiooo...

Michelle: Jordão!

Junior: Isso, Mi. Sua memória é muito boa.

Michelle fica feliz com o elogio.

Ted: Eles vão mesmo atravessar o rio Jordão com a arca? Vai dar certo? O rio está cheio.

Michelle: Só olhe, as águas do rio estão pa-ran-dooo!

Ana: Conforme os sacerdotes entram com a arca no rio, ele está secando!

Junior: Da horaaaa! É um milagre! Eles estão atravessando.

Ana: Uau! Isso me lembra de Moisés e os israelitas no mar Vermelho! Deus realmente gosta de fazer o impossível se tornar possível, não é?

Junior: Isso também vai ajudar o povo a confiar em Josué como novo líder, mostrando que Deus está com ele.

Ted: Muuuuito legal. Por que a arca tinha que ir na frente?

Michelle: Ela representa a presença de Deus, Ted. Levá-la na frente era uma maneira de mostrar que o Senhor estava liderando o povo. Um lembrete de que devemos colocar Deus à frente de tudo o que fazemos.

Ana: É como dizer que, quando enfrentamos situações difíceis, devemos nos lembrar de tomar decisões guiadas por Deus, não pelo nosso próprio entendimento.

ORAÇÃO

Deus Pai, ajuda-me a me lembrar de sempre te colocar à frente de todas as coisas em minha vida. Dá-me coragem para seguir em frente. Em nome de Jesus, eu oro, amém.

JOSUÉ 5.13; 6.1-27

Café com Deus Pai TEENS

Os amigos seguem os israelitas até as muralhas de Jericó.

Ted: UAU! Olhem só essas muralhas! Como eles vão conseguir derrubar isso tudo?

Junior: Hummm, essa história é uma das boas! Deus deu a Josué um plano beeem diferentão! O povo não vai precisar usar nenhuma arma de ataque para derrubar essas muralhas. Eles só vão precisar agir com muita fé e obediência.

Ana: Ah, é verdade! Deus mandou Josué falar aos soldados e aos sacerdotes para que eles marchassem ao redor da cidade uma vez por dia durante seis dias.

Michelle: E aí, no sétimo dia, eles deveriam marchar sete vezes. Depois disso, eles todos devem gritar e tocar trombetas, porque com isso, do nada, as muralhas vão cair.

Ted: Que maluquice! Ops! Quero dizer, imagina só ficar lá marchando e depois gritar para derrubar paredes!

Ana: Isso que eu chamo de ganhar uma guerra no grito! Hahaha!

Enquanto todos riem, Ted faz uma pose de guerreiro e diz:

Ted: Eu pegaria umas armas bem loucas e sairia atirando para derrubar tudo!

Junior: Por isso a gente nunca deve fazer nada da nossa cabeça, mas devemos ser obedientes ao que Deus manda, Ted.

Ted: É, você tem razão, Junior. Vou começar a prestar mais atenção a isso. Não quero errar pela desobediência.

Ana: Eu acho incrível como eles mostraram tanta fé. Realmente acreditaram que, se seguissem as instruções de Deus, as muralhas cairiam.

Michelle: A lição aqui é que, às vezes, a solução para nossos problemas não é fazer o que parece mais fácil, mas seguir o que Deus nos pede para fazer, mesmo que pareça estranho.

PARA REFLETIR:

Pense em um desafio que você tem em sua vida. Como você pode aplicar a fé e a obediência para enfrentá-lo?

Depois de terem caído as muralhas, os amigos observam:

Ted: UUUUAAAAAAAUUUU! Olhem aquilooooo! Josué e o povo de Israel estão conquistando tudo! Que incrível!

Junior: Ei! Eu nuuuunca pensei que veria essa cena! Já li na Bíblia a passagem que fala da conquista da terra prometida, mas, cara, ver aqui de pertinho é sur-re-al!

Michelle: Ai, ai, meninos. Vocês e essa mania de gostar de assistir a lutas. Estou feliz por estarmos vendo isso, não pela luta, mas pelo que vai acontecer. Josué e todo povo, com a ajuda de Deus, finalmente vão conquistar Canaã! É o cumprimento da promessa de Deus!

Ana: Deve ter sido incrível. Finalmente chegar à terra prometida depois de tanta luta e espera!

Michelle: É uma história sobre fé, paciência, obediência e, sobretudo, responsabilidade humana. Nós, criação de Deus, somos responsáveis pelos nossos atos, e eles têm consequências, tanto boas como ruins. Deus ordenou ao povo que agisse! E eles foram lá e conseguiram conquistar a terra.

Junior: Sim. Há coisas que sabemos que devemos fazer, por mais que pareçam não surtir efeitos, por mais que nos custe e por mais que o resultado demore a aparecer.

Ted: Acho que todos nós podemos aprender com isso, não é? Sobre não desistir, mesmo quando as coisas ficam difíceis.

Michelle, Junior e Ana concordam com Ted.

ORAÇÃO

Querido Deus, ajuda-me a ter paciência, fé e determinação. Que eu consiga enfrentar os problemas que aparecerem com confiança e esforço, sabendo que tu estás comigo em todos os momentos. Em teu nome, eu oro, amém.

22/03

JOSUÉ 12-24

A xícara surge bem na frente de Ted, que corre, deixando os amigos para trás enquanto grita:

Ted: Vamooooooosss!

Os amigos entram no portal e, desta vez, caem no alto de uma montanha, de onde observam os israelitas chegarem a novas terras.

Ted: Eita, que esse povo parece bem ocupado! Quantas terras Josué e os israelitas conquistaram, não é?

Michelle: Sim, Ted. Depois de Jericó, Josué liderou o povo de Israel na conquista de muitas outras cidades. Os israelitas se dividiram em doze tribos, e cada uma recebeu uma parte da terra.

Ana: Af! Parece complicado. Josué parece ter sido um líder realmente forte e determinado.

Junior: Com certeza, Ana! E ele não apenas lutou, mas também se assegurou de que o povo seguia as leis de Deus. Josué queria que se lembrassem de quem os ajudou a conseguir todas as vitórias.

Ted: O que acontece depois?

Michelle: Depois que Josué morre, o povo fica sem um líder e começa a enfrentar muitos desafios. No livro de Juízes, vemos Israel mais uma vez se afastar de Deus, enquanto o Senhor continuava a enviar pessoas para ajudar e salvar o povo.

Ana: Parece até uma montanha-russa. O povo segue a Deus, depois se esquece dele; aí, precisa ser resgatado de novo.

Junior: Pois é bem assim mesmo, Ana. É uma lição sobre a importância de se manter fiel e seguir os ensinamentos de Deus.

Ted: Hummm, acho que isso mostra o quanto precisamos estar atentos e manter nossa fé e obediência, não é?

Michelle: Falou TU-DO!

DESAFIO

Você faz as coisas certas mesmo quando ninguém está observando? Pense a respeito de suas atitudes e, se perceber algo de errado, escreva sobre isso e peça ajuda a seus familiares.

Café com Deus Pai TEENS

Ted: Então, o povo conquistou toda a terra de Canaã, não é?

As meninas se entreolham, enquanto Junior coça a cabeça com as sobrancelhas levantadas.

Junior: É meio complicado, sabe, Ted! A Bíblia diz que o povo cultuou a Deus durante toda a vida de Josué e dos líderes daquela época. Só que, logo depois que aquela geração morreu, surgiu uma geração que não conhecia o Senhor nem o que ele havia feito por Israel.

Ana: Pior! Em vez de expulsar o povo mau daquela terra e acabar com a idolatria, como Deus tinha ordenado, os israelitas passaram a conviver com eles.

Junior: Ei! Isso me dá uma angústia!! Deus levantou juízes, um tipo de líder, para libertá-los dos inimigos e ajudá-los, mas os israelitas não os ouviram. Eles continuaram seguindo outros deuses e se recusavam a obedecer, porque não conheciam a Deus de verdade.

Ted: Como assim se esqueceram de todos os milagres? Será que nunca aprendem a lição?

Junior: Que nada! No livro de Juízes, diz que o Senhor decidiu não expulsar os outros povos, mas deixá-los lá, para provar a fidelidade dos israelitas, porque eles quebraram a aliança de Deus com os antepassados.

Michelle: É triste como eles se esqueceram de Deus tão fácil! Nós temos a tendência de nos esquecer das coisas incríveis que Deus faz por nós, para seguir os desejos do nosso coração, que é enganoso.

Ana: Verdade, amiga. Por esse motivo, temos que priorizar nosso relacionamento com Deus: assim conheceremos a vontade dele.

Michelle: Ar-ra-sou, amiga!

DESAFIO

Peça a uma pessoa próxima a você para listar três bênçãos que o Senhor deu a ela. Depois, liste três bênçãos que Deus realizou na sua vida. Agradeça ao Senhor e alegre-se.

A xícara abre um novo portal sobre a cabeça dos amigos e, num salto, eles entram. Ao cair, percebem uma mulher e um homem lutando lado a lado.

Ted: Que batalha é essa? Quem é essa mulher?

Michelle: Ai, eu amo essa história. É Débora, uma juíza de Israel, Ted.

Ted: E por que ela está lutando?

Michelle: Além de juíza, Débora era profetisa. A Bíblia fala que ela chamou Baraque, esse que está ao lado dela, para liderar o exército de Israel contra Jabim, rei de Canaã, porque Deus havia ordenado.

Ana: E Débora foi com Baraque para a batalha.

Junior: Débora foi uma grande líder numa época em que isso era superincomum para as mulheres. Mas ela tinha sido escolhida por Deus.

Ted: Da hora! E o que vai acontecer?

Michelle: Deus vai fazer chover muito, e isso vai ajudar Israel a vencer, porque os carros de guerra de Sísera, o comandante do exército inimigo, ficarão presos na lama.

Ana: Ahhhh, e aí vem Jael!!! Ela vai ajudá-los a derrotar Sísera! Depois de ele fugir, e, quando ele adormecer, vai matá-lo e vencer a guerra.

Ted: Que tooooop! Parece coisa de filme.

Junior: Ei! Essa história nos mostra como Deus usa pessoas inesperadas para realizar seus planos. Tanto Débora como Jael foram fundamentais para a vitória.

Ana: Duas mulheres ma-ra-vi-lho-sas, amigos!

Michelle ri, mas concorda totalmente com ela. Ted e Junior reviram os olhos, mas acabam concordando.

Junior: Só desta vez, eu vou dar razão para você, hein, Ana. Se não, vai ficar se achando.

Michelle: Brincadeiras à parte, pessoal. Essa história nos ensina a ter coragem e a confiar em Deus, não importa o quanto a situação pareça difícil.

DESAFIO

Pense em uma situação que exige de você coragem. Como Débora, tente encontrar uma maneira de ser corajoso e fazer a diferença, mesmo que pareça difícil.

Nesse momento, Ana nota que a paisagem mudou!

Ana: Pessoal, perceberam que já mudamos de história de novo? Passou rápido!

Junior: Homens com tochas... buzinas... Ah, é Gideão. Foi ele que derrotou os midianitas com apenas trezentos homens, escolhidos de uma forma bem diferentona!

Ana: Ah, é! Ele testou Deus com o lance do orvalho na lã!

Ted: Cara, como alguém testa Deus?! Que coragem!

Junior: Gideão estava inseguro sobre liderar os israelitas contra os midianitas, Ted. Então, pediu a Deus um sinal, usando um punhado de lã. Primeiro, pediu que a lã ficasse molhada e o chão, seco; depois, o contrário.

Ted: Tipo, ele duvidou de Deus?

Michelle: Eita! Eu não tinha pensado nisso! Mas eu acho que Gideão queria ter certeza de que estava fazendo a vontade do Pai antes de ir para a batalha.

Júnior: E Deus, em sua bondade, respondeu cada a "teste"!

Ana: Quando ele finalmente foi para a batalha, Deus o fez reduzir o exército, para mostrar que a vitória era do poder de Deus, não da força dos homens.

Michelle: Primeiro, Deus o mandou dispensar quem estivesse com medo. Muuuuita gente desistiu. Depois, o Senhor mandou, por meio de Gideão, que os homens fossem à beira de um rio para selecionar o exército final, e adivinha?

Ted: Agora estou curioso. Como foi?

Michelle: Alguns se ajoelharam, mas trezentos homens pegaram a água com a mão em formato de concha. Estes foram os escolhidos!

Ted: Só Deus mesmo para ter essa ideia! Eu jamais pensaria nisso, hahaha!

Junior: In-crí-vel! Ei! O Pai queria mostrar que não era por força nem pelo número de pessoas que eles venceriam, mas porque o Senhor estava na batalha com eles.

Ted: Nós ainda achamos que tudo depende de nós e que podemos vencer sozinhos os desafios da vida. Sabe de nada, inocente!

ORAÇÃO

Senhor, quando eu estiver com medo e me sentir incapaz, ajuda-me a confiar em que tu garantes a vitória, não a minha própria força, inteligência ou ação!

café com Deus Pai TEENS

O portal da xícara levou os amigos para um novo cenário. Ted vê um homem forte que chama sua atenção.

Ted: Gente, quem é aquele fortão ali? Diz que é Sansão, vai! Acertei?

Michelle: Isso aí, Ted! Sansão tem uma força incrível, vinda de Deus. Mas, em vez de ser obediente, Sansão muitas vezes agia por conta própria sozinho e seguia suas próprias paixões, o que o colocou em problemas.

Ana: Ele tinha uma promessa especial. Um anjo falou para os pais nunca cortarem o cabelo dele, porque ele tinha sido consagrado a Deus desde o ventre.

Junior: Sansão tinha a superforça que a Michelle comentou porque Deus lhe deu. Ele usou essa força incrível para enfrentar os filisteus, que inimigos de Israel, mas também teve muitos problemas pelas escolhas que fez.

Ted: Aquela tal Dalila é uma, não é? Ela descobriu o segredo da força dele, não foi?

Michelle: Infelizmente, amigo. Dalila foi mandada pelos filisteus para descobrir por que Sansão era tão forte. E ele confiou nela e revelou que seu poder estava relacionado com o fato de ele não cortar o cabelo.

Ana: Então, Dalila cortou o cabelo de Sansão enquanto ele dormia, e Sansão perdeu seu poder.

Michelle: Isso mostra como até alguém superforte pode ter fraquezas.

PARA REFLETIR:

Quais são suas forças e fraquezas? Como você pode usar suas forças para ajudar os outros? Como pode minimizar suas fraquezas?

Junior: Ei! É isso, Ana. Quando Sansão perdeu sua força, os filisteus o pegaram e o cegaram. E, mesmo no fim, Deus lhe devolveu sua força apenas mais uma vez para ele derrubar o templo dos filisteus. Deus mostrou estar com ele, apesar de seus erros.

Ted: Cara, que tenso! Essa história me faz pensar que ele é como nós, que tentamos fazer o certo, mas, às vezes, falhamos.

Ana: Você tem razão. O importante é sempre se arrepender, assim como Sansão fez, e Deus teve misericórdia dele.

café com Deus Pai TEENS

CRAAAAAASH

A poeira causada pela queda das duas colunas e do templo embaça a visão dos amigos. Após alguns minutos, quando conseguem abrir os olhos, eles percebem que o portal da xícara já os tinha teletransportado.

Junior: Ei! Onde estamos? Peraí... um campo... então, ali são Rute, Noemi e Boaz?

Ana: Oooiiinnn! Esta é uma história de amizade e amor; de como Deus cuida de nós.

Ted: Uau, que top! Mas por que vamos ver esta história?

Michelle: Essa eu respondo! Rute era de uma região chamada Moabe e se casou com um homem israelita, um dos filhos de Noemi. Quando ele morreu, em vez de voltar para sua família, ela decidiu acompanhar Noemi, sua sogra, que também tinha perdido o marido e seu outro filho.

Ted: Decisão difícil!

Michelle: Rute realmente foi muito corajosa! Além disso, ela prometeu que sempre ficaria com sua sogra. Disse até que o povo de Noemi seria seu povo; e o Deus de Noemi, seu Deus. Ela mostrou grande fidelidade.

Ana: Depois dessa decisão, elas voltaram para a cidade de Noemi. Qual é o nome mesmo?

Michelle: Belém, Ana. Quando voltaram para Belém, Rute começou a trabalhar nos campos. Ela recolhia sobras dos grãos para elas duas comerem.

Junior: Olhem! Ela conheceu Boaz, o dono daqueles campos.

Ted: E Boaz é legal com Rute?

Junior: E como! Ele vê como Rute cuida de Noemi e faz de tudo para ajudá-la, com comida e proteção.

Ted: Hummm, será que ele está apaixonado por ela?

Michelle: Entendeu tudo, Ted. Eles vão se casar e ter um filho chamado Obede, que será o avô do rei Davi. E adivinha só?! Rute se tornará integrante da genealogia de Jesus.

DESAFIO

Pense em alguém que você considera como família, mesmo que não seja de sangue. Que coisa legal você pode fazer por essa pessoa para mostrar seu carinho?

café com Deus Pai TEENS

Os amigos olham ao redor, procurando a xícara, e, quando se dão conta, já estão em outra história.

Michelle: Tem uma mulher ajoelhada ali?

Ana: Tem, amiga! Ela parece ar-ra-sa -da! O que houve?

Michelle: Está mesmo! Parece que estamos na história da sua xará, Ana. Ela está muito triste porque não pode ter filhos. E a situação piora porque Penina, a outra esposa de seu marido, tem filhos e zomba dela a todo momento.

Ana: Que tristeza! Sei exatamente como ela se sente! É tão difícil ser zombada!

Junior: Nem me lembrem disso! Zombado e esquecido, era assim que eu me sentia antes de ter um encontro com Jesus!

PARA REFLETIR:

Pense em algo que você deseja muito ou pelo qual está esperando. Como Ana, ore a Deus sobre isso, compartilhe seus sentimentos e espere com paciência. Se o Senhor lhe conceder o que você deseja, agradeça; mas, se não conceder, agradeça também. Deus sempre sabe o que é melhor para nós.

Ted: Sinto muito, amigos! Sei que eu causei algumas dessas tristezas, mas felizmente eu também tive um encontro com Jesus!

Os amigos se abraçam e percebem que Ana está orando.

Ana: Minha xará não desistiu de seu sonho e orou muito a Deus, pedindo um filho.

Michelle: E Deus respondeu às súplicas de Ana. Ela teve um filho, Samuel, e fez uma promessa a Deus. Alguém se lembra?

Junior: Ana prometeu que Samuel cresceria no templo sob os cuidados do sacerdote Eli, para se tornar um grande homem de Deus.

Michelle: E ela cumpriu a promessa. Isso é extremamente importante, porque, quando prometemos algo, é nosso dever cumprir!

Ana: Eu amo essa história. Ana é um exemplo de alguém que confiou tanto em Deus que entregou seus sonhos e o cuidado de sua vida a ele. E, assim... Vocês não acham que, além de ser um exemplo, ela também tinha um nome lindo!?

Todos riem.

Ted ficou curioso.

Ted: Então, Ana cumpriu o que prometeu para Deus! Quando Samuel cresceu um pouquinho, ela o levou ao templo e o deixou sob os cuidados do sacerdote Eli, certo?

Ana: Isso, Ted.

Ted: E o que vai acontecer com ele lá?

Michelle: O garoto vai ajudar o sacerdote nas tarefas e no cuidado com o templo. Uma das grandes histórias de Samuel é a de quando ele ouve a voz de Deus chamá-lo no meio da noite.

Ted: Ah, eu me lembro! Parece até que ele está viajando com a gente!

Ana ri: Ai, Ted, só você mesmo!

Michelle: Samuel é apenas um menininho que dorme no templo.

Ana: Quando Samuel ouviu a voz do Senhor, pensou que Eli o chamava.

Junior: Foram três vezes que Samuel correu para Eli, pensando que era ele quem o chamava. Só na terceira vez, Eli percebeu que era o Senhor tentando falar com Samuel.

Ted: Cara, fiquei até arrepiado de pensar! Deve ter sido sinistro! Incrível! Você está lá de boa, dormindo, e descobre que Deus está falando com você!

Michelle: Com certeza! Eli disse para Samuel voltar e se deitar. E o orientou que, caso ouvisse a voz novamente, dissesse: "Fala, Senhor, pois o teu servo ouve." E foi o que Samuel fez.

Ana: Eu só não me lembro do que Deus disse a ele. Alguém sabe?

Junior: Deus lhe falou do futuro de Israel e da família de Eli. Foi a primeira de muitas mensagens que Samuel recebeu de Deus ao longo de sua vida.

ORAÇÃO

Deus Pai, ajuda-me a ser como Samuel e a estar sempre pronto para ouvir a tua voz. Que eu possa ser sensível às tuas orientações e corajoso para seguir a tua vontade. Em nome de Jesus, eu oro, amém.

café com Deus pai TEENS

Por meio de um novo portal da xícara, os amigos viajam no tempo alguns anos e veem Samuel já adulto.

Ana: Olhem lá, pessoal! Samuel já cresceu!

Michelle: Legal! Isso quer dizer que agora ele já se tornou um líder muito importante para Israel. Ele guiou o povo, não só como sacerdote, mas também como um juiz que ajudava a resolver problemas e a conduzir as pessoas de volta para Deus.

Ted: Isso deve ter dado um trabalhão!

Junior: E como! Samuel fez muito para unir Israel, especialmente contra as ameaças dos filisteus. Ele também levou o povo a se arrepender de seus pecados na cidade de Mispá, onde os israelitas se voltaram para Deus depois de anos longe da sua presença.

Ana: Só que os israelitas também decidiram que queriam um rei, assim como os outros povos tinham.

Ted: Que estranho! Para que eles queriam um rei? Eles já tinham Deus!?

Junior: Eles queriam ser como os outros povos. Samuel ficou triste, porque ele sentiu como se o povo estivesse rejeitando não só a sua liderança, mas também a de Deus.

Michelle: Verdade, mas Deus atendeu ao pedido do povo e instruiu Samuel a escolher o governante.

Ana: Bem, Deus falou para eles que isso poderia dar ruim! Um rei humano poderia explorá-los e fazer deles servos.

Ted: Eita! Eu sabia que ter um rei não era a melhor opção. Eles insistiram mesmo assim, não é? Porque pensa num povo teimoso, hein! São mais teimosos do que eu.

PARA REFLETIR:

Pense sobre uma decisão importante que você precisa tomar e sobre como você pode buscar orientação, não apenas de amigos e família, mas também de Deus sobre o que é realmente melhor para você.

Os amigos riem.

Michelle: Pois é, amigo! Muitas vezes, o que queremos não é do que realmente precisamos.

Os amigos caminham até chegarem a um campo. Havia montes ao redor. Um homem jovem e bonito anda de um lado para o outro, à procura de algo, acompanhado de seu servo.

Ted: Olhem lá! Quem é aquele rapaz alto? Ele parece estar procurando alguma coisa...

Michelle: Saul! Ele está procurando as jumentas perdidas de seu pai.

Junior: Mais que isso, Michelle! Ele é o futuro rei!

Michelle: Verdade! Mas, nesse momento aí, ele não tem ideia de que se tornará rei.

Junior: Depois de procurarem muito, ele e seu servo vão atrás de Samuel, porque ele é conhecido como um profeta que pode ajudá-los.

Michelle: Exato! O que eles não sabem é que, nesse ponto da história, Deus já revelou a Samuel que Saul é o escolhido para ser o rei.

Ted: Uaaaau! Vai ser uma baita surpresa para Saul!

Michelle: Com certeza! Samuel vai convidar Saul para comer com ele e, no dia seguinte, o ungirá rei. Ele dará alguns sinais para confirmar que era parte do plano de Deus.

Ted: E o povo vai gostar de Saul?

Junior: Sim! Os israelitas vão ficar impressionados e o saudarão: "Viva o rei"!

Ted: Mas ser rei deve ser beeemmm difícil. Espero que ele seja um bom rei.

Michelle: Ele vai começar bem, mas o poder traz grandes desafios. E Saul vai ter dificuldades de fazer boas escolhas em diversas situações. E isso ainda vai prejudicar o povo.

DESAFIO

Pense em uma grande responsabilidade que você tenha enfrentado recentemente. Como você se sentiu? Fale disso com as pessoas em quem você confia e peça conselhos para agir bem quando outros desafios surgirem.

café com Deus pai
TEENS
DEUS
É QUEM DÁ A
VITÓRIA

ABRIL

café com Deus pai TEENS

A PÁSCOA É UMA DATA MARAVILHOSA!

Nessa data, celebramos a entrega voluntária de JESUS na cruz em favor do nosso perdão e a RESSURREIÇÃO para nos dar a vida eterna no céu.

Conte a 2 pessoas o real significado da Páscoa!

- ☐
- ☐

Michelle percebe que Ana está reflexiva.

Michelle: O que foi, Ana?

Ana: Estou pensando aqui... Se Saul não foi um bom rei e tomou decisões ruins, não poderia ter boas consequências, não é?

Ted: Boa! Eu também quero saber disso!

Michelle: Saul enfrentou uma grande prova de obediência. Deus deu a ele instruções claras por intermédio de Samuel para destruir completamente os amalequitas e tudo que eles tinham, já que eles eram um povo que tinha se oposto aos israelitas desde que saíram do Egito.

Ted: E o bonitão nada de seguir as instruções, não é?

Junior: Exatooo! Saul e seus soldados pouparam o rei dos amalequitas e algumas coisas da destruição que Deus havia ordenado. Saul até disse que queria sacrificar o gado dos amalequitas à Deus, mas a verdade é que ele não obedeceu completamente ao que o Senhor tinha mandado.

Ted: Se eu entendi direito, ele estava tentando fazer parecer que estava agindo certo, só que, na verdade, estava desobedecendo. Aí é complicado!

Michelle: Sim, Ted. Acontece que a obediência precisa ser completa, senão se torna desobediência. Samuel disse a Saul que "obedecer é melhor do que sacrificar". Isso significa que Deus ama quem o obedece, e que quem não é obediente sofre consequências.

Ana: E as consequências para Saul por não seguir as instruções de Deus não foram nada, nada boas mesmo!

Junior: Deus disse a Samuel que se arrependeu de ter feito de Saul um rei, porque ele não seguiu seus comandos. Isso marcou o começo do fim do reinado de Saul, e Deus logo começou a preparar outra pessoa para ser o próximo rei.

ORAÇÃO

Senhor, ajuda-me a ser obediente em todos os momentos. Dá-me força para fazer o que é certo, não apenas o que é fácil ou conveniente. Amém.

Ted tinha um palpite sobre o novo rei de Israel.

Ted: Junior, fala aí. Esse novo rei que Deus já estava preparando era Davi, acertei?

Junior: Acertou, amigo! Deus escolheu Davi, um jovem pastor de ovelhas e o menor dos filhos de Jessé.

Ted: O menor? Tipo o oposto do grandão Saul?

Michelle: Bem isso! Quando Samuel foi até a casa de Jessé para ver os filhos dele, pensou que o próximo rei seria um dos mais velhos ou mais fortes. Mas Deus chamou a atenção de Samuel e disse que, diferentemente de como os homens fazem, o Senhor vê os corações, não a aparência. Assim que Davi chegou, Deus disse a Samuel que o garoto era o escolhido!

Ted: E qual foi a reação de Davi? Ele deve ter ficado surpreso e, ao mesmo tempo, não deve ter entendido nada.

Junior: Ted, Davi foi ungido por Samuel ali mesmo, entre seus irmãos. A Bíblia diz que o Espírito do Senhor veio poderosamente sobre Davi desde aquele dia.

Ana: Eu só fico pensando em Saul...

Junior: Saul não sabia que Davi seria o rei. Davi entrou na vida dele de outra maneira. Saul estava perturbado por um espírito maligno, e seus servos sugeriram que ele encontrasse alguém para tocar harpa para acalmá-lo.

Ted: Hummmm, e esse alguém era Davi? - **disse o menino num salto!**

Junior: Sim! Davi não era apenas corajoso e forte, mas também um músico muito habilidoso. Quando ele tocava harpa, Saul se sentia melhor. Assim, começou a servir no palácio do rei, sem que Saul soubesse que o rapaz seria o próximo governante.

PARA REFLETIR:

Você já deixou de fazer amizade com alguém só por causa da aparência da pessoa? Saiba que há muito mais para ser descoberto sobre as pessoas além do que os olhos podem ver. Siga o exemplo do próprio Deus e busque a beleza interior das pessoas, pois essa, sim, é valiosa!

Ana expõe seus sentimentos.

Ana: Sabe, gente... Enquanto a Michelle estava contando sobre como Samuel escolheu Davi para ser o novo rei, eu fiquei pensando em uma coisa.

Ted: Em que, Ana?

Ana: Essa questão da aparência é tão complexa, não é? Às vezes, nós ficamos nos comparando com nossos irmãos, primos ou amigos, e podemos nos sentir inferiores com muita facilidade.

Michelle: É verdade, amiga, que bom que você tocou nesse assunto. É importante conversarmos sobre isso. A Bíblia diz que, quando Samuel viu Eliabe, o filho mais velho de Jessé, pensou: "Com certeza é este que o Senhor quer ungir". Ele devia ser bem alto, forte e de boa aparência, ter cara de rei, sabe? Só que, no fim das contas, esse tipo de coisa não tem tanto valor quanto a gente pensa.

Junior: Ei! Nossa visão é muito limitada!

Ana: A gente pode até não julgar as pessoas pela aparência e tratar todo mundo bem, mas sempre julgamos a nós mesmos! Já repararam nisso?

Junior: Acho que vocês têm razão. Tem dias que a nossa autoestima fica lá no chão, e a comparação só faz piorar tudo. Sempre achamos que o outro é melhor e que não somos tão bons quanto ele.

Michelle: Por mais difícil que seja, precisamos aprender a valorizar mais o que Deus pensa de nós em vez das coisas que a sociedade em geral espera de nós, sabe?

Ana: Ai, sim! Teve uma situação que me deixou meio para baixo. Eu não estava me sentindo muito bonita. Decidi ler a Bíblia, e o Senhor me lembrou de que sou linda, sim, por dentro e por fora!

Junior: É isso! Deus nos fez à sua imagem e semelhança, e ele é a fonte de toda a beleza do universo!

ORAÇÃO

Pai, ajuda-me a enxergar a mim mesmo como o Senhor me enxerga. Lembra-me que a tua opinião sobre mim é muito mais importante e verdadeira do que qualquer outra. Em nome de Jesus, amém.

A certa distância dos amigos, um novo portal começa a se formar. Todos correm até ele, animados. Quando chegam ao novo cenário, percebem que estão no meio de uma grande multidão. Davi estava ajoelhado à beira de um riacho catando pedrinhas.

Michelle: Ah, olhem lá! Chegamos bem na hora de Davi enfrentar o gigante Golias.

Ted: Essa história é famosa! Só não sei o motivo da luta! – **falou, intrigado!**

Michelle: Os filisteus estavam prontos para lutar contra Israel, e Golias, que era enorme e muito assustador, desafiava os israelitas a mandarem alguém para lutar contra ele.

Ana: E nenhum dos soldados de Israel queria lutar contra ele, não é? Bando de soldados medrosos!

Junior: Bem isso, Ana. Mas quando Davi chegou e ouviu Golias desafiar os israelitas, decidiu lutar contra ele.

Ted: Só fico pensando em como ele sabia que poderia ganhar do gigante...

Michelle: Ele teve muita fé em Deus. Então foi falar com Saul e disse que Deus, que o ajudou a lutar contra leões e ursos enquanto cuidava das ovelhas de seu pai, o ajudaria a vencer Golias também.

DESAFIO

Pense em um desafio em sua vida que parece tão grande quanto Golias. Como você pode enfrentar esse "gigante" com coragem? Escreva sobre como você pode usar a fé para superar os desafios, mesmo que pareçam enormes.

Ana: Saul nem pensou duas vezes: deu sua armadura para Davi.

Ted: Mas ele não está de armadura!

Junior: Ei! A armadura era muito grande e pesada para Davi!, então ele decidiu usar apenas seu cajado, algumas pedras e sua atiradeira. Ele confiou que Deus o ajudaria em suas habilidades.

Ted: Ousado o cara! E muuuito corajoso também. Eu não me meteria em uma encrenca dessas, não, mesmo sendo fortão assim.

Ana: Fortão? Ai, ai, ai, Ted! Real é que ele foi mesmo muito corajoso! Espera só para ver o que vai acontecer.

Ted observa Davi se afastar do riacho e caminhar na direção do gigante filisteu. Os amigos estão animadas, pois já sabem o desfecho.

Ted: Gente, o que é que Golias está dizendo para Davi? Não dá para ouvir daqui.

Michelle: Ao ver Davi, Golias pensa que é uma piada dos israelitas enviarem um garoto desarmado para lutar contra ele. Por isso, ele zomba de Davi, o amaldiçoa invocando os seus deuses.

Ana: Davi dá uma resposta muito, muito boa!

Junior: Siiim! Ele diz a Golias – **Junior faz um tom de voz grave e continua** – : "Enquanto você vem com espada, lança e escudo, eu venho em nome do Senhor dos Exércitos, o Deus de Israel."

Ana: Ele está confiante de que Deus entregará Golias em suas mãos.

Quando o gigante filisteu começa a se aproximar de Davi, os amigos prendem a respiração por alguns segundos e seguram a mão uns dos outros, observando a cena. Davi pega uma das pedras que está em seu alforje e a coloca na atiradeira. Em seguida, ele lança a pedra em direção a Golias.

TUM!

A pedra atinge a testa de Golias, bem no meio, e ele cai!

Michelle: IN-CRÍ-VEL! Ninguém esperava que ele fosse mesmo conseguir derrotar Golias, mas Deus faz coisas extraordinárias por meio daqueles que têm fé nele.

O povo ao redor começa a falar mais alto, em choque, e a ir em direção a Davi. Os amigos tentam enxergar.

Ana: Não dá para ver mais nada, tem muita gente na nossa frente!

Junior: Ei! Na Bíblia diz que Davi derrotou Golias, e o exército filisteu, aterrorizado, começou a fugir rapidinho! Deus deu a vitória ao povo por meio de um garoto a quem ninguém dava valor!

ORAÇÃO

Senhor, assim como Davi enfrentou Golias com coragem, ajuda-me a enfrentar os desafios da minha vida com a mesma bravura. Dá-me fé para confiar em ti! Em teu nome, amém!

café com Deus pai TEENS

Mais uma vez, a xícara faz os amigos avançarem no tempo por meio de um novo portal. Davi está conversando com outro homem, com semblante alegre.

Ted: E agora? Quem é esse conversando com Davi?

Michelle: Ah, essa parte é muito fofa! Logo após a vitória sobre Golias, Davi conheceu Jônatas, filho do rei Saul. Eles se tornaram melhores amigos. A Bíblia diz que a alma de Jônatas se ligou à alma de Davi.

Ana: Essa, sim, é uma amizade realmente forte! Tipo a nossa! Eles devem ter se dado super bem desde o começo.

Junior: Capaz que a deles ainda fosse maior que a nossa, Ana. Jônatas ficou tão impressionado com a coragem a fé de Davi que fez um pacto de amizade com ele. Até deu a Davi sua própria túnica, armas e cinto, como sinais de sua amizade e lealdade. Olha lá, ele está entregando a Davi essas coisas.

Ted: Que legal! É como se Jônatas soubesse que Davi seria um grande líder.

Michelle: Sim, verdade! E isso mostra o caráter de Jônatas. Ele reconheceu as qualidades de Davi e não se deixou levar por ciúmes, mesmo sabendo que Davi poderia um dia ser rei em vez dele.

Ana: Gente boa esse Jônatas! Deve ter sido reconfortante para Davi ter um amigo assim, da família do rei.

Junior: Ei! Essa amizade se provará muito importante em breve, quando Davi enfrentar alguns desafios em relação a Saul. Jônatas vai ajudar e proteger o amigo várias vezes.

DESAFIO

Pense em seus amigos. Como você pode mostrar lealdade e apoio a eles? Que tal escrever uma mensagem para um amigo dizendo o quanto você valoriza sua amizade e, além disso, ajudá-lo de alguma forma prática nesta semana?

Ted: Que amizade incrível surgiu entre Davi e Jônatas.

Assim que Ted termina de falar, os amigos começam a ouvir o som de música vindo de dentro de um portal que se abriu atrás delas. Do outro lado, eles conseguem ver Davi tocando harpa em frente ao trono de Saul e rapidamente entram no portal.

Michelle: Bem, Ted, enquanto a amizade de Davi e Jônatas cresceu, outra relação passou a ter problemas. Davi se tornou um guerreiro poderoso e, depois de algumas grandes vitórias de Davi contra os filisteus, as mulheres de Israel começaram a cantar canções que diziam que Davi era mais poderoso que Saul.

Ana: Saul deve ter ficado hashtag chateado!

Junior: Sim, Ana, ele ficou muito incomodado, tão incomodado a ponto de sentir inveja de Davi. Parecia que Davi estava se tornando mais importante do que o próprio rei. Olha só a expressão facial dele: nada, nada boa.

Ted: Inveja é um problemão!

Michelle: E como, Ted! Saul começa a desconfiar de Davi e fica com tanto medo de perder seu trono que vai até tentar matá-lo, jogando uma lança nele enquanto toca harpa para acalmá-lo.

Ted: Alguém precisa impor um limite urgente a esse Saul!

Junior: Ei, Davi vai conseguir escapar. Mesmo depois desse incidente, ele ainda vai servir no exército real e ser muito bom em tudo. E a inveja de Saul só vai aumentando a cada dia.

Michelle: Saul oferece sua filha em casamento a Davi, mas em troca dá uma missão quase impossível a Davi, que o coloca em perigo. Saul acha que os filisteus matariam Davi quando ele tentasse cumprir essa missão, mas, mais uma vez, Davi sai vitorioso, para desespero do rei.

Ana: Complicado! Davi está só tentando fazer o que é certo, de boa, mas Saul vê isso como uma ameaça.

PARA REFLETIR:

Você já sentiu inveja de alguém? Como você lidou com isso? Converse com um amigo ou alguém de sua família sobre como você pode transformar o sentimento de inveja em algo positivo, como inspiração para tornar-se melhor.

café com Deus Pai TEENS

A história de tensão entre Saul e Davi continua.

Ana: Agora estou pensando... Se Saul tentou até machucar Davi, o que acontece depois?

Junior: A situação ficou ainda mais intensa, Ana. Saul não só continuou tentando machucar Davi, mas também começou uma verdadeira perseguição para tentar matá-lo. Davi teve de fugir e se esconder para salvar sua vida.

Ted: Cara doido esse Saul! Ele perseguia Davi só por medo de perder o trono?

Michelle: Isso, amigo. E apesar de toda a perseguição, Davi encontrava maneiras de se livrar. Por exemplo, sua esposa Mical, filha de Saul, o ajudou a escapar pela janela e enganou os guardas para que pensassem que Davi estava doente na cama.

Ted: Tenso! Parece até filme de suspense! Davi teve alguma outra ajuda?

DESAFIO

Pense em um momento em que você se sentiu incompreendido ou injustiçado. Como você lidou com isso? Converse com alguém mais experiente em quem você confia e peça conselhos sobre como lidar com situações parecidas no futuro.

Michelle: Teve. Se lembra de Jonatas, o melhor amigo de Davi?

Ted faz que sim com a cabeça e Michelle continua a história.

Michelle: Ele também tentou ajudar. Chegou até a confrontar seu pai, Saul, sobre a injustiça de perseguir Davi e lembrou a Saul que Davi nunca havia feito mal a ele.

Ana: Até parece que Saul daria ouvidos!

Junior: Por um tempo até funcionou. Saul chegou a prometer a Jonatas que não mataria Davi, mas a raiva e o medo de Saul se tornaram tão grandes que ele logo voltou atrás. Davi fugiu várias vezes, se escondeu em cavernas e até pediu ajuda a outros reis.

Ted: Pobre Davi...

Café com Deus Pai TEENS

Os amigos seguem a conversa.

Ted: Até quando vai durar essa perseguição?

Michelle: Ótima pergunta! A história muda de rumo porque, apesar de Saul tentar matar Davi, surgem duas ocasiões em que Davi tem a chance de matar Saul, mas decide não fazer isso.

Ted: Não a-cre-di-to! Por que Davi não aproveitou a chance para mandar Saul de arrasta pra cima? Ah, se fosse eu!!!

Junior: Ainda bem que não era você, não é, Ted? Hahaha! Davi acreditava que não era certo fazer mal a Saul, porque ele ainda era o rei ungido por Deus. Na primeira vez, em uma caverna, Davi e seus homens encontraram Saul desprotegido. Davi apenas cortou um pedaço do manto de Saul, mas, mesmo assim, se sentiu mal por ter feito isso.

Ted: Afe! Davi era muito bonzinho! Não me conformo!

Michelle: Deixa a gente terminar de contar, Ted!

Ted arregala os olhos e fica quieto, envergonhado.

Michelle: Depois que Davi mostrou a Saul o pedaço do manto cortado, Saul percebeu que Davi poderia tê-lo matado, mas não o fez. Naquele momento, o rei reconheceu que Davi era mais justo do que ele.

Ana: E a segunda vez não foi diferente!

Junior: Na segunda vez, o rei estava acampado com seu exército, e Davi se aproximou enquanto todos dormiam. Ele pegou a lança e o jarro de água de Saul, mas novamente não o matou. Depois, de longe, Davi o chamou, mostrou os itens e provou que teve a oportunidade de matá-lo, mas não o fez novamente.

Ted: Saul deve ter surtado! Duas vezes ter a vida poupada por Davi! A raiva dele deve ter aumentado, certeza!

DESAFIO

Pense em um momento em que você teve a oportunidade de revidar ou fazer mal a alguém que lhe machucou, mas escolheu não fazer. Como você se sentiu? Escreva sobre isso e ore, grato a Deus pelo domínio próprio, que é fruto do Espírito.

A xícara abriu um novo portal que levou os amigos até Davi, que dançava com as pessoas ao redor. Eles celebravam com instrumentos musicais, como harpas, liras, chocalhos e tamborins.

Ted: Que festona!

Michelle: Eles estão levando a arca para Jerusalém.

Ted: E cadê Saul?

Michelle: Algumas coisas mudaram. Saul morreu e as tribos de Israel ungiram Davi como seu rei.

Ana: Aí, sim! Davi finalmente reinando!

Junior: Davi se tornou o rei de Israel e decidiu conquistar Jerusalém para estabelecê-la como capital, pois era um local central para as tribos.

Michelle: Jerusalém se tornou como o coração político e espiritual de Israel. E mais: imaginem a alegria que o povo deve estar sentindo por ver a arca da Aliança chegar a Jerusalém!

Ana: Superlegal! Estou amando a música.

Junior: Ei! Davi está tão feliz e grato por trazer a arca que ele dança diante do Senhor com toda a sua força. É uma grande celebração, mas vai gerar um probleminha: Mical, filha de Saul e esposa de Davi, não vai gostar nadinha de ver Davi dançando desse jeito.

ORAÇÃO

Senhor, ajuda-me a ser grato e a demonstrar a felicidade em ti, sem medo de ser julgado pelas pessoas. Que eu possa reconhecer a tua grandeza em todos os momentos e viver a tua alegria todos os dias.

Ted: O cara é O REI e nem assim pode fazer o que quer?

Michelle: Não meeeeesmo! Ser rei trouxe novos desafios e responsabilidades. Davi terá de lidar com política, família e problemas espirituais, mas ele vai tentar ser um líder conforme a vontade de Deus.

Café com Deus Pai TEENS

Todos: ~~AAAAAAAAHHHHH~~

A xícara puxou os amigos para um portal e os deixou em um palácio real. Eles estão em um salão grande e bem decorado, onde Davi conversa com Mefibosete, que é deficiênte dos pés.

Ana: UAAAAUUU Um lugar digno de uma amante da moda: chiquérrimooo!.

Michelle: É o palácio do rei Davi, amiga!

Ted observa com atenção cada pessoa sentada à mesa.

Ted: Quem é aquele rapaz?

Michelle: Pelo que estou vendo, deve ser Mefibosete, Ted! Ele é neto de Saul e filho de Jonatas, o amigo leal de Davi.

Junior: Ei! Para honrar Jonatas depois de sua morte, Davi quis fazer algo especial. Ele procurou saber se ainda havia alguém da família de Saul a quem pudesse demonstrar lealdade. Então descobriu que Mefibosete, o rapaz deficiente físico dos pés, estava vivendo em um lugar chamado Lo-Debar..

Ted: E como Davi é bonzinho, convidou ele para jantar, certo?!

Michelle: Bem mais que isso! Davi mandou buscar Mefibosete. Eles estão ali conversando, porque Davi vai dar a ele todas as terras que pertenciam a Saul eeeeee vai convidá-lo para comer sempre à sua mesa, como se fosse um de seus próprios filhos.

Ana: Davi é mesmo sen-sa-cio-naaaal! Ele não precisava fazer nada disso!

Junior: Não mesmo! Mas Davi quer mostrar bondade, por causa de sua amizade com Jônatas, e faz ao cuidar da família de seu amigo!

PARA REFLETIR:

Você tem sido capaz de agir de maneira correta e de não quebrar suas promessas? Faz assim porque é certo, ou porque quer recompensa? Nesta semana, pense a esse respeito e ore pedindo a Deus que o ajude a manter-se fiel!

café com Deus Pai TEENS

A xícara surge novamente e abre um portal. Desta vez, os amigos deixam Michelle entrar primeiro. Enquanto caem, eles observam muitos feitos de Davi como rei! Assim que caem, os amigos já observam de longe Davi conversar com um homem que lhe conta uma história.

Ted: Olhem! O rei Davi está ali com uma cara de assustado!

Junior: Ei! Acho que chegamos a uma parte da história de Davi que é bem complicada.

Ted: Misericredo! Tipo como?

Junior: Tipo quando Davi cometeu um erro muito, muito grave.

Michelle: É verdade! A Bíblia não esconde que todos os seres humanos são falhos até mesmo porque Jesus está sempre disposto a nos defender e a perdoar os nossos pecados.

Junior: Isso mesmo! Mas Deus não ficou nada feliz com o que Davi fez e enviou um profeta chamado Natã para falar com ele. É aquele ali que está contando uma história que o fará perceber seu erro e entender que foi algo muito ruim.

Ted: Davi vai se arrepender?

Michelle: Total! Vai se arrepender, pedir perdão a Deus por seus erros e aprender que não podemos esconder de Deus.

Ted: Ainda bem que esse Natã apareceu para ajudar Davi.

Junior: Ei! Viu só como é importante termos pessoas sábias e orientadas por Deus para nos aconselhar?

Ted: É mesmo, ainda bem que vocês aceitaram ser meus amigos. E minha avó sempre me dá bons conselhos também.

Ana: Deus foi muito bondoso em me dar a amizade de vocês também!

ORAÇÃO

Querido Deus Pai, às vezes, cometo erros, mas peço que me ensines a aprender com eles. Ajuda-me a encontrar bons conselheiros e pessoas que me levem para perto de ti. Quero ser melhor a cada dia. Amém!

Os amigos continuam falando do arrependimento de Davi.

Ted: Ufa, que bom que Davi se arrependeu. Mas pecados têm consequências, não é?

Michelle: Sim, Davi perdeu um filho durante a gravidez. Depois, Davi descuidou da criação dos filhos, e Absalão, um dos filhos do rei, começou a querer tomar o trono de seu pai.

Ted: Família complicada, hein?!

Michelle: Absalão tinha ficado chateado porque seu irmão Amnom tinha maltratado sua irmã, Tamar. Davi errou de novo ao não disciplinar Amnom como deveria.

Junior: É! E Absalão passou anos agradando as pessoas em Jerusalém para que elas o vissem como um governante melhor que o rei Davi. Foi um plano para tomar o trono! Ele se mostrava bom e caridoso, mas era só fachada.

Ted: Traidor! Como pôde fazer isso com o próprio pai?

Junior: Pois é, Ted. Eu passo por tantos problemas com meu pai, mas jamais faria algo ruim a ele! E o negócio foi tão sério que Davi precisou fugir para se salvar. Que tristeza!

Michelle: E tem mais! Ainda rolou uma batalha grande entre o exército de Davi e o de Absalão. No final, apesar de Davi ter dado instruções específicas para que seu filho não fosse morto, ele acabou morrendo durante a batalha.

Ana: Essa história nos ensina a sempre estarmos abertos para quem amamos em relação ao que sentimos, ou a mágoa e o rancor podem entrar em nosso coração e crescer igual a ervas daninhas, sabe?

Michelle: Per-fei-to! Não viveremos em paz se não resolvemos os desentendimentos.

Ted: Vocês têm razão! Acho que vou ter de conversar com algumas pessoas, para ter relacionamentos mais saudáveis!

PARA REFLETIR:

Você já teve um desentendimento com alguém da sua família ou com amigos? Como você resolveu? Reflita sobre a importância de resolver conflitos e manter relacionamentos saudáveis. Deus se agrada quando todos vivem em comunhão.

Café com Deus Pai TEENS

Michelle se lembra de algo interessante!

Michelle: Vocês se lembram que Davi tocava harpa?

Ana: Sim! O que tem isso, amiga?

Michelle: Além de tocar, ele também escrevia canções e poesias. Algumas estão registradas em Salmos.

Ted: Ahhhh, eu já li alguns salmos. Não muitos, porque fiquei com preguiça.

Junior dá um soquinho de leve no braço de Ted e brinca com ele: Você não toma jeito! Larga de preguiça! A Bíblia é para ser lida, nem que seja aos poucos!

Ted: Está bem, está bem! E qual salmo Davi escreveu?

Michelle: Alguém já leu o salmo 23?

Ana: Já: "O Senhor é meu pastor; de nada terei falta." Eu acho liiindo!

Michelle: É lindo mesmo, amiga! E reflete a confiança e a fé de Davi em Deus ao longo de sua vida, especialmente considerando todas as dificuldades que ele enfrentou.

Junior: Logo em seguida, Davi fala do Senhor o fazer repousar em pastagens verdejantes e o conduzir a águas tranquilas. É realmente bonito!

Ted: Que sensacional! É nesse que tem uma parte em que ele fala de não temer mal algum mesmo que ande pelo vale da sombra da morte? Acho tão corajoso!

DESAFIO

Que tal escrever um poema ou uma carta para Deus, contando como você encontra a paz e confiança no Pai quando passa por situações difíceis?

Michelle: Olha o Ted!!! Davi enfrentou muitos perigos, como quando Saul o perseguiu ou durante as batalhas contra seus inimigos. Esse verso mostra que, mesmo nos piores momentos, Deus estava com ele, o protegia e o guardava.

Ana: E o trecho mais lindo de todos: "Certamente a bondade e o amor leal me seguirão todos os dias da minha vida". Fico até emocionada de falar!

Michelle: Foi uma expressão de confiança total em Deus por parte de Davi.

Café com Deus Pai TEENS

Agora é Ana quem se lembra de um salmo.

Ana: Sabem um salmo que eu acho simplesmente maravilhoso, principalmente pelo fato de me fazer entender que Deus me fez incrível do jeitinho que eu sou?

Junior: O 139?

Ana: Fala sério! Como você adivinhou?

Junior: É um dos meus preferidos! Ele fala de como Deus nos conhece completamente. Davi começa dizendo "Senhor, tu me sondas e me conheces."

Ted: É como se Davi conversasse diretamente com Deus, tipo uma oração?

Michelle: Isso. E ele fala de como Deus o conhece tão bem que sabe quando Davi se senta e quando se levanta; até os pensamentos de Davi são conhecidos por Deus antes mesmo de ele pensar. É como Deus age conosco também! Ele sabe tudinho!!!

Ana: Meu trecho favorito é quando ele fala de como Deus o criou e formou ainda no ventre de sua mãe. Com esse salmo, Deus me fez entender que sou linda e perfeita!

Junior: Minha parte preferida é sobre ele não poder fugir ou se esconder de Deus. Para qualquer lugar que fosse, Deus estaria lá.

Ana: É muito lindo!!!

Ted: Esse sentimento faz a gente se sentir seguro, não é? Especialmente porque Davi teve que fugir ou se esconder váááárias vezes durante tudo o que passou com Saul e, depois, com sua família.

Michelle: É por isso que Davi era corajoso, porque sabia que Deus estava com ele!

Junior: Com certeza! No final do salmo, Davi pede que Deus examine seu coração e veja se há algo errado nele, para guiá-lo no caminho eterno. Nós também devemos fazer esse mesmo pedido.

ORAÇÃO

Querido Deus, obrigado por me conhecer tão completamente. Ajuda-me a sentir tua presença em minha vida, a viver como tu desejas e guia-me sempre pelos teus bons caminhos. Em nome de Jesus, amém.

Michelle se lembrou de que um dos salmos de Davi tem relação com uma das histórias que eles visitaram.

Michelle: Se lembram de quando Davi estava escondido em uma caverna? Ele fez um salmo em um desses momentos!

Os amigos se entreolham, com expectativa. Desanimados por nenhum deles saber, olham para Michelle, ansiosos.

Michelle: Ih, não acredito que essa só eu sei! Vou pensar se falo ou se deixo vocês curiosos!

Ana: Socooooorro, Deus! Nem pense em me deixar curiosa!

Ted: Ela não faria isso com a gente! Ou faria?

Ted olha para Michelle com um olhar julgador, disfarçando um sorriso.

Michelle: Claro! Que não! Seria muita maldade! É o salmo 142.

Ana: Acho que nunca li...

Michelle: Davi começa descrevendo como se sente preso e sozinho: "Em alta voz clamo ao Senhor; elevo a minha voz ao Senhor, suplicando misericórdia. Derramo diante dele o meu lamento; a ele apresento a minha angústia."

Ted: Um pedido de ajuda a Deus? Tão corajoso e consciente de que Deus estava com ele, ainda O REI, o Davizão ficava inseguro e com medo? Aí, sim, fomos surpreendidos!

Michelle: Não é? Davi foi muito honesto sobre como se sentia preso. Também menciona que seus perseguidores fizeram armadilhas contra ele e que está realmente em perigo. Mesmo assim, ora e confia que Deus o responderá e salvará.

Junior: Top, Mi! E isso nos mostra que os heróis da Bíblia sentiram desespero e medo, como o Ted comentou. Eles não eram super-heróis; enfrentavam problemas reais e precisavam confiar em Deus acima de qualquer coisa. Gente como a gente! Que possamos, como eles, confiar em Deus, aconteça o que acontecer.

DESAFIO

Pense em um momento em que você se sentiu sozinho ou com medo. Como você lidou com isso? Tente escrever uma pequena oração ou pensamento, como Davi fez, para expressar seus sentimentos e pedir ajuda a Deus.

Café com Deus Pai TEENS

Os amigos continuam a conversa.

Ted: O relacionamento de Davi com Deus era profundo, e a forma como ele expressou isso nos salmos é impressionante, mas estou curioso sobre o que aconteceu com ele e sua família depois de tantas reviravoltas.

Junior: Depois de algumas confusões e disputas pelo trono, Davi escolheu um de seus muitos filhos para ser seu sucessor.

Assim que Junior acaba de falar, um portal se abre à frente deles. Depois de trocarem olhares, os amigos entram no portal e caem perto de Salomão, filho de Davi, adulto, ajoelhado, em oração.

Ana: Por falar de sucessor... Aquele é Salomão, certo?

Junior: Isso, Ana. Ele foi o escolhido por Davi para reinar. Logo que assumiu o trono, Salomão fez algo que mostrou como ele desejava ser um bom rei. Ele foi a Gibeom para oferecer sacrifícios a Deus, e lá o Senhor lhe apareceu em sonho.

Ted: Eeeee?

Michelle: Deus perguntou a Salomão o que ele queria receber.

Ted: Muito, muito dinheiro! - suspirou o menino.

Michelle: Não, Ted. Salomão pediu sabedoria para governar o povo de Israel.

Ted: Cara, nunca que eu faria isso!

Junior: Deus ficou tão satisfeito com o pedido de Salomão que lhe concedeu imensa sabedoria, riquezas e honra como a nenhum outro rei. Além de ser conhecido por ser sábio, ele também construiu o templo em Jerusalém, um símbolo muito importante para Israel.

PARA REFLETIR:

O pedido de Salomão foi impressionante, porque ele não pensou em si mesmo, mas se preocupou com o povo que ia liderar. E você, como tem usado aquilo que Deus tem dado a você?

Ted presencia uma cena inusitada.

Ted: Duas mulheres estão falando com o rei Salomão. O que está acontecendo?

Ana: Essa é uma história que ficou muito conhecida por ser uma prova da sabedoria de Salomão. As duas mulheres foram até ele com um bebê. O problema é que tanto uma como outra afirmavam ser a mãe da criança.

Ted: Que loucura! É impossível! E como ele descobriu quem era a verdadeira mãe?

Junior: Salomão usou sua sabedoria. Ele sugeriu que cortassem o bebê ao meio e dessem metade para cada mulher.

Ted arregala os olhos, assustado: Cortar o bebê ao meio?! Meu Deus, isso é horrível! Eu não sabia que Salomão é mau!

Michelle: Calma, Ted. Era só um teste. Salomão sabia que a verdadeira mãe jamais aceitaria essa solução. E foi exatamente o que aconteceu. A verdadeira mãe imediatamente pediu para dar o bebê à outra mulher, preferindo vê-lo criado por outra mulher do que morto.

Ted: Mas a outra mulher concordou com o plano de Salomão?

Ana: Pior que sim! Isso serviu para mostrar que ela não era a verdadeira mãe e Salomão pôde descobrir quem realmente amava o bebê a ponto de abrir mão de estar com ele para garantir a vida ao filho.

ORAÇÃO

Deus Pai, ajuda-me a tomar decisões justas, de acordo com a tua vontade. Que eu seja sábio em todas as escolhas que fizer.

Ted: A ideia de pedir sabedoria a Deus funcionou mesmo! Esperto ele!

Michelle: Verdade, não era uma sabedoria humana. E esse julgamento fez com que as pessoas respeitassem ainda mais Salomão como um rei sábio e justo, porque entenderam que ele tinha uma capacidade incrível de entender as pessoas e fazer o que é certo.

Os amigos falam do outro grande feito de Salomão.

Junior: Uma das maiores realizações de Salomão foi construir o templo em Jerusalém, que seu pai, Davi, tinha sonhado em construir. Esse templo se tornou um lugar de adoração e um símbolo da presença de Deus entre o povo de Israel.

Nesse momento, a xícara abriu um portal e os amigos entraram. Enquanto caíam, viam peças de ouro, madeira imponente e muita gente, até que, PLOFT, eles caíram sentados no meio do templo.

Ana: É gran-di-o-soooo! Construir isso tudo deve ter dado a maior trabalheira.

Junior: Salomão fez algumas alianças e também juntou um grande número de homens de Israel para trabalharem na construção, que levou cerca de sete anos para ser concluída.

Ted: Sete anos?

Michelle: E tem mais! O templo foi decorado com ouro e outros materiais finos, o que mostrava a riqueza e dedicação de Salomão a Deus. Quando a obra foi finalmente finalizada, ele fez uma grande festa e orou, pedindo a Deus que sempre ouvisse aqueles que orassem naquele lugar.

Junior: Salomão mostrou ao povo o quanto a adoração a Deus é importante. Apesar de ele ter construídos muitas coisas, como o próprio palácio e muros para a cidade, dar ao povo um lugar para orar e adorar merece destaque.

DESAFIO

Salomão é uma inspiração. Ele pediu a Deus para ter sabedoria e, com isso, conseguiu realizar muitas obras para o Senhor. A mais importante de todas foi o templo de Jerusalém, um lugar de oração e adoração ao único Deus verdadeiro. Nesta semana, pense em como pode ajudar sua família e seus amigos a estarem mais perto de Deus.

1REIS 11.1-8

Ana: Pessoal, olhem ali! A xícara abriu outro portal para nós.

Ao ver o portal aberto pela xícara, os amigos correm até ele e são transportadas para um monte, a leste de Jerusalém, onde Salomão está construindo um altar para os deuses de suas mulheres estrangeiras.

Ted: Gente, que estranho! Aquele é Salomão? Ele está construindo um altar, mas não é para o Senhor. Aí tem coisa.

Junior: Parece que Salomão se desviou dos caminhos do Senhor. Seu coração não é mais totalmente devoto a ele.

Michelle: Salomão se corrompeu, porque desobedeceu a Deus e se casou com mulheres estrangeiras. O Senhor tinha dito: "Vocês não poderão tomar mulheres dentre essas nações, porque elas os farão desviar-se para seguir os seus deuses". Foi isso que aconteceu com o rei Salomão.

Ted: Mas ele não era cheio de sabedoria?

Ana: Apesar de sábio, Salomão era humano e por isso seu coração era inclinado ao pecado.

Ted: Triste! Achei que ele seria fiel a Deus igual ao pai, Davi. Nem o mais sábio dos homens está imune ao pecado.

Michelle: Não mesmo! É muito perigoso negligenciarmos os mandamentos de Deus. Sempre precisamos prestar atenção quando convivemos com quem não conhece a Deus, para saber se nós o influenciamos ou se ele nos influencia.

Junior: Verdade! O melhor a fazermos é ter a mente forte e firmada em Deus. Para isso, temos de nos dedicar a oração, leitura bíblica e conversas edificantes com quem ama a Deus!

ORAÇÃO

Paizinho, reconheço que meu coração é enganoso e propenso a pecar. Ajuda-me a me dedicar à oração e à leitura da Bíblia para influenciar as pessoas ao meu redor. Em nome de Jesus, amém!

Um novo portal da xícara é aberto e leva os amigos a um campo aberto e deserto. Bem perto, dois homens conversam, e um deles tira a capa e começa a rasgá-la em doze pedaços.

Ted: Eita! O homem está louco? Rasgando uma capa que parece ser tão nova!

Michelle: Eu acho que é o profeta Aias e Jeroboão. Para entender o que está acontecendo agora, preciso explicar como foi antes.

Ana: Já sei! Deus ficou muitíssimo chateado com Salomão, porque ele e o povo estavam praticando idolatria. Então, o Senhor prometeu que tiraria o reino dele e o daria a um de seus servos.

Ted: E o que a capa tem a ver com isso?

Junior: O homem que está rasgando a capa é Aias, Ted. Ele está rasgando-a em doze pedaços para representar as doze tribos de Israel. O outro homem é Jeroboão, um dos oficiais de Salomão.

Michelle: Vejam só! Aias entregou dez pedaços para Jeroboão, e agora deve estar contando que Deus dará a ele dez das tribos de Israel para governar, mas, por amor a Davi, manterá duas tribos sob o domínio dos descendentes de Salomão.

Ted: Uuuuuiiii! E Salomão?

Michelle: Não gostou nadinha! Ele tenta matar Jeroboão, que foge para o Egito e fica lá até a morte de Salomão.

Junior: Ei, não é incrível a misericórdia de Deus? Ele não desistiu da descendência de Davi. Salomão foi infiel, mas o Senhor fez questão de manter um de seus descentes no trono de Jerusalém, reinando sobre duas tribos, Judá e Benjamin.

Michelle: Nosso Deus é fiel às suas alianças!

ORAÇÃO

Pai, obrigado por tu sempre seres fiel e constante. Que a cada dia eu possa ser mais como a ti e honrar todas as minhas promessas. Em teu nome oro, amém!

café com Deus Pai TEENS

Ted tem uma dúvida.

Ted: Como Jeroboão vai virar rei se Roboão, filho de Salomão, está reinando?

Michelle: A assembleia de Israel foi até o rei Roboão para pedir que ele aliviasse a carga de trabalho colocada por Salomão sobre eles. Então, o rei mandou voltarem três dias depois e foi pedir conselhos.

Ted: Ele aliviou o trabalho deles, não é?

Michelle, Ana e Junior ficam em silêncio por alguns segundos e se entreolham.

Junior: Não. Primeiro, ele pediu conselho às autoridades que tinham servido seu pai. Eles disseram para aliviar a carga de trabalho, assim o povo o serviria sempre. Roboão não quis ouvir o conselho deles e preferiu perguntar a opinião dos colegas, que cresceram com ele. Esses jovens o aconselharam a ser mais severo que seu pai e a tornar o trabalho do povo ainda mais difícil!

Ted: Que vacilo!

Ana: Total!

Michelle: Depois, o povo chamou Jeroboão quando soube que ele tinha voltado do Egito e o proclamou rei sobre Israel! Assim se cumpriu a profecia e somente Judá e Benjamin ficaram sob o domínio de Roboão.

Junior: O país se dividiu entre reino do sul, composto por duas tribos, e reino do norte, com dez tribos. Jerusalém era o centro político e religioso do reino do sul, chamado Judá.

Michelle: Detalhe: Jeroboão, com medo de que o povo fosse a Jerusalém para adorar a Deus no templo, construiu templos em Betel e Dã, com bezerros de ouro, e disse ao povo do reino do norte que aqueles eram os deuses que tinham tirado os antepassados deles do Egito!

PARA REFLETIR:

Você costuma avaliar os conselhos que recebe? Você tem pedido conselhos a pessoas sábias, tementes a Deus, ou se deixa levar pela opinião das pessoas, sem avaliar o que está ouvindo?

café com Deus Pai TEENS

Junior decide mudar o rumo da conversa.

Junior: Esse assunto está muito pesado! Vamos falar das coisas boas, como a sabedoria de Salomão. Ele escreveu coisas muito bonitas, assim como Davi, sabiam?

Michelle: Verdade! Ele escreveu boa parte do livro de Provérbios, que eu amo. Aprendo muito!

Ana: A-do-ro! A gente aprende que o princípio da sabedoria é o "temor do Senhor", aquela profunda reverência e confiança em Deus.

Ted: Como assim "sabedoria"?

Junior: É saber fazer as escolhas certas, Ted. Algumas escolhas que parecem ser boas, são ruins. Provérbios nos mostra que, se desejamos ter vida plena, precisamos buscar a sabedoria acima de tudo, como Salamão fez quando a pediu a Deus.

Ana: Quanto mais perto de Deus estivermos e buscarmos a presença dele, mais parecidos com ele nos tornamos e, consequentemente, mais sábios também!

Michelle: Total! Deus não nos obriga a fazer o que é certo, precisamos escolher o caminho. Cada caminho tem uma consequência, e Salomão nos alerta sobre os perigos da insensatez e as recompensas da sabedoria.

Junior: Falou tudo. É muito perigoso seguir o caminho dos maus ou se deixar levar por más influências. Salomão realmente queria que todas as pessoas soubessem como fugir dos problemas e viver em paz com bem-estar. Esse é o desejo do próprio Deus, que pacientemente sempre nos ensina a agradá-lo.

DESAFIO

Escolha um dos provérbios fáceis de aplicar na sua vida hoje. Talvez seja um versículo sobre ser honesto, trabalhar duro em algo que seus pais pediram, ou até mesmo ser gentil. Depois, escreva sobre como se sentiu após colocá-lo em prática.

café com Deus Pai TEENS

Ted se interessou muito pela sabedoria.

Ted: Alguém sabe mais algum provérbio de cor? Queria aprender mais

Junior: Ah, eu me lembro que Salomão retoma as palavras de seu pai, Davi, sobre a importância de buscar sabedoria e entendimento acima de tudo.

Ted: Como?

Junior: "O princípio da sabedoria é: adquira-a, e use tudo o que você possui para adquirir entendimento". Salomão realmente deixa bem claro que a sabedoria não é só importante, é essencial.

Ted: E ele dá conselhos sobre como viver de maneira sábia?

Michelle: Siiiiim. Salomão nos aconselha a guardar o coração acima de tudo, porque dele procedem as fontes da vida. Ele também alerta para evitarmos o caminho dos maus.

Ted: Uma curiosidade: o que acontece se não seguirmos esses conselhos?

Junior: Pergunta top, Ted! Ele faz uma comparação muito interessante entre o caminho dos justos e o dos ímpios. O caminho dos justos é como a luz da aurora, que brilha cada vez mais até ser dia perfeito. Mas o caminho dos ímpios é como trevas; eles não sabem em que tropeçam.

Ted: Eita! Então, viver de acordo com a sabedoria de Deus é seguro, enquanto viver fora dela é perigoso, como nós conversamos antes.

Ana: Sim, Ted, nossas escolhas, sejam elas boas ou más, têm consequências, daí a importância da sabedoria dada por Deus a nós. Ela nos torna aptos para viver de forma agradável, sem confusões, de tal maneira que tomamos decisões acertadas.

ORAÇÃO

Senhor, ajuda-me a buscar a tua sabedoria e a guardá-la em meu coração. Que eu possa sempre escolher o caminho do bem e fugir do mal. Amém.

Junior fala mais sobre a sabedoria.

Junior: Eu me lembrei de outro provérbio bem legal: "As palavras agradáveis são como favo de mel; são doces para a alma e trazem cura para os ossos". Com ele, aprendi que nossas palavras podem ser fonte de cura e bênção ou trazer tristeza, raiva e confusão. Precisamos saber falar coisas boas e no momento certo.

Ted: Agora vou fazer uma pergunta complicada, principalmente para mim... Como posso lidar com a raiva? Eu sou meio esquentadinho e, muitas vezes, perco a cabeça com coisas nada a ver! Nesses momentos, acabo falando coisas ruins, sabe? Isso quando não parto para a briga mesmo.

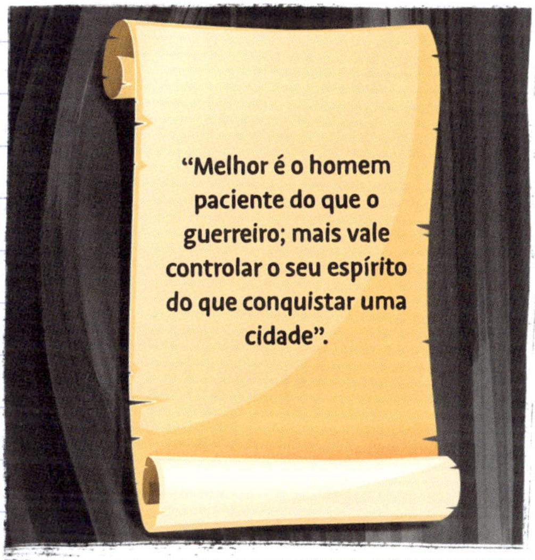

Junior: Sei bem como você é esquentadinho! Ei, mas você tem melhorado bastante!

Ted: Junior, me perdoe! Sei que preciso melhorar, por isso quero saber se Salomão fala alguma coisa disso.

Junior: Está perdoado faz tempo! Estou felizão por você querer aprender mais! Salomão nos ensina a lidar com a raiva: "Melhor é o homem paciente do que o guerreiro; mais vale controlar o seu espírito do que conquistar uma cidade". Então, ser paciente e controlar a raiva é mais importante do que ser fisicamente forte, entendeu?

Michelle: Além disso, temos de valorizar a sabedoria e o autocontrole acima das conquistas físicas ou materiais, como ser fortão ou ser rico, por exemplo.

Ted: Então, eu preciso começar a orar mais e pedir a ajuda de Deus para conseguir me segurar nos meus momentos de raiva. Vou começar já!

DESAFIO

Tente prestar atenção em como você fala com os outros. Busque falar coisas encorajadoras e positivas. Veja se você consegue notar algum efeito das suas palavras nas pessoas ao seu redor e anote a reação de cada uma.

Junior fala mais sobre a sabedoria.

Junior: A Bíblia também nos ensina coisas muito profundas sobre todo tipo de assunto. Está escrito que há um tempo certo para tudo na vida.

Ted: Como assim, um tempo certo para tudo o quê?

Ana: Ah, verdade! Eu conheço esse capítulo! O autor diz que "Para tudo há uma ocasião certa; há um tempo certo para cada propósito debaixo do céu". Ele até dá exemplos ao dizer que há tempo para nascer, morrer, plantar, colher, chorar, rir, e assim por diante.

Ted: Coisa boa e coisa ruim. Tipo montanha-russa? Devemos aceitar que a vida tem altos e baixos o tempo todo? É isso mesmo?

Junior: Isso, amigo.

Ted: Bem que poderíamos ter uma trégua das coisas ruins, não é?

Todos riem.

Junior: O autor tenta nos mostrar que a vida é cheia de momentos diferentes, e cada um tem seu propósito e tempo. Isso pode nos ajudar a entender e aceitar as mudanças pelas quais passamos.

Ana: E, consequentemente, passamos a viver melhor! Estou certa, não é, gente?

Michelle: Per-fei-to, amiga! Em vez de nos preocuparmos demais com o que não podemos controlar, devemos aproveitar a vida, fazer o bem e respeitar a Deus. Pois o Senhor entende todas as coisas, melhor do que nós, e cuida de nossa vida em todo tempo.

Ted: Deus é top! Ele nos ensina muito na Bíblia mesmo!

ORAÇÃO

Deus Pai, ensina-me a entender que para tudo há um tempo certo e um propósito. Dá-me a sabedoria para aceitar os diferentes momentos da vida. Que eu me lembre todos os dias que tudo está em tuas mãos. Em nome de Jesus, amém.

café com Deus Pai TEENS

Os amigos têm muito a aprender a respeito da sabedoria.

Junior: Como estamos vendo, a Palavra de Deus traz muitos ensinamentos sobre a vida, e eu queria falar de outro trecho que tem conselhos preciosos.

Ted: Esse texto é sobre o quê?

Junior: É um pequeno texto que fala de como muitas pessoas que buscam riqueza nunca estão satisfeitas com o que têm. Diz assim: "Quem ama o dinheiro jamais terá o suficiente; quem ama as riquezas nunca ficará satisfeito com o que ganha. Isso também é inútil!"

Michelle: Basicamente, Deus deseja nos ensinar que perseguir a riqueza é um esforço que empenhamos por pura vaidade.

Ted: Eita! Ter dinheiro é ruim?

Michelle: Não, Ted, Na verdade, o autor quer dizer que devemos aproveitar o que JÁ temos, sem ficar sempre querendo mais e mais. Quem faz do dinheiro o seu deus e busca riquezas acima de tudo nunca fica satisfeito, porque sempre vai lhe faltar algo. Viver dessa maneira é como estar numa prisão!

Ted: Hummm, então é mais sobre estar contente com o que temos?

Junior: Isso! Acho que agora vocês entenderam! É reconhecer que a verdadeira felicidade não vem de quão ricos somos, mas de como vivemos nossa vida com o que temos e como abençoamos e servimos às pessoas. Podemos confiar que Deus cuida de nós e provê tudo o que é necessário. É nele que deve estar nossa esperança e felicidade.

DESAFIO

Como você pode encontrar contentamento no que já tem? Faça uma lista de coisas pelas quais você é grato e faça uma oração de agradecimento por elas.

28/04

ECLESIASTES 11.10; 12.1

café com Deus Pai TEENS

A importância de viver com sabedoria segue como tema da conversa.

Michelle: Pessoal, vocês topam ouvir mais um ensinamento de sabedoria? Esse é realmente muito especial para mim.

Todos os amigos concordam.

Michelle: Bom, acho que podemos aprender que a vida é curta demais para ficarmos sempre pensando no futuro ou relembrando o passado, sabe? Precisamos aproveitar cada fase com alegria, porque nunca mais viveremos as mesmas coisas.

Junior: Acho que entendi, Mi. Nunca mais vamos ter a idade que temos agora nem viveremos uma aventura como essa de sermos transportados por uma xícara! Cada fase da nossa vida é um presente de Deus!

Ana: Que liiiindo! Vocês estão certíssimos. De nada adianta viver ansioso, desejar ter coisas que não temos e ser quem não somos! Se vivermos assim, não daremos valor a todas as coisas incríveis que Deus já fez por nós nem por tudo que já somos!

Os amigos concordam, rindo.

DESAFIO

Tente passar um dia sem pensar muito no seu futuro ou passado, aproveite o momento e reflita sobre como esse dia jamais se repetirá, ele é único, assim como cada momento da sua vida!

Michelle: AR-RA-SOU! Nosso coração deseja muitas coisas, mas nenhuma delas pode trazer verdadeira satisfação e nos fazer sentir completos. Só Deus.

Ted: Vocês estão me fazendo refletir bastante. Preciso aproveitar mais o presente.

Junior: Isso aí, Ted. E, além disso, temos de nos lembrar do Criador na nossa juventude porque Deus não nos promete só dias bons, mas uma boa companhia todos os dias.

Michelle: Nada é melhor do que viver com Deus!

A xícara, então, abre um novo portal e os amigos se jogam e chegam a um lindo jardim, com um casal que compartilha comida sob uma macieira, demonstrando felicidade.

Ana: EEEEIIII! Olhem só aquele casal apaixonado! Aqui deve ser Cântico!

Michelle: É isso aí, amiga! O livro mais romântico da Bíblia!

Os meninos se olham e fazem careta.

Ted: Ih, apaixonadinhas! Brincadeira! Falando sério, o que tem demais?

Michelle: São poemas que falam muito sobre o amor, para nos mostrar como ele é bonito e importante. É uma verdadeira celebração do amor entre um homem e uma mulher.

Ana: Para mim, é uma conversa entre duas pessoas que se amam muito. O casal chama um ao outro de minha amada e meu amado, não é, Mi?

Michelle: É, sim. Em um dos poemas, a amada compara o amado a uma macieira, dizendo que estar com ele é doce e bom, tipo como quando você se senta na sombra da árvore em um dia quente e se sente superbem.

Ted: E não é que é bonito? Meio meloso, mas bonito.

Michelle: Mas não é só sobre isso! Também há muito do tema da natureza, como flores e pássaros, para mostrar como o amor está em tudo. E não serve para falar só de namoro, não!

Junior: Já ouvi falar que muitas pessoas acham que esse livro também fala do amor de Deus por nós, um amor grande e especial, mais do que romance.

Ted: Ah, tipo sobre como o amor é importante para tudo na vida?

Michelle: Isso! Deus deseja que nós aprendamos a aproveitar e valorizar o amor da melhor forma, conforme a sua perfeita vontade para nós!

ORAÇÃO

Querido Deus, obrigado por todo amor que recebo e compartilho com amigos, família e todos ao meu redor. Amém.

O amor é o tema de uma pergunta da Ana também.

Ana: Ai, Mi, você se lembra de algum trecho que mostra como o amor é especial?

Michelle: Me lembro, sim, amiga! Tem um pedacinho especial para mim, quando o amado diz a sua amada: "Você é toda linda, minha querida, em você não há defeito algum". Para mim, essa

é uma maneira linda de mostrar que a pessoa amada é perfeita exatamente como foi criada por Deus.

Ana: Uau, isso, sim, é romântico! É como se ele estivesse dizendo que, para ele, ela é a coisa mais linda do mundo. Oooiiiinnn!

Junior: Ah, e é legal falar porque não se trata apenas da beleza exterior. É sobre ver a pessoa que você ama perfeita por tudo que ela é, a beleza interna. O autor usa muitas formas diferentes de falar para descrever sua admiração, como comparar os olhos dela a pombas ou seus cabelos a rebanhos de cabras descendo o monte Gileade.

Ted: Hahaha! Hoje em dia, ouvir uma coisa dessas seria engraçado demais, mas acho que, naquela época, deveria ser um grande elogio!

Michelle: É verdade. Eu não tinha pensado nisso.

Ana: Então, só para eu ver se entendi bem... O amor aqui é mostrado como algo que faz você ver tudo de bom que a outra pessoa tem, não é mesmo?

Junior: Isso, Ana. Deus quer que entendamos que o amor verdadeiro vê além das imperfeições externas e valoriza o interior da pessoa.

DESAFIO

Pense em alguém de que você gosta muito e escreva três coisas lindas que você acha sobre essa pessoa. Não precisa ser só sobre aparência, podem ser qualidades como bondade ou senso de humor.

FAZER O DEVOCIONAL CAFÉ COM DEUS PAI TEENS

FAZ O TEMPO VOAR, NÃO É MESMO?

MAIS UM MÊS JÁ ACABOU!

Está na hora de desafiar a sua imaginação!

Escreva uma história bíblica em formato de diálogos, como os que temos aqui!

café com Deus pai TEENS
DEUS
NOS AJUDA A
VENCER
A DOR

MAIO

café com Deus pai TEENS

AS FAMÍLIAS SÃO MUITO IMPORTANTES PARA NOSSA VIDA, NÃO É MESMO?

Que tal convidar sua família para fazer várias atividades diferentes este mês?

Pode ser um passeio na praça, uma visita a um lugar que vocês amam, uma refeição especial ou um filme com pipoca!

Celebre a vida com quem você ama!

- [ ]
- [ ]
- [ ]
- [ ]
- [ ]

Os amigos entram em mais um portal e veem corvos carregando pão e carne e levando até um homem.

Ted: Gente! Um monte de pássaros carregando comida... O que pode ser?

Junior: Ah, acho que a xícara nos trouxe para a história de Elias.

Ted: Elias?

Ana: Você nunca ouviu falar de Elias? Ainda bem que viemos para cá! Elias é um dos profetas mais importantes da Bíblia.

Michelle: Ah, Ana, é normal não conhecer... Às vezes, ele pode até ter ouvido alguma coisa e não se lembra. Bom, se estamos vendo Elias, isso significa que ele já deve ter anunciado que haverá uma grande seca em Israel.

Ana: Siiim! Uns sessenta anos depois da divisão dos reinos, Acabe assumiu o reino do norte. Ele foi um dos reis mais perversos. Ele se casou com uma princesa estrangeira, chamada Jezabel, que adorava o deus Baal. E ela decidiu que todo povo deveria adorar ao seu deus.

Ted: Do nada?

Ana: É! Mas Elias se posicionou firme e forte! Ele anunciou que haverá a seca, para mostrar que o Deus de Israel é maior que Baal.

Junior: Mas tem uma coisa importante aí. Depois de anunciar a seca, Deus disse a Elias para se esconder perto do ribeiro de Querite, onde ele seria alimentado de um jeito bem diferente. E é essa parte que estamos vendo. Esses pássaros pretos, que estão ali, são corvos que trazem comida para Elias todos os dias.

Ted: Corvos? Está de brincadeira!

Michelle: É verdade, Ted! A Bíblia diz que os corvos levam pão e carne para Elias todas as manhãs e todas as noites. Deus cuida dos seus servos de uma forma que nem poderíamos imaginar.

Ana: Deus é muito perfeito!

ORAÇÃO

Deus, obrigado por nunca me deixar sentir falta da tua provisão. Ajuda-me a confiar em ti em todos os momentos. Amém.

1REIS 17.7-24

café com Deus Pai TEENS

O portal da xícara se abre e leva os amigos para um novo cenário onde Elias interage com uma mulher que está pegando lenha.

Ted: Gente, onde estamos?

Junior: Já se passou algum tempo. A região em que Elias estava também foi afetada pela seca. Deus o enviou aonde estamos, Sarepta, onde Jezabel cresceu. E aquela ali é uma viúva, pegando lenha. Elias está pedindo água e comida a ela.

Ted: E ela vai dar?

Junior: A viúva está em uma situação difícil. Ela diz a Elias que só tem um punhado de farinha e um pouco de azeite, para fazer a última refeição antes de ela e o filho morrerem de fome. As viúvas em Israel muitas vezes eram pobres e sobreviviam de doações.

Ana: Que situação difícil!

Michelle: Elias é um grande profeta e está dizendo para ela não ter medo da situação e pedindo que ela faça primeiro um pequeno pão para ele com o que tem e, depois, para ela e seu filho. Vamos ouvir!

Ao se aproximarem, os amigos escutam Elias dizer que a farinha e o azeite não acabariam até que voltasse a chover.

Ted: Será?

Junior: Com certeza! O Senhor usou Elias para falar que não faltaria. Pela fé dela, a farinha e o azeite não vão acabar! Deus é poderoso e cuida da gente quando confiamos.

Ted: Uau! Deus é top! E depois?

Michelle: Pouco depois, o filho da viúva adoeceu e morreu. Ela ficou muito triste e questionou Elias, que levou o menino para o quarto e orou a Deus fervorosamente.

Ana: E Deus ouviu Elias e o menino ressuscitou. Aquela mulher, que não era israelita, pôde ver o cuidado de Deus. Ele cuida não apenas do seu povo, mas de todas as nações.

Ted: Que história incrível! Quero aprender mais sobre Elias!

PARA REFLETIR:

Sob a direção de Deus, Elias levou esperança e fé a uma mulher que estava sofrendo. Como você tem demonstrado sua fé e apresentado as pessoas a Deus?

A xícara abre um novo portal. Ted, ansioso, corre para saber se conheceria mais sobre Elias.

Ana: Quantos homens ali!?

Junior: Ei! Parece que Elias está desafiando 450 profetas de Baal e 400 profetas de Aserá para mostrar que o Deus de Israel é o verdadeiro Deus. É épico!!

Ted: Aí, sim! Isso que é homem corajoso! Eu faria o mesmo. Deus realmente existe e é o único Deus! Mas como vai funcionar esse desafio?

Junior: Simples! Ele propôs que os grupos preparassem um altar e colocassem uma oferta, mas sem acender o fogo. Cada grupo tem que orar ao seu deus para queimar aquela oferta. Tudo isso porque Elias quer provar que somente o verdadeiro Deus responderá com fogo do céu.

Ted: E o que rola depois?

Michelle: Os profetas estão reunidos, e vão orar o dia todo, gritar e até se machucar, para fazer Baal responder, mas nada vai acontecer. Não vai vir fogo nenhum.

Ted: E Elias? Ele vai conseguir fazer o fogo descer pelo poder de Deus?

Junior: Sim, mas, antes de orar, ele mandará aqueles homens jogarem água no altar até encher de água ao redor, para mostrar que será um verdadeiro milagre se o fogo acender.

Ted: Que demais!!!

Michelle: E adivinhem!! Quando Elias orar, o fogo que descer do céu será tão poderoso que queimará TU-DOO! Todo povo verá esse milagre e se prostrará com o rosto em terra, dizendo: "O Senhor é Deus! O Senhor é Deus!".

Junior: Depois disso, Elias subiu até o monte Carmelo e se prostrou diante de Deus. Aparentemente não havia sinal de chuva. Elias olhou seis vezes na direção de onde vinham as tempestades e nada. Na sétima vez, ele viu uma pequena nuvem, do tamanho da mão de um homem. Então Elias mandou dizer a Acabe que se preparasse para forte chuva. Em seguida, começou a ventar e a chover forte!

DESAFIO

Pense em um momento em que você viu ou ouviu algo que parecia impossível, mas aconteceu. Escreva sobre como isso ensinou você a ter fé.

Os amigos continuam a conversar sobre Elias.

Junior: Ei! Depois daquela grande vitória, Elias enfrentou uma ameaça terrível.

Michelle: Verdade! Jezabel, a rainha, ficou furiosa quando soube que Elias havia derrotado os profetas de Baal e jurou matá-lo. Então, Elias fugiu para salvar sua vida.

Ted: Ué, mas ele não estava superconfiante?

Michelle: Sim, mas até os profetas podem sentir medo. Elias foi para o deserto e se sentou debaixo de um tipo de arbusto. Ele estava profundamente triste. Como parecia que ele era a única pessoa que seguia o Deus de Israel, acreditava ter fracassado em sua missão.

Ana: Isso também acontece conosco, não é? Às vezes estamos superfelizes e agradecidos em um dia e, em outro, diante de um desafio, perda ou uma grande pressão, a gente até se encolhe, de tanto medo ou tristeza.

Michelle: É verdade! A história de Elias é uma inspiração para vencermos nossos altos e baixos com a ajuda de Deus. Enquanto o profeta estava ali, um anjo o visitou e disse para ele se levantar e comer. Deus providenciou comida e água para ele no deserto.

Ted: Deus jamais nos deixa sozinhos!

Junior: Isso aí! Deus nunca nos abandona! Depois de comer e descansar, Elias viajou quarenta dias e quarenta noites até o monte Horebe, o monte de Deus. Ali ele teve um encontro muito especial com o Senhor, que se apresentou por meio de uma brisa suave.

Michelle: Em seguida, Deus deu instruções a Elias e o encorajou: sete mil pessoas mantiveram sua fé firme no Deus de Israel.

ORAÇÃO

Senhor, que nos momentos de medo e tristeza eu possa me lembrar que o Senhor sempre está comigo, aconteça o que acontecer! Amém.

Junior: Pessoal, acho que é hora de avançarmos na história, olhem ali!

Junior aponta para um portal aberto pela xícara. Os amigos correm até lá e logo percebem que estão em um campo, onde há um rapaz arando a terra. Na frente dele, há doze pares de bois. Ao longe, surge Elias, caminhando até o rapaz.

Ted: Elias está se aproximando daquele rapaz!

Michelle: Então, aquele é Eliseu! Elias está chamando Eliseu para ser seu sucessor. Olhem –

Michelle aponta na direção dos dois homens.

Elias tira sua capa e joga-a por cima dos ombros de Eliseu.

Ted: Entendi foi nada! Por que ele fez isso?

Junior: Para nós, isso pode não significar nada, mas Eliseu entendeu que, com esse gesto, Elias o chamava para ser seu discípulo. A Bíblia diz que Eliseu imediatamente deixou os bois e disse a Elias que ia se despedir de sua família antes de ir com ele.

Ana: Ah, eu me lembro dessa história! Teve uma festa de despedida para a família e os amigos, mataram os bois e queimaram o arado para cozinhar a carne. Ele sabia que não voltaria mais à sua antiga vida e abandonou seu conforto para seguir o profeta.

Michelle: Exatamente! Eliseu passou a acompanhar Elias e a aprender com ele.

Ted: Corajoso ele de sair da sua vida confortável para ser discípulo de um profeta, ele devia ser fiel a Deus de verdade para fazer algo assim.

PARA REFLETIR:

Eliseu deixou sua zona de conforto para ser um profeta como Elias, apesar de saber que esse estilo de vida envolvia desafios e lhe proporcionaria pouco conforto. Você já parou para pensar que seguir a Deus muitas vezes também desafia você a sair da sua zona de conforto? Para segui-lo, é preciso ter coragem e confiar no Senhor.

06/05

2REIS 2.1-18

Outro portal da xícara surge e leva os amigos para um lugar em que observam Eliseu e Elias caminharem lado a lado. De repente, um carro de fogo, puxado por cavalos de fogo, aparece, e Elias é levado ao céu num redemoinho.

Ted: Meu Deus!!!!! O QUE FOI ISSOOOO? Cadê Elias?

Michelle: Não acredito que conseguimos presenciar esse momento in-crí-vel! Chegamos bem à parte em que Elias é levado ao céu.

Junior: Elias tem um final TOP! Tipo cena de cinema!

Ana: É! Daqueles filmes de super-herói cheios de efeitos especiais, não é?

Junior: Pois é, Ana! Eliseu já sabia que Elias seria levado por Deus; por isso, insistiu em ir com ele nessa viagem, que seria a última dos dois juntos. Eliseu queria seguir os passos de seu mestre e pediu que fosse uma espécie de herdeiro. Então, na margem do rio Jordão, Elias pegou sua capa, a enrolou e bateu com ela nas águas do rio, que simplesmente se dividiram para que eles pudessem passar em terra seca.

Ana: Igual ao que Moisés fez com o Mar Vermelho!

Michelle: Igualzinhoooo! Os milagres de Deus são maravilhosos!

Junior: Com certeza, Michelle! Depois de atravessarem o rio, enquanto caminhavam e conversavam, a carruagem de fogo com cavalos de fogo apareceu e um redemoinho levou Elias ao céu.

Ted: Uauuuuu! É o redemoinho que vimos!!! E Eliseu viu tudo isso acontecer?

Michelle: Sim! Imagina como ele deve ter ficado maravilhado e assustado ao mesmo tempo!

DESAFIO

Pense sobre as pessoas que são exemplos para você, como Elias foi para Eliseu. Quais qualidades elas têm que você admira? Que tal compartilhar sua admiração com elas?

Ted está muito ansioso por tantas maravilhas que tinha visto com seus amigos!

Ted: E agora, gente? Estou muito curioso! Depois que Elias foi levado aos céus, o que aconteceu com Eliseu?

Ana: Eu sei! - **Ana se levantou em um pulo para contar a história, tropeçou e quase caiu. Todos riram, e a menina continuou:**

- Depois que Elias foi levado aos céus, Eliseu pegou a capa que Elias deixou cair. Era uma capa muito importante, porque simbolizava a autoridade de Elias, que foi passada para Eliseu.

Michelle: O que quer dizer que Eliseu se tornou o novo profeta!

Junior: Isso mesmo. Eliseu voltou à margem do rio Jordão com o manto de Elias. Lá, ele tocou as águas com o manto e disse: "Onde está agora o Senhor, o Deus de Elias?" E adivinhem: as águas se dividiram quando ele bateu com o manto, e ele atravessou o rio.

Ted coloca a mão na cabeça com olhar de surpresa.

Ted: Uau!!!! Então ele realmente recebeu capacitação de Deus para continuar a missão de Elias. Isso me lembrou de Josué, que ficou no lugar de Moisés.

Michelle: Bem lembrado, Ted. Quando os discípulos de outros profetas viram essa cena, ficaram admirados e disseram uns aos outros que o espírito profético de Elias tinha mesmo repousado sobre Eliseu.

Ana: De-ta-lheee: com isso, vieram grandes responsabilidades. Eliseu sabia que tinha tarefas desafiadoras pela frente e que precisava confiar em Deus para cumpri-las.

ORAÇÃO

Deus, obrigado por me conceder exemplos de fé e ousadia como Elias e Eliseu. Ajuda-me a aceitar minhas responsabilidades com coragem e a confiar que estás comigo. Amém.

café com Deus Pai TEENS

Os amigos entram em um novo portal aberto pela xícara e, desta vez, caem perto de Eliseu, que conversa com uma mulher.

Ted: Olhem lá Eliseu com a capa de Elias. Ele vai continuar a fazer o que Elias fazia, não é?

Ana: Sim. Agora mesmo, Eliseu vai ajudar aquela viúva. Ela está em grande dificuldade. O marido dela morreu e um cobrador quer levar seus dois filhos como escravos por causa de dívidas.

Ted: Misericredo! Eliseu vai ajudá-la?

Junior: Sim, ele perguntou à viúva o que ela tem em casa, e ela disse que só tem um pequeno jarro de azeite. Foi aí que Eliseu disse para a viúva pegar emprestado com os vizinhos o máximo de jarros vazios que pudesse. Depois, fechasse a porta e começasse a derramar o azeite em todos os jarros.

Ted: Vamos ver!

Os amigos correm e entram enquanto a viúva fecha a porta.

Ted: Ela está derramando! Mas... se ela tinha só um pequeno jarro de azeite, como está enchendo os outros?

Michelle: Milagre! O azeite continua fluindo até que todos os jarros fiquem cheios. Ela contará a Eliseu o que aconteceu.

> **PARA REFLETIR:**
>
> **Você já recebeu ou viu alguém receber a provisão de Deus de alguma maneira? Como você se sentiu? Saiba que o Senhor nunca deixa faltar nada àqueles que são fiéis a ele, portanto, sempre peça ajuda a Deus, e ele irá prover!**

Ted: Top! Mas e as dívidas?

Ana: Eliseu dirá ela para vender o azeite e pagar as dívidas, e ainda sobrará o suficiente para ela e seus filhos viverem. O azeite era uma mercadoria supervaliosa, servia para cozinhar, para cuidados medicinais e para gerar iluminação.

Junior: Deus usou o pouco que ela tinha e multiplicou não somente para que ela pagasse suas dívidas, mas também para o futuro de sua família.

Michelle: Deus cuida dos mínimos detalhes!

Os amigos saem da casa da viúva e veem outra mulher conversar com Eliseu.

Ana: Pessoal, aquela mulher aos pés de Eliseu parece angustiada.

Michelle: Preparem-se, lá vem mais uma história boa!

Ted: O que ela tem?

Junior: Essa é a mulher sunamita, chamada assim porque vivia em Sunén. Ela sempre oferecia um lugar para Eliseu descansar todas as vezes que ele ia até lá.

Ana: Ah, já sei! É aquela que convenceu o marido a construir um pequeno quarto em cima de sua casa para que Eliseu tivesse onde ficar sempre que fosse a Sunén!

Junior: Isso! Eliseu ficou muito grato e quis retribuir de alguma forma.

Ted: Que legal! Faz toda a diferença a gente ser grato pelas coisas que fazem por nós, não é?

Ana: Com certeza!

Ted: E o que ele fez por ela?

Michelle: Eliseu tinha um servo que se chamava Geazi. O servo descobriu que a sunamita desejava ter um filho. Então Eliseu profetizou que ela teria um filho no próximo ano, e realmente aconteceu!

Ted: Incrível!

Junior: Sim, muito incrível. Mas a história tomou um rumo triste quando o menino, já crescido, ficou doente e morreu no colo de sua mãe. Por isso ela está assim, tão abatida.

Ted: Que tristeza. Poxa, eu não imaginava que a história teria um final triste assim.

Michelle: Calma, Ted. É triste, mas a mulher não desistiu. Ela veio buscar Eliseu, para ele ajudar. Eliseu vai orar a Deus e o menino voltará à vida!

Ana: Final feliz exatamente como eu gosto!!

DESAFIO

Pense em alguém que tenha sido especialmente gentil com você. Como você poderia mostrar gratidão por essa gentileza? Que tal escrever uma carta de agradecimento ou fazer um pequeno favor a essa pessoa?

10/05

2REIS 4.38-41;
2REIS 4.42-44

Os amigos continuaram a conversar sobre Eliseu.

Michelle: Eliseu continuou ajudando as pessoas de várias maneiras. Uma vez, durante uma época de fome, ele foi a Gilgal, onde um grupo de profetas se reuniu com ele.

Ted: E ele fez mais algum milagre?

Michelle: Calma, Ted. Eliseu pediu para os servos prepararem um ensopado para os profetas. Quando saíram para coletar ervas para fazer o ensopado, sem saber, um deles colheu uma planta venenosa e a colocou na panela.

Ted: Que perigo! Eles comeram o ensopado?

Junior: Até começaram a comer, mas logo perceberam que algo estava errado. Um dos profetas gritou: "Homem de Deus, há morte na panela!" E todos pararam de comer.

Michelle: Eliseu não entrou em pânico, mas pediu que trouxessem farinha e a jogou na panela. Aí, o incrível aconteceu: a comida foi purificada e não ia mais fazer mal a eles. Todos puderam comer.

Ted: Não sei, não, se eu teria coragem!

Michelle: E tem mais! Outro dia, Eliseu realizou outro milagre: um homem levou até ele vinte pães e algumas espigas verdes para alimentar cem homens.

Ted: Afee! Vinte pães para cem homens não dá nem para o cheiro... Só eu comeria uns três!

Junior: Foi o que o servo de Eliseu disse: "Como poderei servir isso a cem homens?". Mas Eliseu teve fé de que Deus proveria.

Ted: Então, o que aconteceu?

Michelle: Eliseu insistiu para que servissem os pães e ainda disse que ia dar eeeeeE sobrar. E foi exatamente isso que aconteceu: todos comeram e ainda sobrou, conforme a palavra do Senhor!

ORAÇÃO

Senhor, obrigado por cuidar de mim em todas as situações. Ajuda-me a ter sabedoria e a confiar em ti em todos os momentos.

Os amigos percebem o tempo acelerar e logo notam algo acontecer.

Ted: Tem um homem mergulhando no rio sozinho? Que estranho!

Michelle: Hummm, parece que chegamos à história de Naamã, o comandante do exército da Síria que sofria de lepra.

Ted: Ah, essa história eu conheço. Só não sei de muitos detalhes. Lepra é uma doença bem séria, não é?

Junior: Sim. E, além disso, os leprosos tinham que ficar isolados. Naamã era um grande líder, mas precisava de um milagre.

Ted: E como ele ficou sabendo sobre Eliseu?

Ana: Uma jovem israelita, serva da casa dele, contou a ele sobre Eliseu.

Junior: Naamã foi a Israel com a permissão do seu rei. Ele falou que o rei de Israel achava que era "uma pegadinha" do rei da Síria. Ao saber, Eliseu mandou que o enviassem a ele. Quando Naamã chegou à casa de Eliseu, o profeta mandou a ele um recado: "Vá e lave-se sete vezes no rio Jordão; a sua pele será restaurada, e você ficará purificado".

Ted: E ele foi?

Michelle: Que nada, Ted. Naamã primeiro ficou bravinho, principalmente porque achava que havia rios melhores que o Jordão, mas seus servos o convenceram a seguir as instruções de Eliseu.

Ted: E aí, sim, ele foi curado, não foi?

Junior: Sim! Naamã mergulhou sete vezes no Jordão conforme Eliseu falou, e sua pele foi limpa da lepra. Isso não apenas o curou, mas também o fez reconhecer que não havia outro Deus.

PARA REFLETIR:

Uma menina desconhecida foi a peça-chave para que um homem poderoso pudesse encontrar-se com Deus. Ela contou sobre sua fé em Deus e afirmou que o profeta poderia fazer um milagre na vida de Naamã. Você tem testemunhado sobre sua fé para que as pessoas conheçam a Deus?

2REIS 6.1-24; 7.1-20

Café com Deus Pai TEENS

A história de Eliseu continua...

Michelle: Algum tempo depois, o exército sírio cercou Samaria. Como esse cerco durou muito tempo, os israelitas não tinham acesso a produtos de seus campos nem podiam buscar suprimentos em rotas comerciais, isso gerou uma grande fome.

Junior: A fome era tão grande e as pessoas estavam tão desesperadas que consideraram coisas horríveis para sobreviver. A situação era desesperadora.

Ted: E Eliseu estava lá durante esse tempo todo?

Michelle: Sim, ele estava. Mesmo nesse período terrível, Eliseu continuou a ser um líder espiritual. Ele até profetizou que a fome acabaria e que haveria abundância de comida. Mas nem todos acreditaram nele.

Ted: O povo não aprende mesmo!

Michelle: Pois é! Havia quatro leprosos à porta da cidade. Eles decidiram se arriscar e ir até o acampamento dos sírios. Quando chegaram lá, descobriram que o local estava completamente abandonado, porque Deus havia feito os sírios ouvirem um grande barulho de exército se aproximando, e eles fugiram, deixando tudo para trás.

Ana: Uau! E o que isso tem a ver com a profecia de Eliseu?

Junior: Tudo, Ana! Os leprosos voltaram e contaram a todos da cidade. O povo foi lá no acampamento dos sírios e tomou os suprimentos. De repente, havia abundância de comida, exatamente como Eliseu tinha profetizado.

ORAÇÃO

Deus, nos momentos de desespero e dificuldade, ajuda-me a não duvidar das tuas promessas e a crer em ti. Ensina-me a proclamar a todos que o Senhor está no controle de todas as circunstâncias.

Café com Deus Pai TEENS

Surge um novo portal, aberto pela xícara, e os amigos entram. Desta vez não sabem ao certo onde caem.

Michelle: Ô, gente, já vimos tantas coisas incríveis e parece que aquilo é mais uma batalha... Mas eu não estou conseguindo me lembrar de quem são essas pessoas.

Junior: Mi, será que não é a história de Josafá e Acabe?

Michelle: Verdade!

Ted: Quem são esses?

Junior: Josafá era o rei de Judá, e Acabe era o rei de Israel, marido de Jazabel, se lembra? Eles se tornaram aliados, mas eram bem diferentes. Josafá seguia os caminhos de Deus. Já Acabe não era tão fiel assim, como vocês já sabem.

Ana: E o que aconteceu? Não me lembro!

Michelle: Eu me lembrei, Ana. Acabe convenceu Josafá a se juntar a ele numa batalha contra o rei da Síria, para recuperar um território. Mas, antes, Josafá quis ouvir o que os profetas de Deus tinham a dizer.

Ted: Pelo jeito, vem bomba por aí!

Junior: Quase isso, Ted. Os profetas de Acabe disseram que eles venceriam, mas Josafá não acreditou. Então, eles chamaram um profeta de Deus chamado Micaías que disse que, se fossem lutar, perderiam.

Ana: E eles não deram ouvidos, afinal, aquilo é uma batalha.

Junior: Pois é, Ana. Acabe não deu ouvidos. Foi para a batalha disfarçado para não ser reconhecido, enquanto Josafá foi vestido como rei.

Ted: Eeeeitaaaa!

Michelle: Durante a batalha, os soldados inimigos pensaram que Josafá era Acabe porque estava de veste real e começaram a atacá-lo, mas Josafá clamou por ajuda, e Deus o protegeu. Já Acabe foi atingido por uma flecha lançada e morreu.

Ana: Cho-ca-da! Que coisa doida essa batalha!

ORAÇÃO

Deus, ajuda-me a buscar a tua orientação e ser obediente, mesmo quando outras pessoas desejam me influenciar para a desobediência. Dá-me forças para seguir somente os teus caminhos. Amém.

2REIS 15.19-20; 17.3-6

café com Deus Pai TEENS

Atrás de uma rocha, a xícara abre um portal e leva os amigos a um cenário no reino do norte. Dois reis conversam; um deles entrega toneladas de prata ao outro. Os amigos percebem que se trata dos reis da Assíria e de Israel.

Ana: Aaaaaiiiii, estou meio confusa!

Michelle: Amiga, é que já passaram anos desde a batalha que vimos. Uma grande nação está se levantando e crescendo: a Assíria, que começou a tentar invadir territórios, inclusive Israel e Judá, os reinos do norte e do sul. Esse é Menaém, um rei perverso, pagando 35 toneladas de prata para o rei da Assíria, para obter apoio para continuar no poder.

Ana: Se a Assíria é tããããão poderosa assim, essa barganha vai funcionar?

Junior: Por um tempo, vai. Depois disso, a Assíria parou de atacar Israel. Mas, anos depois, Oseias assumiu o trono de Israel e começou a tentar se livrar do pagamento pesado que tinham que fazer à Assíria. As consequências foram terríveis!

Michelle: Nem fala! O rei assírio conquistou Samaria, capital de Israel, e exilou os israelitas na Assíria. A Bíblia diz que isso aconteceu por causa da idolatria do povo e da insistência deles em desobedecer ao Senhor geração após geração. Eles imitavam a conduta perversa dos reis e das nações vizinhas, o que desagradava demais a Deus.

Ana: Para mim já está claro que Deus não aceita corações divididos! Ou nosso coração é dele, ou não é, sem meio-termo.

Michelle: Exatamente, amiga!

Ted: A Assíria também tentou atacar Judá?

Junior: Ah, com certeza, mas o resultado foi um pouco diferente.

ORAÇÃO

Senhor, sei como te desagrado quando meu coração fica dividido entre obedecer a ti e satisfazer minhas próprias vontades. Ajuda-me a te amar acima dos meus desejos, para que tu sejas o único Senhor do meu coração.

As crianças são levadas por um portal da xícara para outra região, no reino do sul.

Junior: Está vendo aquele homem orando ali, Ana?

Ana: Sim, quem é ele?

Junior: É Ezequias, rei de Judá. Ele foi um rei muito bom e fiel, mas enfrentou um problemão porque a Assíria também estava tentando conquistar Jerusalém como fez com Samaria.

Ana: Ezequias tentou lutar contra ele?

Junior: Primeiro, Ezequias tentou evitar a luta pagando taxas ao rei assírio, Senaqueribe, mas não adiantou. O rei assírio mandou os oficiais falarem para o povo em Jerusalém que nem Deus poderia salvar a cidade.

Ted: Que absurdo! O povo deve ter ficado com um baita medo, ainda mais depois do que aconteceu em Samaria.

Junior: Com certeza! Os oficiais assírios ficaram lá, gritando da muralha da cidade para as pessoas, dizendo que deveriam se render.

Ted: Ih, parece que vem luta aí! O que Ezequias fez?

Junior: Ezequias não se entregou. Ele foi até o templo para orar e pediu ajuda ao profeta Isaías, que mandou dizer que Deus tinha um plano, e que o povo não precisava se preocupar.

Ted: Deus agiu, não é?

Junior: Deus enviou um anjo que, em uma só noite, acabou com todo o exército assírio.

Michelle: Isso me faz refletir sobre como Deus é soberano e poderoso. Ele disse a Isaías: "Por minha própria honra e por causa de meu servo Davi, defenderei esta cidade e a libertarei". Tudo acontece conforme a vontade do Senhor, e não existe nação poderosa que se compare a ele!

ORAÇÃO

Querido Deus, ajuda-me a reconhecer a tua grandeza e soberania sobre todas as coisas. Quero que a tua vontade seja feita na minha vida, pois creio que ela é muito melhor do que a minha. Obrigado por cuidar de mim em cada detalhe.

Os amigos continuam a conversa.

Junior: Agora, galera, alerta de *spoilerrrrr!!!*

Ted: Ah, não, Junior! Não gosto de spoiler!!! Gosto de ver acontecer na hora, sentir a emoção do momento!

Junior: Ih, nem adianta choramingar, Ted! Vou dar spoiler, querendo você ou não! Hahaha!

Michelle: É o que estou pensando? – **diz, olhando para Junior.**

Junior: Sim! Vocês se lembram que falamos do profeta Isaías?

Ana: Sim, o que tem ele?

Junior: Então, durante o reinado de Ezequias, o profeta Isaías teve um papel muito importante. Ele não somente apoiava o rei com conselhos, mas também era usado por Deus para profetizar sobre o futuro.

Michelle: E Isaías falou de algo realmente especial que aconteceria muito depois, no Novo Testamento.

Ted: O quê?

Junior: Ihhhh, acho que não vamos falar, não, hein! Se não vai ser um spoiler muuuuuito grande!

PARA REFLETIR:

Pense em algo que você sonha que aconteça no futuro. Como você está se preparando para isso hoje? Preparar-se para algo que você espera em Deus com fé e confiança é muito importante.

Ted: Ah, não, gente! Agora que vocês começaram, terminem, pelo amor de Deus!

Junior: Será que a gente conta? – **Junior olha para Michelle com olhar pensativo.**

Michelle: Ai, Junior, vamos, vai! Senão o Ted não vai deixar a gente em paz.

Ted: Aê!!! Boraaaa, contem tudo!

Michelle: Lá no livro de Isaías, capítulo 7, versículo 14, está escrito que ele profetizou que uma virgem conceberia e daria à luz um filho, e ele seria chamado Emanuel, que significa "Deus conosco". É uma das profecias que apontam para o nascimento de Jesus!

Ana: Isso, sim, é spoiler!

Junior: E essa profecia foi muito importante, porque mostrou que Deus tinha um plano grande e de longo prazo para toda a humanidade. Não era apenas sobre salvar o povo de uma batalha ou problemas, mas sobre salvar todo o mundo do pecado.

O tempo acelera e o chão corre sob os pés dos amigos: OOOOOOOOOO!
Quando eles dão por si, estão no palácio real.

Ana: Gente, olhem que fofinho, um menininho no trono.

Michelle: Oin! Acho que sei quem é. Depois do rei Ezequias, outros reis de Judá não seguiram o caminho de Deus, até que um rei muito especial subiu ao trono: Josias. Ele começou a reinar quando tinha apenas OI-TO anos!

Ana: Que pequenininho! Mais novo que a gente! Como pode?

Ted: Não é? A dúvida é: ele conseguiu ser um bom rei com essa idade?

Junior: Bom, não! Ele foi um dos me-lho-res reis de Judá. Josias era diferente porque queria fazer o que era certo aos olhos de Deus, mesmo sendo tão novinho.

Ted: O que ele fez de tão importante?

Michelle: Quando Josias tinha dezoito anos, começou uma grande reforma no Templo de Jerusalém. E, durante essa reforma, foi encontrado o Livro da Lei, que tinha sido esquecido.

Ana: Como puderam se esquecer de algo tão importante?

Junior: Ah, Ana, você sabe: com o tempo, as pessoas começaram a se afastar de Deus, infelizmente. E, quando Josias ouviu as palavras da Lei, ficou arrasado por ver como o povo estava distante dos caminhos do Senhor. Então, ele decidiu mudar isso.

Ted: Ele conseguiu fazer as pessoas voltarem a seguir a Lei?

Michelle: Mais do que isso. Josias não só leu a Lei para todo o povo como também fez uma nova aliança com Deus, comprometendo-se a obedecer a Deus e a cumprir seus mandamentos. Ele liderou uma reforma que acabou com a idolatria e restaurou as práticas que Deus havia ordenado.

ORAÇÃO

Pai celestial, ensina-me a valorizar e seguir as tuas leis com obediência. Ajuda-me a ser corajoso e decidido a fazer o que é certo. Amém.

JEREMIAS 1.4-8; 3.13; 6.8

Um ventinho diferente chama a atenção dos amigos: era a xícara abrindo um portal. Eles viajam alguns anos para o futuro. Quando caem, veem um profeta chorando e lamentando.

Junior: Gente, aquele homem deve ser o profeta Jeremias!

Ted: Quem é ele?

Ana: Ah, eu sei! É um profeta chamado por Deus para uma missão difícil. Depois que Josias morreu, mais uma vez o povo abandonou o Senhor e voltou a praticar idolatria. Deus escolheu Jeremias para chamar os habitantes de Judá de volta para ele e para alertá-los sobre o que aconteceria se continuassem com as práticas maldosas.

Michelle: Isso mesmo. Jeremias tinha medo porque se achava muito jovem para ser profeta, mas o Senhor disse a ele que o protegeria.

Ana: Verdade, eu tinha me esquecido desse detalhe importante!

Ted: Mas o que Deus queria que ele dissesse?

Ana: O Senhor desejava que Jeremias fizesse o povo enxergar que estava seguindo o mau exemplo de Israel. Ele disse que a nação estava trocando Deus, a fonte de água viva, por cisternas rachadas, que não podiam reter água, ou seja, pelos deuses falsos das outras nações.

Ted: Eita, aí é difícil mesmo!

Junior: Muito difícil, Ted. E não foi fácil para Jeremias, ele profetizou que, se o povo não mudasse, Jerusalém seria arruinada e haveria grande destruição. As pessoas não gostavam das suas mensagens, então ele vivia sozinho e era muito rejeitado.

DESAFIO

Pense em uma situação em que você teve de fazer ou dizer algo difícil porque era o certo. Escreva em um papel como você se sentiu e o que aprendeu com essa experiência, depois faça uma oração agradecendo a Deus por sempre lhe mostrar o caminho certo a seguir.

Michelle: Mas isso não parou Jeremias. Ele ficou conhecido pela sua fidelidade a Deus, porque nunca desistiu de fazer o que Deus pedia.

2REIS 24.18-20; 25.8-26

Ao entrarem em um novo portal aberto pela xícara, os amigos caem em lugar que parece assustador, repleto de gritos apavorados e fogo por todos os lados. Eles demoram alguns segundos até entenderem onde estão.

Ana: Meu Deus! O que está acontecendo? Jerusalém está coberta por chamas!

Ted: Misericredo! O que aconteceu aqui?

Junior: Ei! Infelizmente o povo não ouviu os avisos que Deus deu por meio do profeta enviado. Então, a Babilônia, uma nação ainda mais forte que a Assíria, invadiu a cidade e colocou fogo em tudo, inclusive no templo. O último rei antes da destruição foi Zedequias.

Ana: Fala sério! Ele não fez nada nem por ele, nem pelo povo?

Michelle: Que nada! Ele tentou foi fugir, acredite se quiser!

Ted: Um rei fujão... parece até piada. Só faltou se esconder debaixo da cama chupando o dedo!

Junior: É, mas ele foi capturado pelos babilônios e tudo aconteceu bem rápido.

Ana: Que coisa terrível!

Michelle: Muito! Boa parte da população de Jerusalém foi exilada e levada para a Babilônia como prisioneira, só um pequeno grupo permaneceu em Judá, mas sob o comando dos babilônios. Até que, com medo do que os babilônios fariam com eles, todo o povo que tinha ficado em Judá fugiu para o Egito.

ORAÇÃO

Deus Pai, quando surgirem situações muito difíceis para eu resolver, que eu me apegue a ti. Que, em vez de fugir dos meus problemas e de deixar meus amigos ou familiares em condições terríveis, eu possa me lembrar que tu sempre estás conosco para nos conduzir. Em nome de Jesus, oro, amém.

café com Deus Pai TEENS

Ted não entendeu muito bem e decidiu perguntar.

Ted: Ô gente, mas o que aconteceu com as pessoas de Jerusalém que foram levadas cativas para a Babilônia?

Michelle: Entre os que foram levados para a Babilônia, estava Ezequiel, um profeta que foi chamado por Deus para falar ao povo de Jerusalém que estava exilado.

Junior: Ele teve uma visão em que o Senhor mostrou a ele um vale cheio de ossos secos e perguntou se esses ossos poderiam viver novamente.

Ted: Claro que não! Como eles poderiam viver?

Junior: Pois é! Parecia impossível mesmo, mas essa visão era um símbolo de esperança para Israel. Deus estava mostrando que, mesmo que Israel estivesse morto e sem esperança, como aqueles ossos, ele tinha o poder de trazer vida e restauração. Era uma afirmação do Senhor ao profeta de que era preciso olhar para além das circunstâncias, que a aliança entre Deus e seu povo seria renovada!

Ana: E o que Ezequiel fez, então?

Junior: Deus disse para ele profetizar aos ossos. E, quando Ezequiel obedeceu, algo incrível aconteceu: os ossos começaram a se mover, se juntaram, e carne e pele os cobriram. Depois, o espírito de vida entrou neles, e eles se levantaram como um grande exército!

Ted: Eita, está até parecendo história de zumbi.

Michelle: Hahaha! Ai, Ted, só você mesmo! Pode até ser parecida mesmo, mas essa tem um propósito!

Junior: Sim, Um propósito muito importante! É uma história de renovação e redenção. Deus estava prometendo restaurar Israel, trazendo-o de volta à vida como povo escolhido, assim como ele trouxe vida aos ossos secos.

ORAÇÃO

Querido Deus, ensina-me a ver esperança em todas as circunstâncias. Ajuda-me a confiar em tua capacidade de renovar e restaurar todas as coisas. Amém.

café com Deus Pai TEENS

Os amigos atravessam um novo portal criado pela xícara e são levados até a Babilônia.

Ted: Meu Deus! Aqueles soldados estão jogando três homens na fornalha!

Michelle: Ted, são Sadraque, Mesaque e Abede-Nego. Essa história é incrível e está no livro de Daniel. Eles foram trazidos para o exílio na Babilônia junto com Daniel.

Ted: Eu acho que já ouvi alguma coisa sobre esses homens, mas não sei tudo direitinho.

Junior: Nabucodonosor, rei da Babilônia, mandou fazer uma imagem de ouro para todos adorarem.

Ana: Maaaas Sadraque, Mesaque e Abede-Nego se recusaram a adorar essa imagem, porque adoravam ao único Deus, o Deus Altíssimo.

Ted: E por isso estão sendo jogados nessa fornalha? Meu Deus, que rei perverso!

Sadraque, Mesaque e Abede-Nego permanecem de pé em meio ao fogo, sem se queimarem, e o rei fica perplexo. Ted arregala os olhos e aponta para a fornalha.

Ted: Como pode eles entrarem no meio do fogo e não se queimarem?

Junior: Deus mandou um anjo para protegê-los. Olha lá, parece que tem mais alguém lá dentro!

Ted: E não é que dá para ver mesmo! Quatro pessoas andando no fogo, e nada de se queimarem!

Michelle: O rei Nabucodonosor está tão impressionado que fará um novo decreto para ninguém poder falar mal do Deus deles. Só um Deus superpoderoso poderia salvar alguém assim.

Ana: O que mais me encanta nessa história é que eles afirmaram ao rei que, ainda que Deus não os livrasse, continuariam firmes em sua decisão de não adorar a estátua de ouro! Isso é ser fiel de verdade.

ORAÇÃO

Querido Deus, ajuda-me a ser fiel como Sadraque, Mesaque e Abede-Nego. Quero te obedecer mesmo quando as circunstâncias não forem boas para mim.

café com Deus Pai TEENS

Mais um portal da xícara surge, pelo qual os amigos chegam a uma cova cheia de leões.

Ana: Tchan! Agora já acabou o tempo do rei Nabucodonosor. Outros reis vieram e também se foram. É claro que esta é a história de Daniel na cova dos leões.

Michelle: Isso, amiga. Dario é o rei agora. A Babilônia foi conquistada pela Pérsia, outra nação muito poderosa. Daniel se tornou um dos principais líderes da Babilônia, por sua honestidade e atuação.

Ted: Isso é ótimo para ele, não é?

Junior: Nem tanto. Outros líderes ficaram com inveja dele e armaram um plano para derrubá-lo. Eles convenceram o rei Dario a fazer uma lei que determinava que todo mundo só podia orar ao rei durante trinta dias.

Ted: Orar ao rei? Como assim?

Junior: Ninguém poderia orar a Deus ou a qualquer imagem. Só a Dario.

Ted: Que absurdo! Daniel não obedeceu a essa lei, imagino.

Michelle: Claro que não! Daniel continuou orando a Deus, como sempre. Mas os caras maus o viram orar e contaram ao rei, que ficou super decepcionado, porque gostava de Daniel.

Junior: Ele tentou salvar Daniel, mas as leis dos persas, que vigoravam na Babilônia, eram muito rígidas. Então ele teve de mandar Daniel para a cova dos leões.

Os amigos observam Daniel ser jogado na cova e uma pedra ser colocada na frente.

Ted: Se-nhor! Ele vai morrer!

Michelle: De jeito nenhum! Deus está enviando um anjo para fechar a boca dos leões. Daniel não sofrerá nenhum arranhão!

Junior: Exatamente! E, quando o rei Dario vir que Daniel está seguro, ficará muito feliz e fará outra lei determinando que todo mundo deve respeitar o Deus de Daniel.

ORAÇÃO

Deus, tu és verdadeiramente grandioso e tens poder para realizar maravilhas! Que eu possa ter fé como Daniel, confiando que podes me livrar de todo o mal. Amém!

Animados para saber o que vem em seguida, os amigos procuram pela xícara e ela abre outro portal. Eles estão novamente em Jerusalém, vendo as pessoas chegarem à cidade.

Ted: Ah, aqui eu conheço! Voltamos para Jerusalém, e o povo está voltando!

Michelle: Isso, Tod! Ciro, príncipe da Pérsia, império que conquistou a Babilônia, começou a permitir que os judeus voltassem à sua terra natal. Esdras, um sacerdote e um escriba que conhecia muito bem as leis de Deus, ajudou o povo a renovar a aliança com o Senhor.

Ana: Nunca entendi o que significa "escriba".

Junior: Escribas eram pessoas estudadas, escreviam muito bem e eram responsáveis por escrever coisas importantes, como leis.

Ana: Ahhh,. Obrigada por explicar!

Michelle: Essa parte da história é realmente emocionante! O povo voltou para Jerusalém, e uma das primeiras coisas que fez foi reconstruir o altar para oferecerem sacrifícios antes de reconstruírem o templo. Eles queriam garantir que estavam seguindo as leis de Deus novamente.

Ana: Uau! Deve ter sido emocionante!

Junior: Sim! Alguns estavam felizes por reconstruir o templo, mas os mais velhos, que se lembravam do primeiro templo, choravam porque nada era como antes. Tipo uma mistura de alegria e tristeza, ao mesmo tempo.

Michelle: É bem isso! E mostra como, mesmo nos momentos de grande alegria, às vezes também sentimos tristeza pelo que perdemos. Mas o que importa é que eles estavam juntos, reconstruindo algo que era muito importante.

DESAFIO

Pense em um momento em que você precisou começar do zero depois de perder algo importante. Como você se sentiu e o que aprendeu? Escreva tudo e depois ore para que Deus sempre o ajude a me lembrar que, mesmo nos momentos de grandes mudanças ou desafios, ele sempre está com você.

café com Deus Pai TEENS

O tempo acelera e logo há homens trabalhando na reconstrução do templo.

Michelle: Reconstruir o templo levou algum tempo e a cidade precisava ser restaurada, principalmente as muralhas. Aí, Neemias entra na história. Ele estava em Susã, no palácio persa, servindo como copeiro do rei.

Ted: Copeiro?.

Junior: É. Neemias servia bebidas para o rei, e foi nesse trabalho que ele soube que as muralhas de Jerusalém estavam destruídas, isso o deixou muito triste.

Ted: E o que ele fez?

Michelle: Orou a Deus e tomou coragem para falar com o rei. Ele estava tão triste que o rei notou e perguntou o que estava acontecendo. Neemias pediu permissão para ir a Jerusalém reconstruir as muralhas.

Junior: Ei! E o rei deixou e ainda ajudou! Deu cartas para Neemias passar pelas províncias com segurança e conseguir materiais para a reconstrução.

Ted: Top! Ele foi super corajoso ao falar disso com o rei!

Michelle: Sem dúvidas. Quando Neemias chegou a Jerusalém, inspecionou as muralhas à noite e não contou a quase ninguém sobre seus planos, porque sabia que não podia confiar em todo mundo.

Junior: Ele começou a organizar o trabalho e a liderar as pessoas. Mesmo que alguns tentassem desanimá-lo, ele disse a todos que a mão de Deus estava com ele e que eles não deveriam ter medo.

Ted: Neemias deve ter sido um líder top. Ele sabia como manter todos juntos e fazer com que acreditassem que tudo daria certo.

Michelle: É verdade, essa é uma boa lição sobre como superar os desafios que aparecem em nossa vida confiando em Deus.

ORAÇÃO

Querido Deus, dá-me coragem para enfrentar desafios e ajudar as pessoas que eu amo a enfrentarem também. Eu sei que, com a tua ajuda, posso todas as coisas, conforme a tua vontade.

O tempo correu só um pouco.

Ted: Gente, por que há vários homens armados em volta dos muros?

Ana: Será que tem algum problema na construção?

Michelle: Acertou, amiga! Neemias e o povo que estava reconstruindo os muros tiveram que enfrentar umas pessoas ruins. Sambalate, Tobias e outros inimigos começaram a zombar deles e até planejaram ataques para parar a reconstrução.

Ana: Tenso! O que Neemias fez?

Junior: Neemias foi muito esperto. Ele orou e organizou os trabalhadores para que metade deles trabalhasse enquanto a outra metade vigiava, armada com lanças, escudos e tudo mais.

Ted: Assim que eu gosto! Já sou fã de Neemias!

Ana: Sabemos que você gosta de uma luta, Ted! Mas, gente... essa estratégia funcionou?

Junior: Sim, Neemias manteve todos animados e vigilantes. Ele disse algo como: "Não tenham medo. Lembrem-se do Senhor, que é grande e temível, e lutem por suas famílias, seus filhos, suas filhas, suas esposas e suas casas".

Ted: Por isso eu já falei e vou repetir: Neemias deve ter sido um líder muito top! Isso com certeza deu uma baita força para as pessoas!

Michelle: Deu mesmo, Ted. E, com isso, os inimigos perceberam que Deus estava com eles e que seus planos haviam sido descobertos, o que fez com que desistissem do ataque.

PARA REFLETIR:

Pense em um momento em que você teve de lidar com uma situação difícil enquanto mantinha suas responsabilidades e afazeres. Como você administrou essa pressão? Foi difícil? Saiba que Deus está no controle de tudo. Peça a ele para ajudar você a ter sabedoria para lidar com suas responsabilidades.

café com Deus Pai TEENS

Os amigos conversam mais sobre Neemias.

Michelle: Vocês sabiam que, além de ajudar a reconstruir as muralhas, Neemias enfrentou um grande problema da sociedade?

Ted: É mesmo? Viram como ele era um líder muito top?

Michelle: Sim. Alguns dos judeus mais ricos de Jerusalém estavam cobrando juros altos dos mais pobres. Por agir dessa maneira, muitas pessoas que não tinham quase nenhum dinheiro estavam perdendo suas terras e até vendendo seus filhos como escravos para pagar as dívidas.

Ted: Misericredo! O que Neemias fez sobre isso?

Junior: Ele ficou muito bravo, irritadíssimo, quando soube disso e convocou uma grande reunião para confrontar essas pessoas sobre a injustiça que estavam cometendo contra seu próprio povo.

Ted: Onde já se viu se aproveitar da pobreza do próximo!?

Michelle: E tem mais. Neemias fez com que prometessem parar de cobrar esses juros e também que iriam devolver as terras e o dinheiro. Foi sen-sa-ci-o-nal!

Ana: Uau, que demais! Neemias foi realmente alguém que inspira.

Junior: E o mais impressionante é que Neemias também liderou pelo exemplo. Ele se tornou governador e poderia ter exigido impostos e serviços do povo, mas não fez isso. Pelo contrário, até usou recursos do próprio bolso para alimentar 150 pessoas em sua mesa sem cobrar nada a mais do povo.

Michelle: Isso mostra que ele realmente se importava com as pessoas e que estava sob a direção de Deus!

DESAFIO

Pense se tem alguém ao seu redor que esteja sendo tratado de forma injusta. O que você pode fazer para ajudar? Reflita bem em suas atitudes e peça ajuda a quem você confia para lhe aconselhar.

Os amigos adentram um novo portal aberto pela xícara e caem dentro do palácio persa, onde uma linda jovem com uma coroa está diante do rei.

Michelle olha ao redor: Uhm, acho que é Ester! Uau, que linda!

Ted: Quem é ela?

Michelle: Esta história aconteceu um pouco antes das de Esdras e de Neemias.

Junior: Foi assim: Ester foi escolhida para fazer parte do grupo de mulheres que seriam apresentadas ao rei, para que ele pudesse escolher uma esposa. Ela teve que passar por um ano de tratamentos de beleza!

Ted: Misericredo! E eu achava que minha mãe demorava para se arrumar!

Ana: Mas valeu muuuito a pena! Ester impressionou o rei e foi a escolhida. Mas ela não contou que era judia, seguindo o conselho de seu primo, Mardoqueu.

Ted: Parece até história de filme. E qual é a desse Mardoqueu?

Junior: Mardoqueu é muito importante. Esse primo de Ester a criou como filha depois que os pais dela morreram. Certo dia, ele descobriu uma conspiração para assassinar o rei, e, por meio de Ester, conseguiu alertar e salvar o rei.

Ted: Então ele é tipo um herói!

Michelle: É, mas quando tem herói também tem vilão. Era Hamã, que tinha uma posição de alto poder e exigiu que todos no reino se ajoelhassem perante ele, mas Mardoqueu se recusou, porque só se ajoelharia perante Deus.

Ana: Hamã ficou furioso! E é aí que a história esquenta!

PARA REFLETIR:

Mardoqueu vivia em terra estrangeira, mas não se esqueceu de suas origens e dos mandamentos de Deus. Nós também vivemos em terra estrangeira, pois nosso verdadeiro lar é o céu. Será que você se parece mais com um morador do mundo ou do céu?

café com Deus Pai TEENS

Ana continuou: Hamã ficou tão furioso que convenceu o rei a emitir um decreto que ameaçava destruir todos os judeus. Mardoqueu foi falar com Ester, porque, afinal, ela também era judia.

Ted: E o que ela fez?

Michelle: Ester foi muuuuito corajosa. Ela decidiu arriscar a própria vida indo ao rei sem ser chamada, o que poderia ter resultado EM grandes problemas. Mas, antes de agir, ela pediu a Mardoqueu que organizasse um jejum entre os judeus por três dias.

Ana: Ela pensou em tudo! E só foi falar com o rei depois disso.

Junior: Ei! Ester se vestiu com suas melhores roupas e foi até o rei, que a recebeu com a ponta do cetro de ouro, o que significava que ela estava segura. Ela convidou o rei e Hamã para um banquete.

Ted: O povo todo podia ficar em apuros, e ela fez um BANQUETE? Sério mesmo?

Michelle: Ah, mas esse foi só o começo. Durante o banquete, o rei perguntou a Ester o que ela desejava e podia ser qual-quer coisa! Muito esperta, ela os convidou para outro banquete. Só aí ela revelou sua origem judia e denunciou Hamã ao rei.

Junior: Ele se enfureceu e saiu para pensar. Enquanto isso, Hamã ficou tão desesperado que decidiu implorar por sua vida. Quando o rei voltou, pensou que Hamã estava atacando a rainha.

Michelle: Aí, o rei destituiu Hamã, e Mardoqueu foi promovido a uma posição de alto poder no reino. E Ester conseguiu a permissão do rei para que os judeus se defendessem.

Ted: Top! Ester salvou o povo!

Junior: Sim, Ted. E também nos mostrou a importância de nos posicionarmos, mesmo quando a situação parece desesperadora!

ORAÇÃO

Deus, ajuda-me a ser corajoso para enfrentar todos os desafios que aparecerem em minha vida e sábio para agir de acordo com a tua vontade. Em nome de Jesus, amém.

Os amigos começam a caminhar e deparam com um portal da xícara. Eles entram e chegam a outro cenário.

Ana: Uhm... deixe-me ver... aquele homem ali, cheio de feridas e sozinho. É Jó, não é?

Ted: Jó?

Michelle: Ele era um homem muito rico e temente a Deus. Tinha uma família grande e muitos animais, também era conhecido por ser bondoso e justo.

Ana: Aquela vida perfeitinha! Acho suuuperestranho Deus ter deixado coisas ruins acontecerem com ele!

Junior: Deus sabia que Jó era fiel, mas o Inimigo desafiou o Senhor e disse que Jó só era fiel porque era muito abençoado.

Ted: Ah, fala sério!

Michelle: Pior que é, Ted, mas foi um teste de relacionamento. Deus permitiu que o Inimigo tirasse tudo de Jó, exceto sua vida, para mostrar que a fé desse homem não dependia das posses nem da saúde.

Junior: Tem muita gente que diz amar a Deus e ser fiel a ele, mas, quando as coisas começam a dar errado, se voltam contra ele! Nós precisamos adorar a Deus independentemente das circunstâncias, devemos amá-lo por quem ele é!

Ana: Profundo! Você tem toooda razão, Junior.

Ted: E como foi o teste de Jó?

Junior: Primeiro, ele perdeu TU-DO: seus animais foram roubados, um vento forte derrubou a casa e perdeu seus filhos .

Ted: Trágico! Nem assim ele ficou amargurado com Deus?

DESAFIO

Pense em como você reage quando algo dá errado ou quando não recebe uma bênção que deseja muito. Nesses momentos, você consegue adorar a Deus por quem ele é, e não só pelo que ele faz?

30/05
JÓ 2.11-13

café com Deus Pai TEENS

Enquanto Jó chora e coça suas feridas, os amigos observam três homens chegarem e se sentarem ao seu lado.

Ted: E agora, quem são aqueles homens?

Michelle: São os amigos de Jó, Ted! Eles vieram para consolá-lo e para mostrar solidariedade.

Ana: Parece até fofinho que ele não tenha ficado sozinho em meio a tanta dor, só que não!

Ted: Eles vão aprontar alguma com o pobre do Jó?

Junior: Por sete dias, eles consolam Jó, mas, depois, começam a criticá-lo e condená-lo. Argumentam que Jó está sofrendo um castigo justo por algum pecado cometido. Enquanto é acusado, Jó afirma ser inocente.

Michelle: A verdade é que os amigos de Jó estavam tentando dar uma resposta simples a algo muito complexo! Achavam que Deus recompensava cada pessoa por seus atos: quem fazia o bem não viveria tragédias.

Ted: Complicado. Eu não entendo muito bem esse assunto.

Junior: Ted, nós sabemos que Deus é bom e justo. Também sabemos que coisas ruins podem acontecer com pessoas fiéis ao Senhor, porque vivemos em um mundo tomado pelo pecado e pelo mal!. A vida tem dessas, sabe? Existem questões muito complexas que nós não conseguimos entender totalmente, e não tem respostas simples. Tem um tantão de coisas que só vamos saber na vida eterna.

Ana: É verdade. Jesus nos disse que neste mundo teríamos aflições. Deus não prometeu que teríamos apenas vitórias, não é? O que ele nos prometeu foi estar conosco!

Michelle: Exatamente, amiga. A reação de Jó a toda tragédia que viveu foi dizer: "Louvado seja o nome do Senhor!".

ORAÇÃO

Pai, quero ser como Jó e te louvar mesmo quando eu não entender o motivo das coisas. Ajuda-me a confiar em ti acima das situações ruins, porque tu sempre estás comigo. Agradeço por teu amor eterno. Amém!

JÓ 38.4; 42.5

Ted questiona: E agora? Jó vai de arrasta pra cima?

Michelle: Não! Jó permaneceu firme até o fim, mas declarou sua inocência e questionou a justiça divina. Então, Deus ensinou a ele uma grande lição de humildade ao perguntar: "Onde você estava quando lancei os alicerces da terra? Responda-me, já que você sabe tanto".

Ted: Eita, depois dessa, nem sei como eu reagiria. Ele deve ter se sentido um grãozinho de areia no meio do mar!

Michelle: Também acho! Jó reconheceu que não tinha direito de questionar a Deus e demonstrou arrependimento. O mais impressionante é que, depois de passar por tudo isso, Jó declarou a Deus: "Eu te conhecia de ouvir falar, mas agora os meus olhos te veem." Isso é muito poderoso!

Ana: Tipo, como se ele dissesse que, apesar de tudo de mau, ele conseguiu ficar mais próximo e ter relacionamento mais pessoal do que antes, ciente de quão pequeno ele é em comparação a Deus.

Junior: Disse tudo! Às vezes, não entendemos por que coisas ruins acontecem com a gente. Ainda assim, devemos permanecer fiéis. Sabemos que existe um propósito para todas as coisas, e Deus está no controle de tudo.

Num piscar de olhos, os amigos se surpreendem porque a xícara os levou para outra cena. Jó está restaurado e saudável, em uma linda casa, com muitos filhos à mesa.

Michelle: Olhem só isso! Tudo o que Jó perdeu foi restaurado em dobro, porque o Senhor reconheceu a fidelidade de Jó e o abençoou.

ORAÇÃO

Deus Pai, ajuda-me a ver tua mão em todas as situações. Quero enxergar tua grandeza e me submeter à tua vontade sem me queixar. Obrigado por seres bom e abençoares teus filhos! Em nome de Jesus, oro, amém.

café com Deus pai TEENS
A SABEDORIA DE
DEUS
ABRE PORTAS

JUNHO

café com Deus pai TEENS

AH, OS ESPORTES! ACHOU QUE EU IA ME ESQUECER?

Nosso corpo foi criado para se movimentar. O movimento é um dos fatores que contribuem para nossa saúde.

Que tal se exercitar **3 VEZES** por semana este mês?

SEMANA			
1	☐	☐	☐
2	☐	☐	☐
3	☐	☐	☐
4	☐	☐	☐

No final do mês, conte à sua família como você tem se sentido em relação a esse desafio!

Ao atravessar um novo portal da xícara, os amigos chegam ao reino do norte e observam um profeta.

Michelle: Acho que, desta vez, a xícara nos trouxe ao passado, porque parece que estamos em Israel, antes do exílio da Assíria.

Junior: É mesmo! Aquele ali parece ser o profeta Oseias, um dos profetas menores.

Ted: Eita! E por que é que a gente voltou ao passado de novo?

Michelle: A Bíblia é composta por diferentes tipos de livros, Ted. Por exemplo, no Antigo Testamento, temos o pentateuco, aqueles cinco primeiros. Depois, os históricos, de Josué a Ester; livros de poesia e sabedoria, de Jó a Cântico dos cânticos; e livros de profetas. Nós já vimos alguns dos que são conhecidos como "profetas maiores", e agora vamos ver os "menores".

Junior: Os menores têm esse nome por causa do tamanho dos livros.

Ana: Eeee os profetas menores viveram em diferentes épocas, alguns antes do exílio, outros durante ou depois. Eles também eram de reinos diferentes. Apesar de terem várias diferenças, todos colocaram sua vida em risco para chamar o povo a se arrepender e para falar do amor de Deus!

Michelle: Que orgulho, amiga! Você explicou muito bem. Algo importante sobre a história que vamos conhecer agora é que ela aconteceu no reino do norte, enquanto Jeroboão era rei.

Junior: É muito importante que a gente conheça a Bíblia e saiba o propósito de cada livro, vocês não acham? Assim, nós podemos conhecer um pouco mais de Deus e de como ele quer que a gente viva!

Ted: Tem razão! E estou animado para conhecer a história de Oseias.

DESAFIO

Agora que você já sabe que a Palavra é dividida em vários gêneros literários, pegue o seu exemplar da Bíblia e preste atenção nos nomes dos livros que compõem o Antigo Testamento. Será que você consegue decorar a ordem deles?

café com Deus Pai TEENS

Depois de seguir Oseias até sua casa, os amigos observam pela janela o profeta orar, enquanto sua esposa está longe dele, observando-o com os braços cruzados.

Michelle: Oseias teve uma vida bem difícil. Deus pediu a ele algo diferente. O profeta deveria se casar com Gômer, aquela mulher ali, mas ela não é uma pessoa de bom caráter, e ele sabe disso.

Ted: Misericredo! E por que Deus pediu que ele se casasse com uma mulher que não é fiel a ele?

Junior: Deus está usando a vida de Oseias para mostrar algo maior. A infidelidade de Gômer representa como o povo de Israel está sendo infiel a Deus, porque adoram outros deuses e esquecem-se de quem cuidava deles. Vocês já sabem que essa rebeldia vai resultar no exílio.

Ana: Que triste isso, não é?! Mas também mostra como Deus queria que eles entendessem o amor dele, certo?

Ted: Deus sempre tem um bom motivo para seguirmos suas ordens.

Michelle: É verdade. Deus disse a Oseias que ele deveria amar a sua esposa vez após vez, mesmo quando ela errava, assim como o Senhor fazia com Israel. O amor de Deus é algo realmente difícil de compreender, ele ultrapassa o nosso pecado.

Ana se emociona e seca uma lágrima do canto dos olhos. Ao verem isso, todos os amigos a abraçam.

Ana: Que coisa mais linda! Eu sou feliz demais por ser filha de um Deus tão amoroso. Esse amor dele por nós é simplesmente a coisa mais maravilhosa do mundo todo!

ORAÇÃO

Querido Deus, tu és tão bom e misericordioso! Obrigado por não desistir de mim, mesmo quando sou infiel a ti e escolho pecar, como Israel. Ajuda-me a escolher os teus caminhos sempre.

Oseias sai de casa, e os amigos o seguem até um local onde ele fala ao povo, chamando-os a se arrependerem de seus pecados.

Junior: Ei! Oseias profetizou um montão coisas, desde quando Jeroboão II era rei, até o reinado de Oseias, que foi o último rei do reino do norte. No período em que estamos agora, o reinado de Jeroboão II, o povo está vivendo com prosperidade e estabilidade, mas não por muito tempo, e Oseias está avisando isso às pessoas.

Ana: O que ele está dizendo? Não consigo ouvir daqui.

Junior: Ele diz que Israel deve voltar a confiar em Deus e abandonar todos os ídolos. Oseias afirma que, se eles se voltarem ao Senhor, serão perdoados. E as acusações dele não são só a respeito do povo, mas também dos líderes, porque eles também estavam distantes de Deus.

Ted: Então, é como se Deus estivesse sempre de braços abertos, esperando a gente voltar, não é?

Michelle: Sim, e o profeta diz que os caminhos de Deus são retos, e que os justos andarão por eles, enquanto os rebeldes tropeçarão neles. O livro de Oseias termina com uma promessa de restauração futura , afinal, o exílio não foi o fim da história.

Ted: Acho que essa até eu sei: Deus ainda tinha muita coisa boa preparada para eles!

Ana: Olha eleeeeee!

Todos aplaudem e Ted fica vermelho de vergonha! Enquanto conversam, a xícara abre um portal ao lado dos amigos

Ana: É hora de conhecer mais um profeta! Vamos lá!

PARA REFLETIR:

Pense em algo de errado que você tem feito e que sabe que não é o melhor caminho. Converse com Deus sobre isso e peça ajuda para mudar. Só ele pode mudar a nossa vida e nos ajudar a ser melhor a cada dia.

JOEL 1; 2.1-17

café com Deus Pai TEENS

Quando caem, os amigos enxergam muitos gafanhotos pelo chão e voando ao redor deles. Desesperados, rapidamente eles correm para um local fechado, onde encontram o profeta Joel, que fala a um grupo de pessoas.

Ana: Creeeedo! Achei que eu fosse ser devorada por aquele mundaréu de gafanhotos! Ainda consigo sentir eles passando por cima dos meus pés! Ecaaaa!

Ted: Nem um pouco dramática, graças a Deus!

Os amigos riem da ironia de Ted.

Junior: Ei! Mas até parece mesmo a história de uma das pragas do Egito.

Michelle: Pois é, não é? Mas agora estamos diante de Joel, um profeta do reino do sul. Nessa época, uma terrível praga de gafanhotos quase destrói tudo no reino. Eles estão comendo hortas, plantações de cereais, árvores frutíferas e até o pasto dos animais. Tipo, não vai sobrar nem um matinho verde! Nadinha mesmo!

Junior: Joel diz que essa era a forma de o povo ver que eles precisavam voltar para Deus. Em tempos de grande crise como este, geralmente as pessoas têm uma reação de duas possíveis: ou se voltam para Deus e buscam refúgio nele, ou se voltam contra Deus e o culpam pelo que está acontecendo. Chegou a hora de o povo de Judá decidir o que fazer.

Michelle: Joel está pedindo a todos, dos mais velhos aos mais novos, que se reúnam em oração e jejum para pedir a Deus que tenha misericórdia.

ORAÇÃO

Senhor, ajuda-me a me lembrar de buscar a tua presença em todos os momentos, tanto nos bons como nos ruins. Dá-me coragem para pedir ajuda quando precisar e sabedoria para ouvir teus ensinamentos, assim como os ensinamentos daqueles que me amam e querem me ver bem. Amém.

Michelle continua a explicação: Assim como Oseias, Joel também traz uma mensagem de esperança ao povo. Deus mostra aos judeus, por meio de Joel, o que acontecerá se eles se arrependerem de verdade e o buscarem.

Junior: Exatamente, Michelle. O Senhor promete enviar grãos, vinho novo e muito azeite, para compensar os anos de sustento que os gafanhotos destruíram, além de eliminar os exércitos invasores do norte, no caso, a Babilônia.

Michelle: E tem mais! Joel também profetiza sobre algo maior que acontecerá no futuro: o dia do Senhor, quando ele viria e derramaria seu Espírito sobre todas as pessoas. Nesse tempo, Deus realizaria sinais e maravilhas diante dos homens. Sabe o que é incrível? Segundo Atos 2.16-21, livro que narra o que aconteceu depois da morte de Jesus, no Novo Testamento, essa promessa se cumpriu!

Ana: Para tudoooo! Isso quer dizer que Deus ainda não tinha derramado seu Espírito? Eu nuuuuunca tinha pensado nisso!

Junior: Antes de Jesus, no tempo em que estamos, a dádiva do Espírito Santo é concedida só a algumas pessoas, para realizarem tarefas específicas, tipo quando Sansão usou sua superforça, lembra? Mas está chegando o dia do tempo bíblico em que o Espírito será derramado sobre todo o povo!

Michelle: E não só isso. Joel também profetizou que "Todo aquele que invocar o nome do Senhor será salvo".

Ted: Top! Muito top!

ORAÇÃO

Deus Pai, obrigado por sempre me dar a chance de começar de novo e de derramar o seu Espírito sobre mim. Ajude-me a reconhecer meus erros e a buscar a tua presença em todos os momentos. Amém.

café com Deus Pai TEENS

Os amigos entram em um portal da xícara e chegam a um santuário de Betel, no reino do norte. Lá, encontram Amós pregando ao povo.

Ana: Olhem! Outro profeta. Quem será ele?

Michelle: Ah, esse é Amós! Deus o chamou para falar ao povo de Israel da justiça e honestidade.

Ted: Ele não parece nada feliz. E o povo, então, piorou! O que ele está dizendo que deixa todo mundo assim?

Junior: Ei! Todo mundo está assim porque Amós está denunciando a injustiça e a corrupção do povo. Ele diz que adorar a Deus não significa nada se eles não viverem com justiça.

Michelle: É isso! Amós diz que Deus quer que a justiça corra como água, e a retidão como um rio que nunca seca.

Ted: Parece que Amós está tentando fazer o povo acordar para a vida!

Michelle: Sim, amigo. Ele fala que não adianta apenas oferecer sacrifícios e cantar louvores se as ações do dia a dia são injustas e não louvam a Deus. Acaba não valendo de nada!

Junior: E isso faz total sentido. Ser justo nas pequenas coisas é tão importante como nas grandes. Como quando ajudamos alguém que está sendo deixado de lado ou quando nos posicionamos por algo correto na escola ou em qualquer outro lugar.

Ana: Bem que a gente pode tentar viver dessa maneira quando voltarmos para casa? Se virmos qualquer coisa errada, por menor que seja, devemos procurar ajuda. Precisamos ser justos e honestos em tudo!

Todos concordam e apoiam a ideia de Ana.

DESAFIO

Aja com justiça nas pequenas ações do dia e busque fazer a diferença de maneira prática e significativa na vida de alguém. Depois, escreva tudo o que fez, quem ajudou e como você se sentiu.

Enquanto conversam, Michelle percebe algo:

Michelle: Ouçam aqui! Amós está falando de como Deus vai levantar a tenda caída de Davi. Essa é outra promessa do Senhor de que as coisas ruins têm fim e de que Israel será reconstruído.

Ana: É, Mi. E não é só sobre reconstruir coisas que foram destruídas, ele fala também que as pessoas vão desfrutar das riquezas das vinhas e dos jardins. Parece que tudo vai melhorar em algum momento!

Ted: Cara, isso é superinteressante! Mesmo depois de tanto sofrimento, Deus ainda tem planos de paz e prosperidade para o povo de Israel. Isso me faz pensar em como a paciência e a fé são importantes.

Junior: Verdade, Ted. Amós fala de plantar e colher como símbolos de uma vida nova. Ele está ensinando ao povo que, mesmo nos piores momentos, jamais devemos perder a esperança. É como acontece lá na minha casa: sei que Deus vai agir e transformar nossa família.

Ted: Vai mesmo, Junior! Amós deixou uma lição para a gente também, não é? Mesmo que os problemas cheguem, podemos olhar para o futuro com esperança, porque temos um Deus que cuida do nosso futuro.

Junior: Isso mesmo! E essa parte da Bíblia nos ajuda a entender que não importa o tamanho da dificuldade do momento, sempre há promessas de dias melhores se continuarmos acreditando e confiando no Senhor.

Ana: Deus é muito generoso!

DESAFIO

Crie um mural da esperança. Escreva uma mensagem positiva ou desenhe um objetivo para o futuro. Faça isso por pelo menos uma semana, depois, leia tudo e ore sobre isso. Você tem um Deus que sempre prepara dias bons para o seu futuro. Apenas continue a confiar!

Café com Deus Pai TEENS

Os amigos voltam a Jerusalém, no reino do sul, por um portal da xícara, e percebem que a cidade foi destruída pelos babilônios.

Ana: Pessoal, que triste ver Jerusalém assim!

Michelle: Demais!

Junior: Este é o tempo de Obadias, o profeta do livro mais curto do Antigo Testamento, com apenas um capítulo!

Ted: Sério? E ele conseguiu passar a mensagem de Deus assim?

Michelle: Siiim! Ele fala principalmente de como os edomitas em vez de ajudar o povo de Judá durante o ataque da Babilônia, só os prejudicou. Os edomitas são descendentes de Esaú, irmão de Jacó e vivem em Edom. Lembram dele?

Os amigos assentem com a cabeça.

Junior: Os edomitas se alegraram com o exílio dos judeus e ainda tentaram enriquecer com isso, apoiando a Babilônia.

Ted: Que vacilo! Eles eram tipo parentes, como fizeram isso? Mesmo que não fossem! Isso é inaceitável!

Junior: Pois é! E Obadias avisa que, por essas atitudes ruins, os edomitas também vão passar por momentos difíceis. Deus é justo e os responsabilizará por seus atos.

Ted: Obadias, então, nos ensina sobre justiça e sobre como tratar os outros?

Michelle: Ééé! Ele deixa bem claro que não devemos nos aproveitar dos momentos ruins dos outros. Nós erramos não só quando nos envolvemos com algo errado, mas também quando vemos uma injustiça e não fazemos nada!

Ana: Igual na escola, não é? Quando o Junior ou eu éramos zoados, a Michelle sempre ajudava, mas um monte de gente ficava quieta. Não é legal!

Junior: Hoje nós também ajudamos nossos colegas porque aprendemos a lição!

ORAÇÃO

Querido Deus, quero ajudar as pessoas em sofrimento e refletir o teu amor para elas. Ajuda-me a ser bondoso, a consolar os inocentes e a combater injustiças, quando necessário. Amém.

Ted tem uma dúvida.

Ted: E como termina o livro de Obadias?

Ana: Obadias fala que vai haver justiça. Apesar de o povo de Edom ter sido omisso e ter se aproveitado de Judá, Deus nos mostra que ninguém fica impune para sempre. A justiça sempre chega!

Michelle: É verdade! Cedo ou tarde, sempre chega! Pode ser assustador para quem faz o mal, mas muito reconfortante para quem é injustiçado ou oprimido.

Ana: E Obadias também fala da restauração de Israel, tanto do reino do sul como do reino do norte. Ele profetiza que eles retornarão do exílio, e os que forem resgatados "subirão ao monte Sião, em Jerusalém, para governar sobre os montes de Edom; e o reino será do Senhor"!

Ted: Então, isso significa que a gente também tem o dever de trazer paz e justiça aos ambientes que frequentamos.

Junior: Boa, Ted!

Ted: Se a gente começar com pequenas atitudes, podemos ajudar nossos colegas e ser justos em tudo o que fizermos. Só fico pensando em como podemos fazer nossas escolhas?

Junior: Eu gosto dessa ideia, Ted. Vamos mostrar respeito e bondade na escola e em outros lugares ao ajudar quem precisa sem esperar nada em troca.

Ana: Eu ameeeeeei essa ideia!

Michelle: Eu também amei, gente! Vai ser especial demais começar a ajudar as pessoas e ver a reação de cada uma delas. Não vejo a hora!

ORAÇÃO

Querido Deus, ajuda-me a ser bom e justo com todos que estão ao meu redor. Que eu me lembre sempre de que as minhas ações refletem o brilho do teu Santo Espírito. Quero sempre te honrar, em nome de Jesus. Amém.

Café com Deus Pai TEENS

Os amigos entram num novo portal aberto pela xícara e chegam ao porto de Jope, em Israel, antes do exílio. Ouvem o barulho do mar, veem um homem entrar em um navio e o seguem, escondem-se atrás de barris.

Junior: Acho que é o profeta Jonas. Viram como ele entrou correndo?

Ted: Parece que está fugindo.

Junior: E está! Deus o mandou ir a Nínive, na Assíria. Em vez disso, ele está indo para Társis.

Michelle: Nínive deve ser assustador, ainda mais porque sabemos o que a Assíria vai fazer no futuro. Jonas fugiu porque Deus queria salvar aquele povo. Só que a Assíria era inimiga de Israel, então o profeta ficou furioso com a possibilidade de Deus ter tido misericórdia do povo de Nínive.

Junior: Uma mega tempestade se formando! O navio está balançando.

Ana: Eu já... estou com... vontade... de vomitar.

Michelle tenta se segurar: É por isso que minha mããããe diz que temos de obedecer a Deus. Fugir dos problemas não os faz desaparecer.

Ted: E agora? Eles estão desesperados! - **ele se desequilibra** - Difiiiicil eles se salvarem. As ondas são imeeeeeensas!

PARA REFLETIR:

Pense em uma situação em que você tentou fugir de uma responsabilidade. Qual foi a consequência? Como foi lidar com essa situação?

Junior: Ooooooo, Jonas sabe que é culpa dele - **diz, tentando se equilibrar**. - Parece que ele está conversaaando com os marinheiros. Segundo a Bíblia, ele falooou para os homens o jogarem na água, assim o restante do grupo se salvaria.

Ted: Meu Deus! - **ele quase cai** - Jogá-lo no mar, no meeeio da tempestade?

Michelle senta-se: Eles não querem jogar Joonas, mas entendem que, se não fizerem iiiisso, ninguém sobreviverá.

Os homens fazem uma breve oração, pedem perdão a Deus e jogam Jonas no mar.

Assim que Jonas cai no mar, as ondas começam a diminuir a tal ponto de o barco ficar totalmente estável.

Ted: Meu Deus, ainda não estou acreditando que jogaram Jonas no mar.

Junior: Ei! E a tempestade PA-ROU!

Ana: Sur-re-al!

Ted: Ainda bem. Mas e Jonas? O que aconteceu com ele? No mínimo, virou lanchinho de tubarão! Certeza!

Michelle: Quase isso, Ted! Não foi um tubarão, não. Ele foi engolido por um grande peixe.

Ted: Tipo uma baleia? Porque as baleias são gigantes!

Junior: Tipo isso! Na verdade, a Bíblia não informa se foi uma baleia ou outro animal, só diz que foi um grande peixe. Jonas vai ficar na barriga do peixão durante três dias e três noites.

Michelle: Eu morreria de medo! Imagina ficar dentro de um peixe!

Ana: Mas será que isso é possível mesmo?

Michelle: Se é possível, eu não sei. Só sei que aconteceu!

Ted: Mas ele está lá porque fugiu de Deus, não é?

Ana: Isso mesmo: tinha um propósito. Ele tentou se esconder, mas não é possível fugir de Deus. Agora ele está lá, orando.

Michelle: Eu me lembro de uma parte da oração de Jonas: "Mas eu, com um cântico de gratidão, oferecerei sacrifício a ti. O que prometi, cumprirei totalmente. A salvação vem do Senhor".

Ted: Então, ele se comprometeu a finalmente fazer o que Deus mandou.

Michelle: Até que enfim!

Ted: Mas Deus aceitou a oração dele? O que aconteceu depois?

Michelle e Junior se entreolham, sorrindo.

ORAÇÃO

Deus Pai, ajuda-me a me lembrar de que nunca estou sozinho, nem mesmo nos momentos mais difíceis. Que eu possa sempre ter a certeza de que estás comigo. Oro em nome de Jesus, amém.

A xícara abre um portal no mar. Os amigos olham uns para os outros e, apesar do medo, dão as mãos, fecham os olhos, contam até três e pulam. Quando terminam de cair, não estão molhados, mas numa praia, onde veem Jonas deitado na areia.

Junior: Olha lá, Ted, a resposta para a sua pergunta. Deus deu ordens ao peixe e ele vomitou Jonas em terra firme!

Ted: Uau! Deus realmente ouviu a oração dele.

Ana: É um alívio meio nojento, mas é um alívio!

Ted: Ele vai a Nínive, certo? Espero que ele não pense em fugir de novo depois de passar o que passou e até ser engolido por um peixe gigantão.

Michelle: Jonas vai pregar para Nínive e, por incrível que pareça, todos vão se arrepender! A questão é que Jonas vai ficar muito revoltado, porque tem raiva daquelas pessoas. Mas Deus vai discipliná-lo por meio do rápido crescimento e morte de uma planta que fará sombra para Jonas no calor intenso.

Junior: Aí, o livro de Jonas termina com uma pergunta de Deus a ele: "Você tem pena dessa planta, embora não a tenha podado nem a tenha feito crescer. [...] Não deveria eu ter pena desta grande cidade?"

Ted: É impressionante como Deus dá segundas chances, não só para Jonas, mas para uma cidade inteira!

Michelle: Essa história me ensina que não importa o que fizemos no passado, sempre dá para recomeçar e se arrepender, porque Deus é cheio de amor e misericórdia. Ele está sempre pronto para perdoar!

DESAFIO

Pense em uma situação em que você precisou de uma segunda chance ou teve que perdoar alguém. Como você se sentiu?

café com Deus Pai TEENS

Depois de viajarem por um portal aberto pela xícara, os amigos observam mais um profeta falar ao povo.

Michelle: Acho que agora a xícara nos trouxe para o tempo do profeta Miqueias. Ele profetizou enquanto Jotão, Acaz e Ezequias eram reis de Judá.

Ted: E do que ele falava?

Michelle: Ele falava muito da justiça e de como as pessoas deveriam tratar umas às outras com justiça. Especialmente os líderes e ricos que não cuidavam dos pobres. Ele também pregava tanto para Samaria como para Jerusalém.

Ana: Isso me lembra um pouco do que vimos com o profeta Amós.

Junior: Ei! Ouçam o que ele está pregando: "Ai daqueles que planejam maldade, dos que tramam o mal na cama!" Forte!

Michelle: Ele quer mostrar às pessoas que a posição social não pode ser um meio de prejudicar os menos favorecidos. O comportamento de todos precisa mudar, ou haverá destruição. Nós já sabemos que a falta de arrependimento das pessoas vai resultar no exílio.

Junior: Miqueias também dá esperança ao povo.

Ted: Que tipo de esperança?

Michelle: Ele profetiza que um dia surgirá um líder de Belém que governará Israel.

Ana: Uhmmm, isso está parecendo uma profecia sobre Jesus! É tão interessante ver como Deus, nessa época, já mostrava aos profetas que estava preparando todos os detalhes para Jesus vir ao mundo. Mesmo que ainda faltasse muito, a gente sabe que a profecia vai se cumprir!

ORAÇÃO

Paizinho querido, ajuda-me a ser justo e a tratar todos com igualdade e amor. Que eu possa aprender teus ensinamentos e praticá-los por toda a minha vida. Amém.

café com Deus Pai TEENS

Ted tem uma dúvida: E o que mais? O povo deu ouvidos a ele?

Michelle: Preste atenção no que Miqueias diz agora: "Ele mostrou a você, ó homem, o que é bom e o que o Senhor exige de você: pratique a justiça, ame a lealdade e ande humildemente com o seu Deus."

Ana: Mais direto que isso, impossível!

Ted: E andar humildemente com Deus significa não nos acharmos melhores que os outros só porque agimos corretamente, é isso?

Michelle: Siiim! Miqueias ainda critica as pessoas por apenas oferecerem sacrifícios sem mudança real de vida. As ações e o coração das pessoas devem estar alinhados com a justiça e a bondade.

Ted: Isso me faz pensar que às vezes podemos fazer coisas boas só para os outros verem, não para apenas ajudar. Um monte de gente faz uma boa ação e posta só para ter likes. Agora descobri que é errado!

Junior: É isso, Ted! Todos nós podemos melhorar. Como poderemos mostrar misericórdia?

Michelle: Podemos começar com coisas simples, como ajudar alguém na escola, na rua, ou até mesmo em casa.

Ted: Semana passada, vi uma senhora carregar uma sacola bem pesada e fui ajudá-la. Eu me senti uma pessoa boa ao fazer isso.

Ana: Muito bom. Mas nada de ficar se gabando depois, tipo, contando vantagem, sabe?

Ted: Contar para vocês foi errado?

Ana: Pode contar, sim. Isso ajuda as pessoas a desejarem fazer o bem e a serem justas. Não pode é dizer que você é o melhorzão porque fez algo de bom.

DESAFIO

Tente fazer um ato de bondade hoje. Pode ser algo pequeno, como compartilhar seu lanche ou ajudar um colega com a lição de casa. O importante é fazer o bem e ser justo.

Ted: Ah, entendi! Bom, então vou sempre falar, mas com cuidado para não me exibir.

Agora o portal aberto pela xícara leva os amigos até Judá, perto de um homem ajoelhado dentro de sua casa, orando e tendo uma visão.

Junior: Galera, esse deve ser Naum. Se estamos em sua história, Israel, o reino do norte, já foi exilado. Agora a Assíria também está tentando invadir Jerusalém.

Ted: Ah, entendi! E qual é a mensagem desse profeta?

Michelle: Bom, agorinha parece que ele está tendo uma visão, que é a forma escolhida por Deus para entregar a mensagem a ele. Além de falar de como Deus é soberano sobre todo o mundo natural e justo, Naum profetiza contra Nínive, capital da Assíria, garantindo ao povo de Judá que eles não serão derrotados pela Assíria.

Ted: Peraí! Nínive não tinha se arrependido depois da pregação de Jonas?

Junior: Eles se endireitaram, sim, mas só por um tempo. Depois, voltaram aos velhos hábitos.

Michelle: Acho interessante como Naum mostra que nenhuma nação ficará impune de sua maldade, porque Deus faz justiça aos oprimidos!

Ted: É meio confuso Deus ser misericordioso e também ser justo. Tipo assim, até que ponto ele deixa de castigar o pecado do povo por misericórdia?

Michelle: Não existe uma resposta simples para essa pergunta tão complexa, Ted, mas sabemos que, embora Deus seja paciente e misericordioso, sua justiça é infalível.

PARA REFLETIR:

Você costuma se irar com facilidade? Para algumas pessoas, não é preciso muito para a raiva chegar! Deus é paciente e não se ira com facilidade, mas, ainda assim, não deixa de ser justo. Alegre-se por ter um Deus bom e paciente, que defende as suas justas causas!

café com Deus Pai TEENS

Junior continua: Naum também profetizou sobre a queda de Nínive. Não sei se vocês se lembram, mas a Babilônia vai conquistar a Assíria em breve.

Michelle: Pois é! Naum explica que Nínive será destruída por viver em maldade, uma vez que o povo é mentiroso e ruim.

Michelle: Deus usa Naum para mostrar que ele é o Senhor que vê todas as injustiças e que nenhuma nação, por mais poderosa que seja, está acima do julgamento do Senhor.

Ted: Aí, sim, faz sentido. Então, mesmo que pareça que as pessoas ruins estão ganhando por um tempo, elas não vão escapar para sempre, não é?

Ana: Bem assim, Ted! E essa história toda serve de lição para nós também, eu acho. Às vezes, podemos achar que Deus demora a fazer justiça, mas, na verdade, ele faz tudo de modo amoroso, não com rigidez nem com indiferença. O Senhor sempre dá ao ser humano uma chance de arrependimento!

Michelle: Exatamente! Naum também mostra que Deus é um refúgio para quem confia nele, mesmo que os tempos sejam difíceis.

Ted: Então, mesmo quando tudo ao nosso redor parece estar errado, podemos confiar que Deus cuida de nós e que ele vai agir no tempo certo.

Junior: Acertou na mosca, Ted! A cada história que visitamos, você está aprendendo mais e mais sobre nosso Senhor.

Ana: E nós também devemos fazer a nossa parte, sendo justos e bondosos com os outros, porque Deus vê tudo o que fazemos.

ORAÇÃO

Deus Todo-poderoso, ajuda-me a aprender com os meus erros. Que eu possa sempre escolher a justiça, a bondade, e seguir teus caminhos. Em nome de Jesus, eu oro. Amém.

A xícara agora leva os amigos ao reino do sul, onde encontram Habacuque.

Michelle: Habacuque? Então, Judá está sob o poder da Assíria. O profeta Habacuque pergunta a Deus por que ele permite que o pecado fique impune e os maus se saiam bem. Ele está chateado com a violência que se espalhava.

Ted: Deus responde?

Michelle: Veja que interessante: Deus diz que está trabalhando em algo muito grande, que é a punição de Judá, que em breve será destruída pela Babilônia.

Ana: Ui!

Junior: Que confusão! Deus está tentando mostrar que, mesmo nas situações ruins, há um plano maior em ação.

Michelle: Sim! E isso nos faz pensar que tudo o que acontece, mesmo as coisas ruins, têm algum propósito. Pode ser que eles não entendam na hora, mas o exílio de Judá será necessário para que o povo aprenda a ser fiel.

Junior: E esse é só o começo da conversa deles. Habacuque ainda vai questionar mais e tentar entender melhor os caminhos de Deus.

Ted: Ah, eu entendo Habacuque, não é fácil entender tudo isso, não!

Michelle: Com certeza, Ted. Habacuque quer saber de Deus por que ele usa uma nação ainda mais ímpia, a Babilônia, para punir Judá.

Ana: E como Deus responde a isso?

Michelle: Deus explica que a Babilônia também será julgada e que sua violência e crueldade não serão ignoradas. Ele promete que a justiça divina prevalecerá no tempo certo.

Junior: No fim das contas, Deus está dizendo que ele está no controle e tem um plano justo.

DESAFIO

Reflita sobre um momento difícil pelo qual você já passou. Você consegue extrair dele algum aprendizado ou propósito?

HABACUQUE 3.17

Café com Deus Pai TEENS

Os amigos continuam a conversar sobre o profeta Habacuque.

Michelle: Habacuque conta suas preocupações a Deus, mas também reconhece o poder e a presença do Senhor. Deus opera soberano sobre tudo que acontece.

Ana: É verdade! Tem um versículo que meu pai sempre fala lá em casa, e eu descobri que faz parte da oração que Habacuque fez a Deus: "Mesmo que a figueira não floresça nem haja fruto na videira; [...] ainda assim eu exultarei no Senhor".

Ted: Como assim? Ele fica feliz até quando tudo vai mal?

Junior: É! Acho que tem a ver com confiar que Deus está no controle, não importa o que aconteça. É como se Habacuque dissesse que, mesmo se tudo der errado, ele ainda tem o que mais importa: Deus. O profeta escolhe se apegar ao Senhor em vez de aos problemas.

Ted: UAU! É muito poderoso isso! E muito difícil também.

Michelle: Uma vez, quando meu pai perdeu o emprego, foi realmente difícil para nossa família. Mas minha mãe sempre dizia que precisávamos confiar e esperar para ver o agir de Deus.

Junior: Isso, Michelle! Lá em casa, vocês sabem que muitas coisas também não são fáceis, porque lidar com meu pai não é fácil. Mas eu confio em Deus que nossa família será transformada.

Ana: Podemos aprender com Habacuque que Deus é a nossa força e está com a gente até na dificuldade. Mesmo sem entender tudo, podemos aprender a confiar mais e a não perder a esperança. Isso é muito reconfortante.

ORAÇÃO

Deus Pai, ajuda-me a ter a fé para confiar em ti mesmo diante das situações difíceis. Que eu possa encontrar alegria e força na tua presença, não importam as circunstâncias. Amém.

café com Deus Pai TEENS

Os amigos seguem conversando.

Michelle: Alguém se lembra de Josias, aquele que tinha só oito anos quando se tornou rei de Judá? Ele achou o Livro da Lei que tinha sido esquecido e perdido pelas gerações anteriores, que tinham se afastado de Deus.

Ted: Sim, eu me lembro! Ele conseguiu fazer o povo se afastar da idolatria, não é?

Michelle: Verdade! E, ao que parece, estamos na história de Sofonias. Ele profetizou durante o reinado de Josias antes de ele encontrar o Livro da Lei e começar esse período de renovação espiritual.

Ted: Que nome diferente!

Ana: Bem diferente mesmo.

Junior: Sofonias foi o profeta usado por Deus para alertar as pessoas sobre o dia do Senhor, um dia de julgamento que chegaria a Judá. Ele lembrou os judeus de que eles não estavam imunes ao julgamento divino apenas por serem o povo escolhido de Deus.

Michelle: Mas Sofonias não falava somente de coisas ruins, ele também falou que essa era uma chance para o povo se voltar de novo a Deus e se arrepender.

PARA REFLETIR:

Sempre há esperança para um novo começo. Sofonias lembrou o povo de Judá de que, apesar do julgamento, havia uma oportunidade para se arrepender e voltar para Deus, assim como nós sempre temos a chance de melhorar e fazer o que é certo.

Ana: É tipo quando a gente faz algo errado e nossa mãe nos dá a chance de corrigir?

Junior: É, Ana. Acho que é importante se lembrar de que há sempre uma chance de fazer as coisas direito.

Ted: Isso me faz pensar que, mesmo quando tudo parece estar indo mal, essa pode ser apenas uma oportunidade para começar de novo e fazer diferente!

Ted tem curiosidades sobre a vida do profeta.

Ted: A vida dos profetas é muito interessante! Sofonias fez o que mais durante sua vida?

Michelle: É verdade! É também uma grande responsabilidade ser o representante de Deus na terra.

Junior: É mesmo! Sofonias avisou ao povo em relação a tudo o que o Senhor haveria de fazer. Outra coisa que o profeta falou foi de esperança e restauração?

Ted: Sério? Mas como ele fez isso?

Michelle: Sim, amigo! Deus prometeu que, depois do julgamento, ele traria de volta a paz e a alegria. Ele disse que reuniria tooooodos que estavam espalhados. Ah, também criaria um lugar seguro para eles, onde não teriam mais medo.

Ted: Uau! Que reviravolta! De algo triste para uma promessa superfeliz!

Junior: É isso mesmo, Ted! Deus é especialista em agir assim: ele transforma situações ruins em boas. Mesmo quando tudo parece perdido, nosso Senhor ainda tem um plano para salvar e restaurar.

Ted: Isso me faz pensar que, não importa quanto algo possa parecer ruim, sempre há esperança no final.

Michelle: E é disso que devemos nos lembrar, pessoal. Não importa o quão difíceis as coisas fiquem, Deus está sempre trabalhando para nos trazer o bem. Nossa parte é confiar e seguir seus caminhos.

DESAFIO

Pense em uma situação difícil que você está enfrentando. Escreva uma carta para Deus, expressando suas preocupações, mas também pedindo que ele traga restauração e paz.

Os amigos viajam por meio de um novo portal. A xícara os leva até Jerusalém, onde o templo está em ruínas.

Junior: Parece que mudamos de época. Aparentemente, o exílio já aconteceu e os judeus já voltaram para sua terra. Só que o templo ainda está destruído desde a invasão da Babilônia. Devem estar sob o domínio persa.

Michelle: Sim, e acho que aquele apontando para o templo é Ageu.

Junior: Isso mesmo, Michelle! Ageu começou seu ministério de profeta quando as pessoas estavam desanimadas com a reconstrução do templo que é superimportante para Israel. Ele representa a presença de Deus entre o povo. Eles até começaram, mas pararam por quase vinte anos!

Ted: Afeeee! Por que tanto tempo?

Junior: Eles estavam desanimados com a falta de recursos e a oposição que sofriam. Foram décadas fora devido ao exílio, então as nações vizinhas não eram amigáveis com eles.

Michelle: Ageu veio para incentivá-los! Ele perguntou ao povo se era justo eles morarem em casas arrumadinhas enquanto a casa de Deus estava em ruínas.

Junior: Ele realmente os desafiou a pensar nas prioridades ao dizer que Deus não estava no centro da vida deles.

Michelle: Perfeito, Junior! Ageu os incentivou a recomeçar e colocar Deus novamente em primeiro lugar.

Ana: Isso me faz pensar se eu estou colocando em primeiro lugar na minha vida. Será que estou dando valor ao que é importante?

PARA REFLETIR:

Pense nas suas atividades do dia a dia. Deus tem sido a sua prioridade? Se algo estiver ocupando o lugar do Senhor na sua vida, comece hoje mesmo a dedicar um tempo ao Pai celestial.

O profeta Ageu continua a ser o tema da conversa entre os amigos.

Junior: Ageu também falou da importância da pureza e da santidade. Ele lembrou o povo de que a situação difícil que todos estavam enfrentando era consequência do descaso deles com seu relacionamento com Deus.

Ted: Então, mesmo que eles terminassem rápido o templo, ainda estariam em problemas, porque não seguiam os ensinamentos de Deus. É isso?

Michelle: Isso mesmo, Ted. Ageu disse que, se o povo voltasse o coração para Deus, o Senhor abençoaria o trabalho das suas mãos e traria prosperidade. Somente reconstruir um edifício não significa ter um relacionamento com Deus.

Ana: Então, para que eles colocassem verdadeiramente Deus em primeiro lugar, era necessário que, como povo, eles experimentassem uma transformação sincera em sua vida.

Junior: Exatamente, Ana. E Ageu profetizou que Deus iria agir de tal maneira que abalaria os céus e a terra, e que a glória do novo templo seria maior do que a do anterior, trazendo paz.

Ted: Que in-crí-vel! Deus sempre tem um plano maior mesmo! Podemos estar no meio de escombros sem entender nada do que está acontecendo até que Deus nos mostra e age a nosso favor.

Michelle: É disso que precisamos nos lembrar, pessoal. Deus sempre está trabalhando para o nosso bem, e quando nós o colocamos em primeiro lugar, ele transforma até as situações mais difíceis em bênçãos.

ORAÇÃO

Querido Deus, meu desejo é te adorar de todo o coração, e não fazer coisas para ti só por fazer. Ajuda-me a sempre nutrir meu relacionamento contigo! Amém.

Os amigos atravessam outro portal aberto pela xícara e percebem que estão no mesmo lugar, porém alguns anos parecem ter passado, pois a construção do templo está mais adiantada. Um profeta está à porta falando ao povo.

Ana: Ué! Aqui de novo? Entendi foi nada!

Michelle: Ah, mas está diferente! Aquele ali é Zacarias, o profeta que sucedeu a Ageu, enquanto o templo ainda estava em reconstrução.

Ted: Me deixe adivinhar: ele também pregou sobre arrependimento?

Junior: Acertou! Zacarias precisava preparar o povo para adorar a Deus de forma correta. Deus disse ao povo, por meio de Zacarias: "Voltem para mim, e eu me voltarei para vocês".

Ana: A mensagem dele é bem parecida com a de Ageu, não é?

Michelle: Sim, mas Zacarias disse aos ouvintes a aprenderem com o passado, porque seus antepassados tinham sido exilados por causa do rompimento da aliança com Deus. Além disso, Zacarias também teve várias visões.

Junior: Bem lembrado! Foram oito visões sobre os medos que impediam os judeus de terem fé nas promessas de Deus para eles. Zacarias estava certo de que o Senhor voltaria a habitar entre o povo e que a glória dele habitaria em Jerusalém.

Ana: O incrível é que cada visão mostra uma parte do plano de Deus para restaurar e proteger seu povo.

PARA REFLETIR:

Por meio das visões de Zacarias, o Senhor mostrava que cuidaria do seu povo, independentemente do que poderia acontecer. Isso reflete o quanto nosso Pai nos ama e nos protege a todo instante. Mas, para isso acontecer, precisamos estar atentos à sua voz e obedecê-lo sem reclamar.

24/06

ZACARIAS 9.9

Michelle comenta mais sobre o profeta.

Michelle: Vocês sabem qual é a minha parte favorita do livro de Zacarias?

Ana: Qual, amiga?

Michelle: Eu até decorei o versículo que diz o que Zacarias profetizou: "Alegre-se muito, Filha de Sião! Exulte, Filha de Jerusalém! Eis que o seu Rei vem a você, justo e vitorioso, humilde e montado em um jumento, em um jumentinho, cria de jumenta."

Ted: Isso está me lembrando de alguma coisa... Está aqui ó, na ponta da língua!

Ted se concentra e franze as sobrancelhas, tentando se lembrar de algo.

Ana: É Jesus, não é? Jesus é o rei de quem Zacarias está falando nesse versículo, certo?

Junior: Exatamente, Ana!! Do tempo em que estamos agora, ainda faltam muitos anos, mas, sim, Jesus entrará em Jerusalém montado em um jumentinho e cumprirá a profecia de Zacarias. É maravilhoso como tudo na Bíblia aponta para Cristo.

Ted: Então, Zacarias estava falando do futuro, sobre quando Jesus viesse?

Junior: Sim, Ted. Ele estava profetizando sobre a vinda do Messias, que traria salvação e esperança para todos nós.

Ana: Deus prometeu renovar Jerusalém, e o cumprimento final disso é a vinda de Jesus, o Salvador esperado por todos! Nosso Pai sempre tem um plano de restauração para todos aqueles que o amam! Isso é lindo demais.

Michelle: De verdade, fico até emocionada! Eu amo o jeito que Zacarias apresenta Jesus como pastor sofredor e rei justo.

ORAÇÃO

Senhor, ajuda-me a entender tuas palavras e a ter confiança em tuas promessas. Ensina-me a ser paciente e a confiar em teus planos para minha vida.

O tempo começa a correr rápido.

Todos: Ôôôôô!

Os amigos veem agora o templo já reconstruído. Um homem lá dentro compartilha sua mensagem com o povo.

Junior: Ei! Aquele ali é Malaquias?

Ana: Isso quer dizer que está acabando o Antigo Testamento!

Junior: Verdade, Ana! A xícara já nos fez viajar muuuuito!

Ted: Nem me fale. Mas do que Malaquias fala?

Michelle: Bem, por meio de suas profecias, Deus questiona o amor do povo por ele. O Senhor sempre deixou claro seu amor, mas o povo questionou: "De que maneira nos amaste?".

Ted: Eles duvidam? Que zoado!

Junior: E não para por aí. Deus também critica os sacerdotes, por entregarem ofertas inadequadas. Logo eles, que deveriam ser o exemplo!

Michelle: Exatamente, Junior! Malaquias fala da responsabilidade dos sacerdotes, que deveriam ser justos e fiéis, mas não eram.

Ted: Eitaaaa! Parece até que Malaquias é mais um profeta que está tentando acordar o povo, para eles mudarem de atitudes diante de Deus.

DESAFIO

Pense em uma maneira você pode mostrar seu compromisso e amor por Deus em suas ações diárias. Escreva em um papel ou em post-its um compromisso pessoal que você gostaria de manter nesta semana e cole em algum lugar visível. Certamente isso ajudará você a cumprir esse compromisso!

Ana: Sim, amigo! Deus destaca a importância da aliança, porque os sacerdotes quebravam a aliança de Deus com seus antepassados ao aplicarem a Lei apenas quando era conveniente.

Michelle: Verdade! Isso nos ensina que devemos manter nosso compromisso com Deus. Não basta seguir regras, temos de entender e valorizar nosso relacionamento com o Pai.

Agora os amigos continuam a falar de Malaquias.

Ted: Malaquias tinha mais coisas a dizer ao povo? Fiquei curioso!

Michelle: Deus afirmou, por meio da profecia de Malaquias, que enviaria um mensageiro para preparar o caminho. Jesus vai citar esse mesmo texto para falar de João Batista, que ainda vamos conhecer.

Ana: Malaquias também disse que, quando essa hora chegar, as ofertas voltarão a ser aceitáveis ao Senhor e haverá purificação. Deus queria uma adoração sincera, vinda do coração!

Ted: Por que as ofertas não estavam sendo agradáveis mesmo? Eles estavam adorando outros deuses de novo?

Michelle: Na verdade, eles não estavam sendo honestos nem cuidadosos. Estavam fazendo tudo de qualquer jeito, sabe? Numa parte da profecia, Deus desafia o povo a trazer todo o dízimo ao templo para que haja provisão em sua casa, pois o Senhor promete derramar tantas bênçãos que haverá espaço suficiente para guardá-las.

Ted: Ahhh, é por isso que na igreja tem o momento das ofertas e dos dízimos? Agora eu entendi! Isso serve para a igreja conseguir se sustentar, além de ajudar quem precisa, não é?

Junior: Isso aí! Nessa época, as ofertas e os dízimos eram destinados aos levitas e aos pobres. Com isso havia amparo e cuidado aos necessitados.

Ted: Agora faz sentido! Vou separar uma parte da minha mesada para ofertar também. Quero ser generoso e ajudar outras pessoas.

Ana: Top, amigo!

ORAÇÃO

Querido Deus, ajuda-me a ser generoso aos teus olhos. Que eu possa sempre estar pronto para fazer a tua vontade. Ensina-me a oferecer meu coração completamente a ti.

Café com Deus Pai TEENS

Os amigos conversam sobre a incrível aventura que estão vivendo.

Ana: Ai, ai, gente! Quanta coisa maravilhosa nós vimos, hein?! Jamais imaginei poder ver tudo isso tão de pertinho.

Michelle: Nem me fale, amiga! Mal acredito no quanto aprendemos: uma mais incrível que a outra!

Ted: E eu, então? Sur-re-al! Quanto aprendi sobre Deus! Ele é realmente maravilhoso!

Junior: Que tal a gente tentar se lembrar dos momentos mais marcantes?

Ted: Gostei!

Michelle: Eu começo! – **disse, levantando os braços** – Vocês se lembram de Abraão, chamado por Deus para deixar sua terra e se tornar uma grande nação? Foi nossa primeira lição de fé e obediência.

Ted: Agora eu! Moisés e os Dez Mandamentos foi épico! Deus mostrou seu poder para tirar o povo do Egito e conduzi-lo à terra prometida.

Ana: Ah, e a coragem de Davi para enfrentar Golias? Aquilo foi demais! Aprendemos que não importa qual é o tamanho dos nossos problemas; com Deus, sempre poderemos superá-los.

Ted: Ah, outra também que me marcou muito foi a história de Jó. Como aquele cara sofreu, não é? Aprendemos que nem sempre encontramos as respostas certas, mas sempre encontramos o próprio Deus, que nos ajuda em nossos dilemas, dores e desafios.

DESAFIO

Que tal escolher uma das histórias que relembramos hoje e pensar em como você pode se inspirar nela durante esta semana?

Junior: E os milagres que Deus realizou por intermédio de Elias? Depois por meio de Eliseu? Quanta coisa linda!

Michelle: Gente, é tanta coisa que aprendemos... Não consigo nem contar!

Ana: E tem muito mais, amiga!

café com Deus Pai TEENS

Foram muitos os aprendizados dos amigos sobre o Antigo Testamento!

Ted: Vocês se lembram de quando José foi vendido pelos próprios irmãos, mas depois se tornou governador do Egito? IN-CRÍ-VEL! Aprendi muito sobre fidelidade e perdão com José.

Ana: Eu estava pensando na lealdade de Rute para com sua sogra Noemi. Foi uma lição de amor e provisão, a maneira como Deus cuidou delas é tão inspiradora!

Michelle: Não podemos nos esquecer dos salmos do rei Davi, o homem segundo o coração de Deus. Embora tenha falhado algumas vezes, ele foi um rei exemplar e fiel ao Senhor. Eu me inspiro muito no relacionamento dele com Deus.

Junior: Ei! E Daniel na cova dos leões? Foi insaaaano! Já pensou ficar entre um monte de leões e eles não devorarem você? Ter uma fé assim não é fácil! Ele foi muito corajoso ao se posicionar daquela forma.

Michelle: Ah, eu amei a história de Jonas! Ele fugiu de Deus porque não queria que Nínive fosse salva, mas aprendeu que Deus é soberano e age com misericórdia!

Ana: Todos os profetas nos ensinaram sobre o amor de Deus e a necessidade de arrependimento. Acabamos de aprender que nossa adoração deve ser sincera.

Ted: Perceberam que todas as histórias tinham algo em comum? A promessa de Deus de cuidar de seu povo, mesmo nos momentos mais difíceis.

Ana: Aaaêêê, Ted! Não importa o que aconteça, podemos confiar em Deus.

ORAÇÃO

Deus, quão maravilhoso é conhecer os teus feitos! Quero me lembrar de cada história do Antigo Testamento e aprender com elas, para que meu coração seja cada vez mais apaixonado por quem tu és.

E a conversa continua empolgante!

Ted: Agora, fala sério! Teve algum personagem de quem vocês tenham gostado muito, mas, tipo, muuuuuiiiito mesmo?

Ana: Com cer-te-za, Ted! A minha personagem favorita é a rainha Ester. Deus a usou para salvar todo o seu povo com oração e fé! Mesmo que pareça impossível, nosso Deus pode fazer qualquer coisa. O Senhor está sempre pronto para nos ouvir e ajudar.

Michelle: Que lindo, amiga! Já eu me identifico muito com Ana. Toda vez que escuto sobre Ana e Samuel, eu choro e me alegro demais... Ela não podia ter filhos, mas, em meio ao seu choro, o Senhor foi misericordioso e ouviu seu clamor.

Junior: Eu acho incrível como Deus usou cada profeta. Não consigo nem falar o que senti ao ver os milagres e cada palavra de exortação para o povo. Os profetas tinham uma sabedoria imensa e sempre estavam atentos para ouvir a voz do Senhor.

Ted: Aprendi muito com todas essas histórias, principalmente Sadraque, Mesaque e Abede-Nego. Foi incrível demais! Eles se recusaram a adorar a imagem do rei e foram jogados na fornalha. Eles me ensinaram muito com essa atitude! A gente não precisa se preocupar quando as pessoas afrontam a nossa fé, porque Deus mostra que a sua fidelidade é maior que tudo!

Ana: Que coisa maravilhosa, gente! Quantos aprendizados e ensinamentos! O melhor é que pudemos ver de pertinho cada cena, foi demais!

PARA REFLETIR:

Você já refletiu sobre qual personagem bíblico chamou mais sua atenção? Ou até mesmo se alguma história que vimos parece muito com o que você está vivendo? Que tal pensar nisso e anotar suas impressões?

Ted prossegue.

Ted: E como foi, Ana! Eu gostei demais de aprender a orar e a usar as histórias da Bíblia para me ajudar a tomar decisões melhores todos os dias.

Ana: Per-fei-to! Cada personagem tinha desafios enormes, mas não estavam sozinhos. Deus estava com eles. E também está conosco.

Michelle: Siiiim! Desde que Adão e Eva comeram o fruto proibido e se afastaram de Deus, o Senhor está trabalhando para restaurar seu relacionamento com a humanidade.

Junior: Ei! É isso! Todas as histórias do Antigo Testamento apontam para a promessa de um Salvador, um Messias. Cada profecia nos mostra um pouco mais sobre o amor e o plano de Deus para nós.

Ted deu um salto de empolgação: Eu estou pronto para ver como Jesus se encaixa em tudo isso.

Junior também pula: Eu também! Acho que nunca entendi tão bem o Antigo Testamento como agora. Quero aprender mais sobre Jesus e o Novo Testamento.

Ted: Com certeza! Vai ser IRADOO ver com estes olhos as promessas de Deus se cumprirem na vida de Jesus.

Michelle: Estou looooouca para ver Jesus ensinar às pessoas o verdadeiro significado do amor.

Ana: Vai ser in-crí-vel, per-fei-toooo, observá-lo interagir com diferentes tipos de pessoas! Temos muito a aprender com ele.

Junior: E eu quero ver os milagres! Sempre ouço sobre eles. Agora, quero conhecer cada detalhe.

ORAÇÃO

Querido Deus, obrigado por todas as histórias que aprendi no Antigo Testamento. Ajuda-me a entender ainda mais o teu amor e plano em minha vida. Que eu possa crescer em fé e conhecimento a cada dia. Amém.

café com Deus pai TEENS

O PRIMEIRO SEMESTRE TERMINOU!

Este é um ótimo momento para refletirmos sobre como foi esse período do ano. Que tal fazer uma lista de todos os objetivos que já alcançou e uma daqueles que ainda planeja cumprir até o final do ano?

- [ ]
- [ ]
- [ ]
- [ ]
- [ ]
- [ ]
- [ ]
- [ ]
- [ ]

café com Deus pai
TEENS
DEUS
SABE QUEM
SOMOS E NOS
AMA

JULHO

café com Deus pai TEENS

ESTE MÊS SERÁ DEDICADO ÀS AMIZADES!

Uma vez por semana, dedique alguns 10 MINUTOS para fortalecer uma amizade.

Você pode convidar seu amigo a fazer algo com você, pode elogiar as qualidades que você admira nele, cantar uma música juntos.

Anote aqui sobre esse tempo especial.

Enquanto os amigos conversam...

Michelle: É importante dizer que quatrocentos anos separam o Antigo Testamento do Novo; então, muita coisa vai mudar. As promessas feitas no Antigo Testamento são cumpridas por meio de Jesus e as pessoas vão descobrir por que ele é o Salvador esperado pelo povo.

Ana: In-crí-vel! Sempre me perguntei como as histórias do Antigo Testamento se conectam com Jesus. Estou pronta para ver como tudo se encaixa.

Ted: Estou curioso para conhecer os apóstolos e aprender sobre o início da igreja. Como eles viveram e espalharam a mensagem de Jesus? Fascinante!

Michelle: É! Quero aprender muito mais sobre Jesus e os apóstolos. Descobrir como era orientar as pessoas que começaram a seguir a Jesus, os primeiros cristãos. Cada livro do Novo Testamento oferece uma perspectiva única sobre a fé e sobre como vivê-la no dia a dia.

Ana: Assim, vamos entender como viver melhor. Aprender com as palavras e ações de Jesus deve ser muito inspirador.

Junior: Com certeza!

Michelle: E não se esqueçam de que cada história e lição tem o poder de transformar nossa visão de mundo e como tratamos as pessoas ao nosso redor!

ORAÇÃO

Senhor, conforme eu começar a aprender sobre o Novo Testamento, abre meu coração e mente para entender as lições de Jesus. Ajuda-me a aplicar as lições em minha vida diária e a ser luz para todos à minha volta. Amém.

Um novo portal começa a ser formado pela xícara. Eles observam em silêncio, animados.

Ted: O portal nos espera! Vamos lá?

Michelle: Bora viajarmos para o Novo Testamento!!

De mãos dadas, eles entram no novo portal.

Café com Deus Pai TEENS

Assim que chegam ao novo cenário, os amigos percebem estar em Nazaré e começam a caminhar, observando o seu redor.

Ted: Está tudo beeeem diferente!

Michelle: Pois é, Ted. Agora o poderoso império romano está no poder! O Novo Testamento começa com o livro de Mateus, um dos discípulos de Jesus.

Junior: A genealogia de Jesus liga o Antigo Testamento até ele. Mateus descreve toda família de Cristo como uma ponte entre o passado e a vinda do Messias.

Ted: Cristo, Messias... Esses nomes me deixam meio confuso.

Michelle: São títulos que significam "ungido"! Cristo na língua grega, e Messias na hebraica. Não são sobrenomes de Jesus, como alguns pensam.

Ted: Ah, agora, sim, faz sentido! E a tal da genealogia?

Ana: Mateus conta umas quatorze gerações de Abraão até Davi, e outras quatorze de Davi até o exílio na Babilônia e mais quatorze até Jesus!

Michelle: Isso aí, amiga! Mateus também menciona algumas mulheres, o que é bem raro nessas listas antigas, nas quais elas costumavam ser "esquecidas". Mas Deus NUNCA se esquece de NINGUÉM, então, Raabe e Rute também estão na genealogia de Jesus.

Ted: Então, cada pessoa da genealogia participou da história da chegada de Cristo?

Junior: É, Ted! Cada nome tem uma história especial, e Jesus faz parte disso. Conhecer quem veio antes é superimportante para o ministério dele.

Ted: Estou ansioso para ver como tudo o que a gente viu vai se conectar com o que Jesus veio fazer!

DESAFIO

Faça sua própria mini árvore genealógica. Escolha algumas pessoas da sua família e escreva uma qualidade especial sobre cada uma. Veja como você está conectado com sua própria história!

MATEUS 1.18; LUCAS 1.26-35

Os amigos observam um ser diferente.

Michelle: AAAHHHH, digam que eu estou vendo o que eu acho que estou vendooo?

Junior: Ei! Se você acha que está vendo um anjo está contando a uma moça que ela ficará grávida, está, sim. E nós também!

Ana: É o anjo Gabriel conversando com Maria e falando para ela que a coisa mais incrível do mundo vai acontecer?

Todos: ÉÉÉ!

Ted: Sur-re-al!

Michelle: Siiim! Está chegando o grande momento de vermos o nascimento de Jesus!

Junior: É isso mesmo! E a Bíblia fala sobre este momento: "O nascimento de Jesus Cristo foi assim: Maria, a sua mãe, estava prometida em casamento a José, mas, antes que se unissem, ela ficou grávida por meio do Espírito Santo."

Ana: É de Deus!!! Imagina só Maria sabendo que vai ter um bebê, que é concebido por ninguém mais que o Espírito Santo! O anjo disse a ela que seu filho reinaria sobre Israel para sempre em um reino sem fim!

Michelle: Deve ter sido assustador e também muito especial. Pensa só, escolhida para ser a mãe do homem mais importante que já existiu!

Ted: Olhem! Ela parece se sujeitar de forma humilde à vontade de Deus.

Michelle: É verdade, Ted. Houve muitas profecias sobre o nascimento de Jesus no Antigo Testamento. E todas vão se cumprir.

ORAÇÃO

Paizinho querido, obrigado por planejar cada detalhe para nos ensinar sobre amor, esperança e salvação com a chegada de Jesus. Ajuda-me a entender e a amar cada parte de tua Palavra.

Ana: Que emocionante! Deus tem um plano incrível que está se desenrolando, e nós estamos vendo que ele cumpre suas promessas.

Os amigos são arrastados até outra casa onde um homem dorme profundamente.

Ana: Olha só, pessoal! Esse só pode ser José, não é?

Junior: Ahn-ham!

Ana: Se a xícara nos trouxe até aqui e José está dormindo bem pesado, acho que é bem agora que o anjo o visita e fala com ele em sonho!

Michelle: Sim, verdade!

Ted: E o que esse anjo diz nesse sonho de José?

Michelle: O anjo diz para ele não ter medo de receber Maria como esposa, porque o que está nela foi concebido pelo Espírito Santo.

Ted: José deve ter levado um sustão! Mas deve ter sido reconfortante. Imagina só ele descobrindo que sua futura esposa vai ter um bebê, e o bebê é o Filho de Deus! TOP!

Junior: E o anjo também disse o nome que eles deveriam dar ao bebê: Jesus! Porque ele salvaria o povo dos pecados.

Michelle: Tudo está se encaixando!

Ted: Verdade, cada parte da história mostra como Deus cuida dos detalhes. Ele mesmo enviou um anjo para garantir que José entendesse tudo e não abandonasse Maria.

Ana: E pensar que José aceitou isso tudo com fé, mesmo sendo algo tão complicado naquele tempo... Ele realmente confiou no que o anjo disse.

Junior: Às vezes, temos que confiar em coisas que não entendemos completamente, mas que sabemos serem parte de um plano maior de Deus para nós.

PARA REFLETIR:

Pense em um momento em que você teve que confiar em algo que não entendia completamente. Como você se sentiu? Vale lembrar que a confiança em Deus vem a partir da fé e do relacionamento que temos com ele. Quanto mais próximos de Deus estamos, mais confiança nos seus caminhos temos.

café com Deus Pai TEENS

Os amigos começam a conectar as histórias que já conheceram com a que estão vivendo agora.

Michelle: Pessoal, vocês perceberam? Tudo o que aconteceu com Maria e José é um cumprimento do que o Senhor tinha dito pelo profeta em Isaías, capítulo 7, versículo 14.

Ana: Verdadeeeeee! Foi Isaías que disse: "[...] eis que a virgem ficará grávida, dará à luz um filho e o chamará Emanuel". É o que está escrito em Mateus.

Ted: Emanuel é um nome bem diferente, não é? Tem algum significado?

Junior: Tem, sim, Ted! Emanuel significa "Deus conosco".

Ted: Uau! É e-xa-ta-men-te o que Jesus é para a gente... Deus conosco. Ele veio para nos salvar e vive conosco, em nosso coração! Forte!

Junior: Sim, muito forte! Isso estava planejado há tanto tempo e agora está se tornando realidade bem aqui na nossa frente.

Michelle: E é um lembrete de que não estamos sozinhos. Não importa o que aconteça, Deus está conosco, tanto nos momentos bons como nos maus.

Ted: Assim fico menos preocupado com os problemas. Deus está aqui para nos ajudar e nos guiar o tempo to-do. Deus é demais!

Ana: E isso também nos ensina que Deus cumpre suas promessas, não importa quanto tempo demore. Ele disse que enviaria o Salvador e realmente enviou!

Junior: Exatamente! Saber disso me faz querer confiar mais nele, independentemente da situação.

ORAÇÃO

Deus Pai, obrigado por estar sempre comigo. Ajuda-me a reconhecer a tua presença em minha vida e a confiar em tuas promessas, sabendo que tu és Emanuel, Deus conosco. Em nome de Jesus, eu oro, amém.

Os amigos ouvem um barulhinho que chama sua atenção.

Ted: Olhem! Olhem! José está acordando! Ele acreditou na mensagem do anjo de verdade, não é?

Michelle: Com toda certeza! José fez exatamente o que o anjo do Senhor tinha ordenado e aceitou Maria como sua esposa.

Ana: Isso mostra que ele tem uma fé enorme, não é? Ele simplesmente aceitou tudo!

Junior: Ele entendeu a importância do que estava acontecendo. Não se tratava apenas de José e Maria, era sobre algo muito maior.

Ted: Acho que esse é um exemplo gigantesco de confiança para todos nós.

Michelle: Com certeza, Ted. Toda a situação do nascimento de Jesus nos ensina muuuuito! José não só ouviu, mas agiu conforme a orientação que recebeu.

Ana: Verdade, cada parte dessa história nos traz um ensinamento importante. E essa reação de José também nos mostra que Deus escolhe pessoas comuns para fazer coisas extraordinárias. José era um carpinteiro, mas sua fé e obediência o tornaram parte da história mais importante de todas.

Junior: Isso é tão inspirador! Compreender que Deus está agindo o tempo todo na história nos lembra de que cada um de nós pode fazer a diferença quando confiamos em Deus e seguimos seus caminhos.

Ted: E pensar que esse é só o começo do que estamos prestes a aprender sobre Jesus. Vai ser incrível demais!

ORAÇÃO

Querido Deus, dá-me a fé e a coragem para seguir teus planos, assim como José fez. Ajuda-me a confiar em ti mesmo quando não entendo tudo. Guia meus passos e me ensina a obedecer a tua vontade. Em nome de Jesus, amém.

Os amigos atravessam outro portal aberto pela xícara. Cheios de empolgação, percebem estar em um local simples e avistam a manjedoura com o bebê Jesus.

Michelle: Pessoal, Jesus já nasceu! Ai que emoção!

Ted: Eu sabia que Jesus vinha de um lugar simples, mas não imaginava que era tanto! O maior de todos os reis não tem palácio!

Michelle: Não mesmo, Ted. O nascimento de Jesus foi humilde. Maria e José vieram aqui para Belém porque um decreto determinou que todas as pessoas deveriam ir até onde nasceram para prestar informações ao governo. Então, a cidade estava cheia e não tinha lugar nas hospedarias.

Ana: E os anjos anunciaram o nascimento de Jesus aos pastores de ovelhas, não é? Esses anjos também cantaram, louvando a Deus pelo nascimento do Messias.

Junior: Sim, Ana. Os pastores foram os primeiros a saber do nascimento de Jesus. Ah, ali estão os três sábios que vieram de muito longe, seguindo a estrela, para adorar Jesus e trazer presentes.

Michelle: Sim, eles trouxeram ouro, incenso e mirra.

Ana: Esses presentes eram importantes e mostravam a magnitude de Jesus: o Rei e Salvador nascido humilde.

Ted: O mais incrível é que toda essa história já estava sendo preparada desde as profecias do Antigo Testamento!

Junior: Não é só a tecnologia que conecta! Deus também! Ele planejou cada detalhe, desde o início.

Ana: Deus é TOP! E a gente ainda viu a história acontecer... A Bíblia é muito mais real agora.

PARA REFLETIR:

Jesus, o Filho de Deus, nasceu em um lugar simples e humilde. Nós também não precisamos de riqueza ou luxo para sermos importantes. Se o próprio Jesus foi humilde desde seu nascimento, nós também devemos ser!

Junior explica mais sobre o que os amigos estão presenciando.

Junior: Antes dos sábios chegarem aqui, passaram pelo palácio do rei Herodes. Quando Herodes ficou sabendo que Jesus seria o Rei e Salvador, mandou os magos passarem no palácio na volta para dar informações, porque também queria ir "adorá-lo".

Ted: Era mentira, não era?

Ana: Com certeza! Herodes estava fu-ri-o-so. Ele queria descobrir onde Jesus estava para matá-lo, mas os sábios foram avisados em sonho para não voltarem até Herodes e mudaram o trajeto no retorno para casa.

Ted: Já pensou? Herodes querer machucar um bebê só por medo de perder seu reinado? Isso que é ser mau! Misericredo!

Junior: Mau é pouco! Já que os sábios não voltaram para falar onde Jesus estava, ele mandou matar todos os meninos de até dois anos de idade.

Ana: Então, Deus mandou um anjo avisar José dessa maldade em sonho. José teve que agir rápido: pegou Maria e Jesus, e eles se mandaram para o Egito.

Michelle: Depois que Herodes morreu, a família voltou, mas, ainda assim, José teve que escolher um novo lugar para morarem em segurança. Eles foram para a região da Galileia, em Nazaré.

Junior: É interessante como tudo isso moldou a história de Jesus desde o começo. Cada movimento tinha um propósito, mesmo que fosse difícil entender na hora.

Ana: Sim, e cada parte dessa história nos ensina sobre confiança e fé. Mesmo em situações assustadoras, José e Maria confiaram em Deus para guiá-los e protegê-los.

ORAÇÃO

Senhor, ensina-me a confiar em ti mesmo nos momentos mais difíceis. Ajuda-me a me lembrar de que tu estás sempre comigo, guiando meus passos.

Os amigos são levados a um novo cenário pelo portal da xícara e chegam ao templo de Jerusalém.

Ana: Parece que alguns anos já se passaram. Ah, e aquele ali fazendo perguntas aos mestres da Lei, homens conhecedores da Escrituras, responsáveis por interpretá-la e ensiná-la...

Michelle: Amigaaaaa... só pode ser Jesus! Todos os anos, ele ia com seus pais a Jerusalém para celebrar a Páscoa.

Ted: Espera aí... Páscoa? Já vimos isso, não?

Junior: Já, Ted! Vimos a primeira Páscoa no dia em que os israelitas saíram do Egito com Moisés, lembra? Ei! Deus ordenou que eles sempre comemorassem essa data, para se lembrarem de quando foram libertos da escravidão.

Ana: Então, a Páscoa terminou, e José e Maria começaram a voltar para casa. Só que eles não perceberam que Jesus tinha ficado.

Ted: Como assim?

Ana: Eles estavam em caravana e pensaram que ele estava com amigos e parentes. Quando se deram conta, ficaram preocupadíssimos!

Michelle: Eles voltaram para procurar Jesus e demoraram três dias para encontrá-lo! Não gosto nem de pensar na agonia que passaram!

Junior: É mesmo! Quando eles o encontram aqui no templo, Maria perguntou por que ele havia ficado para trás. Ele respondeu que precisava estar na casa do Pai. Depois, voltou com eles e os obedeceu.

Ted: Jesus é exemplo, não é? Ele tem tipo a nossa idade e já buscava conhecimento sobre a Escritura! Fiquei até inspirado a fazer o mesmo!

Ana: Eu também, Ted. Aprender é sempre desafiador, mas é bom demais.

Michelle: Jesus crescia em sabedoria, estatura e graça diante de Deus e dos homens!

DESAFIO

A história de Jesus no templo nos ensina a buscar conhecimento. Jesus, mesmo jovem, queria aprender mais sobre Deus e a Palavra. Busque você também estudar e crescer em sabedoria.

MATEUS 3.13-17; MARCOS 1.9-11; LUCAS 3.21,22

A xícara abre outro portal, e os amigos correm para conhecer mais sobre a história de Jesus.

Ana: Olhem! Jesus já está adulto! E aquele ali batizando no rio deve ser João Batista!

Michelle: Sim! As pessoas buscavam João Batista para ser batizadas e demonstrar que se arrependeram de seus pecados. E Jesus não tem pecado algum, mas quer ser batizado para mostrar que está pronto para começar sua missão.

Ted: E quem é João Batista?

Junior: Um profeta, Ted. João foi chamado por Deus para preparar o caminho para a chegada de Jesus. Ele pregava sobre arrependimento e anunciava a vinda do Messias! João ficou admirado ao saber que Jesus queria ser batizado, porque sabia que ele era o Redentor que todos esperavam.

Michelle: É verdade, João até tentou impedi-lo. Disse que ele é quem deveria ser batizado por Jesus, não o contrário!

Ana: Que humildade a de João! Ele reconheceu que Jesus era maior, o Cristo.

Junior: E Jesus falou que isso precisava ser feito para se cumprir toda a justiça. Por isso, João Batista concordou e o batizou.

Michelle: Sabem o que eu amo? Segundo a Bíblia, quando Jesus foi batizado, o céu se abriu, e uma pomba pousou sobre Jesus. Veio uma voz do céu que disse: "Este é o meu Filho amado, em quem me agrado".

Ana: Que emocionante!

PARA REFLETIR:

O batismo é muito importante para a caminhada dos cristãos. Ele simboliza o que acontece quando entregamos a vida ao Senhor: é como se morrêssemos para nós mesmos e nascêssemos para Deus. No batismo, demonstramos publicamente que fazemos parte do povo de Deus! Caso ainda não seja batizado e sinta vontade de ser, peça para seus responsáveis lhe explicarem sobre sua escolha e decidam juntos sobre essa decisão tão importante.

MATEUS 4.1-11; MARCOS 1.12,13; LUCAS 4.1-11

Em seguida, a xícara leva os amigos a um deserto.

Junior: Pessoal, Jesus está aqui no deserto. Então, ele está naquele jejum de quarenta dias que a Bíblia fala. Nesse tempo todo, ele não comeu nadinha! E tem mais: Jesus é tentado pelo Diabo aqui.

Ted: Como assim, tentado pelo Diabo?

Ana: Primeiro, o Diabo desafiou Jesus a transformar pedras em pão, já que ele estava com fome. Mas Jesus citou Deuteronômio 8.3: "Nem só de pão viverá o homem, mas de toda palavra que procede da boca de Deus".

Michelle: Jesus foi muito forte. Depois, Jesus foi levado até o alto do templo de Jerusalém. Satanás disse que, se ele era mesmo o Filho de Deus, deveria pular dali, porque anjos o protegeriam. Jesus respondeu de novo com a Escritura: "Não ponha à prova o Senhor, o seu Deus".

Junior: Aí veio a última tentação. O Diabo levou Jesus até um monte muito alto, mostrou a ele todos os reinos e disse que, se Jesus se ajoelhasse e o adorasse, teria tudo para si. Mas Jesus ficou firme e disse: "Retire-se, Satanás! Pois está escrito: 'Adore ao Senhor, o seu Deus, e só a ele preste culto'". Assim, o Diabo foi embora e anjos apareceram para servi-lo.

Ted: U-A-U! TOP! Só estando mesmo conectado a Deus para aguentar tudo isso!

Michelle: Super! Hoje, o Diabo também nos tenta, como fez com Jesus; questiona a nossa identidade e tenta nos fazer pecar. Não podemos dar ouvidos a ele!

Junior: Sabem o que é mais incrível disso tudo? Jesus obedeceu a tudo o que o povo de Israel não conseguiu obedecer enquanto esteve no deserto com Moisés. Ele tinha a Palavra guardada no coração e a usou para combater cada tentação.

ORAÇÃO

Senhor, conceda-me força para resistir às tentações. Ajuda-me a guardar a tua Palavra no meu coração e usá-la em todos os momentos. Em teu nome eu oro, amém.

MATEUS 4.12-17; MARCOS 1.14,15; LUCAS 4.14,15

café com Deus Pai TEENS

Os amigos falam sobre o Senhor.

Ted: Jesus é IN-CRÍ-VEL! Mas, olhem, ele está deixando o deserto... Para onde será que ele está indo agora?

Michelle: Jesus está indo para a região da Galileia, Ted. Ele vai morar em Cafarnaum agora.

Ted: Entendi!

Ana: Isso está acontecendo para cumprir o que foi dito pelo profeta Isaías, não é? Algo sobre a luz brilhar para as pessoas que vivem na escuridão?

Junior: Ana está afiada na Bíblia! É exatamente isso! Em Isaías 9.2,o profeta falou que o povo veria uma grande luz. E chegou a hora de Jesus começar a pregar sua mensagem.

Ted: E o que ele vai pregar?

Michelle: Se a gente for resumir o que ele disse, é, em resumo, uma exortação para o povo se arrepender, pois o Reino dos céus estava próximo. João Batista também pregou sobre isso antes dele.

Ana: Michelle, você me fez lembrar dos profetas que vimos. Jesus está começando algo novo, mas ainda está totalmente conectado com tudo o que foi falado no Antigo Testamento.

Junior: Siiim! A diferença é que Jesus se tornou também uma fonte de esperança para as pessoas. Ele é a uma luz como ninguém nunca viu antes.

Michelle: Com certeza, Junior. E isso me faz pensar que cada um de nós também pode trazer luz para as pessoas ao nosso redor. Fico me perguntando como podemos ajudar a espalhar a mensagem de esperança que Jesus trouxe.

DESAFIO

Tente refletir a luz de Cristo, fazendo uma boa ação para alguém esta semana. Pode ser algo pequeno, mas faça com o coração, pensando no exemplo de Jesus.

A xícara, então, abre um novo portal. Junior e seus amigos correm para descobrir o que vão aprender agora sobre Jesus.

Michelle: Olhem! Jesus está chamando algumas pessoas para segui-lo mais de perto. Ah, que emoção poder ver o Senhor escolher seus discípulos!

Ana: Estou encantada! Vejam, ele está chamando cada um deles pelo nome. Shhhhhh

Os amigos ouvem atentamente para saber quais discípulos são aqueles.

Junior: Simão e seu irmão André. Eles eram pescadores!

Michelle: Também tem Tiago e João, os filhos de Zebedeu, que também são pescadores.

Junior: Eles foram só os primeiros a serem chamados. Ao todo, Jesus chamou doze discípulos. Os nomes deles eram: Simão, a quem Jesus deu o nome de Pedro; André, o seu irmão; Tiago; João; Filipe; Bartolomeu; Mateus, que era um cobrador de impostos, e isso pode ter sido uma surpresa para muita gente, porque os cobradores de impostos não eram bem-vistos. Também teve Tomé; Tiago, filho de Alfeu; Simão, chamado zelote; Judas, filho de Tiago; e Judas Iscariotes, o traidor.

Ted: Que top! Você sabe o nome de todos, Junior!

Junior: Hahaha! Estudei um pouquinho!

Ana: O que eu acho incrível é que Jesus não escolheu líderes religiosos nem pessoas ricas e poderosas. Ele escolheu pessoas comuns, como nós, para serem seus amigos e aprenderem diretamente com ele.

Michelle: O que importa para Jesus é nosso coração e nossa disposição em segui-lo.

DESAFIO

Pense em como você pode responder ao chamado de Jesus na sua vida. O que você pode fazer para seguir seus ensinamentos mais de perto?

14/07
MATEUS 5.1-3

Os amigos observam Jesus ir à encosta de um monte e se sentar. Aos poucos, uma grande multidão começa a se formar para ouvi-lo.

Ted: Vocês repararam que Jesus se sentou?

Michelle: Sim, Ted, acho que estamos prestes a ouvir o Sermão do Monte, uma série de mensagens muito importantes de Jesus. Essas mensagens são o chamado do Messias à justiça, ou seja, Jesus vai ensinar o povo a seguir a vontade de Deus e como podem viver para agradá-lo.

Ted: Bom, já que vamos ouvir um sermão, acho que vou seguir o exemplo de Jesus e me sentar também!

Juntos, todos se sentam para ouvir Jesus.

Michelle: Pessoal, só para vocês entenderem melhor, a primeira parte do sermão de Jesus é sobre as bem-aventuranças, as bênçãos que descrevem a alegria de um discípulo ideal e também sua recompensa tanto no presente como no futuro.

Junior: Ele vai começar! Shhhhhhh

Os amigos ouvem atentamente.

Ana: Ouviram? Ele acabou de dizer: "Bem-aventurados os pobres em espírito, pois deles é o reino dos céus". Nunca entendi muito bem o que isso significa.

Michelle: Um pessoa pobre de espírito não é necessariamente alguém sem bens materiais, mas uma pessoa que consegue reconhecer que sozinha não é capaz de nada espiritualmente. Nós dependemos de Deus para a salvação e devemos depender dele em tudo.

Junior: A verdadeira felicidade não está nas coisas que temos, mas na confiança e dependência de Deus.

Ted: Faz sentido! Desde o nascimento de Jesus, já percebi que ele não se importa mesmo com bens materiais.

ORAÇÃO

Senhor, ensina-me a ser humilde de coração e a confiar em ti acima de todas as coisas, independentemente das coisas que tenho nesta vida. Se tenho a ti, sei que tenho tudo o que preciso! Amém.

Em seguida, eles ouvem mais bem-aventuranças.

Michelle: "Bem-aventurados os que choram, pois serão consolados" é a segunda bem-aventurança.

Ana: Jesus realmente entende as dificuldades pelas quais as pessoas passam, não é?

Ted: Também acho. Ouvir isso deve ser muito reconfortante para quem está aqui nesta multidão tristes e aflitas.

Junior: Algumas pessoas lamentavam profundamente a condição que Israel enfrentava. Todo esse povo estava sob o domínio do império romano. Além disso, essa promessa de Jesus também traz esperança a todos que estão com o coração partido. São como minha família, que sofre a dor de ter uma pessoa com problemas em casa, o meu pai.

PARA REFLETIR:

Às vezes, passamos por momentos muito difíceis e sentimos que não há esperança ou motivo para nos alegrar. Mas, como Jesus disse, aqueles que choram serão consolados. Mesmo quando nos sentimos tristes, Deus está sempre ao nosso lado, pronto para nos confortar e nos dar esperança; não estamos sozinhos. Sempre há um raio de luz nos momentos mais escuros.

Michelle: Eu entendo o que você quer dizer, Junior. Algumas dores são difíceis de lidar. Ainda bem que Jesus promete que nos consolará, não é mesmo?

Junior: É mesmo! Esse não é o fim! Jesus prometeu que quem chora será consolado.

Ana: Sim, amigo, Deus consolará essas pessoas! Quando nós sofremos, ele também se entristece conosco. O desejo do Senhor é que todos sejam consolados. Sempre há esperança quando estamos com Deus.

16/07

MATEUS 5.5; SALMOS 31.11

Os amigos ouvem, maravilhados, quando Jesus fala sobre a terceira bem-aventurança.

Ted: Vocês ouviram isso? Jesus disse: "Bem-aventurados os humildes, pois receberão a terra por herança".

Michelle: Sabe do que isso me lembra?

Ana: Do quê, Mi?

Michelle: De Salmos 31.11. É um salmo de Davi, e ele diz: "Mas os humildes herdarão a terra e desfrutarão pleno bem-estar". O assunto da humildade é muito tratado na Bíblia, e acho que isso reflete o caráter de Deus!

Junior: Bem lembrado! As coisas com Deus parecem ser contrárias a como as coisas acontecem na sociedade. Tipo: assim, nós precisamos ser humildes para sermos exaltados; amar nossos inimigos; entregar nossa vida nas mãos de Deus para ter a vida de verdade. Seguir a Deus é viver conforme as orientações que ele nos dá.

Ted: Eu nunca tinha pensado assim! Você tem tooooda razão. Devemos ter o coração humilde não só em relação a Deus, mas aos outros também.

Ana: Isso mesmo! Ser orgulhoso e se achar melhor que as outras pessoas não combina com um seguidor de Jesus.

Ted: É... Confesso que é meio difícil para mim admitir quando estou errado. Exaltar as qualidades das outras pessoas ao invés das minhas, então! Afe! Mas estou aprendendo muito nesta viagem. E vou pedir a ajuda de Deus para ser cada vez mais parecido com Jesus!

Michelle: Muito bem, Ted! Estamos orgulhosos de você.

DESAFIO

Ser humilde é não se preocupar em excesso consigo mesmo, mas considerar as qualidades, os desejos e as necessidades das outras pessoas. Durante a semana, tente prestar atenção às pessoas ao seu redor. Coloque-se à disposição para ajudar, consolar e servir alguém de alguma forma.

As bem-aventuranças continuam.

Junior: Eu gosto muito da quarta bem-aventurança. Ela fala sobre como os que têm fome e sede de justiça serão saciados!

Ana: Me lembrei de novo do Antigo Testamento e de como os profetas ansiavam por justiça.

Michelle: É mesmo, amiga. Na visão bíblica da época de Jesus, o homem justo é aquele que obedece a Deus e cumpre a Lei de Moisés, ou seja, alguém que é obediente. É sobre esse tipo de justiça que Jesus está falando. E, como você já sabe, a humanidade falhou nesse quesito durante toda a história do Antigo Testamento.

Junior: Sim, e as pessoas ansiavam por verem a justiça de Deus se cumprindo no mundo. A boa notícia é que Jesus chegou, e, por meio dele, nós podemos ser justos.

Ted: Eu também não gosto de injustiça, não!

Michelle: Meu coração sempre fica aflito quando vejo alguém sofrer e ser injustiçado. Fico muito triste quando a Ana é maltratada pela cor da pele que tem. Sei que é errado e sofro, porque todos ansiamos pela justiça de Deus!

Ana: Obrigada, amiga!

Ted: De que forma vocês acham que a gente pode colocar isso em prática no nosso dia a dia?

Ana: Em primeiro lugar, temos de ser obedientes a Deus e buscar ser santos como ele é! Assim, vamos agir com justiça e reconhecer situações injustas.

Michelle: Isso aí. A gente também pode se posicionar quando vermos algum colega sofrer bullying e participar de ações sociais na comunidade que envolvam a proteção e cuidado de pessoas carentes.

ORAÇÃO

Querido Deus, ajuda-me a ser justo e a cooperar para que a tua justiça se cumpra no mundo. Em nome de Jesus, amém!

Café com Deus Pai TEENS

Jesus continua a pregar o Sermão do Monte.

Ana: A quinta bem-aventurança é: "Bem-aventurados os misericordiosos, pois obterão misericórdia". O que isso significa para vocês?

Junior: Hum... Eu acho que é sobre nos colocarmos no lugar do outro.

Michelle: Concordo com o Junior, ser misericordioso é demonstrar bondade. Às vezes ficamos tão ocupados com a nossa própria vida que nos esquecemos de olhar para as dores das outras pessoas.

Ana: É verdade, amiga, mas acho que vai além disso. Para mim, também tem a ver com perdoar quando alguém nos magoa?

Ted: Ah, isso é difícil. Eu sempre fico com raiva quando alguém me faz algo ruim. Aí, a pessoa é má e eu tenho que ser bonzinho?

Junior: Pois é, Ted. Jesus quer que a gente seja diferente para mostrar o amor dele a todas as pessoas. Nós vimos como Deus, mesmo depois de o seu povo rejeitá-lo vez após vez, continuou a perdoar e dar uma nova chance de arrependimento.

Michelle: Exato! Pensem em como seria o mundo se todos fossem misericordiosos. Haveria muito mais paz e menos brigas.

Ana: Quando mostramos misericórdia, refletimos o amor de Deus para os outros.

Ted: Resumindo, Jesus quer dizer que devemos nos colocar no lugar do outro, sendo bondosos com os que sofrem e ter misericórdia de quem nos magoa, assim como ele tem de nós?

Junior: É isso aí, Ted! E ele promete que quem age assim será tratado com misericórdia por Deus.

ORAÇÃO

Pai, obrigado por ser bondoso e me perdoar sempre que peco contra ti. Que o teu amor e a tua misericórdia me levem a ser misericordioso com as outras pessoas, como Jesus ensinou. Amém!

Café com Deus Pai TEENS

Ted está curioso.

Ted: E agora, pessoal? Qual é a próxima?

Ana: Ah, é a bem-aventurança que mais toca o meu coração. Jesus disse: "Bem-aventurados os puros de coração, pois verão a Deus".

Michelle: Nessa época, para oferecer sacrifícios a Deus, as pessoas precisavam estar puras cerimonialmente e seguir algumas regras de limpeza do corpo. Essas regras ajudavam o povo a ser cuidadoso e respeitoso ao se aproximarem de Deus.

Junior: Mas algumas pessoas interpretavam e apresentavam essas regras de maneira distorcida.

Michelle: Verdade! Alguns mestres da Lei levavam isso ao extremo e achavam que estar puro cerimonialmente era suficiente para agradar a Deus. Eles estavam puros por fora, mas o coração deles estava bem longe do Senhor.

Ted: Eeeeeitaaaa! Eles não ficaram nervosos quando ouviram essa bem-aventurança, não?

Junior: Eu também acho, Ted! Para Deus, o que mais importa é o nosso coração ao adorá-lo. Devemos ser puros para oferecer adoração verdadeira.

Ana: Acho interessante como o coração, para as pessoas dessa época, era como a essência do ser, de onde surgem vontades, desejos e ações.

Michelle: É isso mesmo, amiga. E, como Jesus falou, os puros de coração verão a Deus, ou seja, vão experimentar a sua presença nesta vida e conhecê-lo intimamente na vida eterna!

Ted: Temos de estar preparados e conhecer mais dele todos os dias.

PARA REFLETIR:

Assim como lavamos as mãos para ficarmos limpos por fora, devemos manter nosso coração limpo e puro, cheio de amor e bondade. Quando somos puros de coração e o adoramos com sinceridade, podemos sentir a sua presença e conhecê-lo cada vez mais!

20/07

MATEUS 5.9

Ted é quem comenta a fala de Jesus desta vez.

Ted: Jesus acabou de dizer: "Bem-aventurados os pacificadores, pois serão chamados filhos de Deus". Dessa vez, acho que eu sei bem o que ele quer dizer.

Michelle: Então, conta para a gente, Ted!

Ted: Acho que ser pacificador tem a ver com não promover discussões, brigas e desentendimentos nem se alegrar com essas coisas, mas tentar manter a paz com todos, não é? É só ser diferente do que eu era – **diz envergonhado.**

Junior: Não precisa ter vergonha, Ted. Você está muito mudado e está certo.

Michelle: Está mesmo! Nós, discípulos de Jesus, devemos promover a reconciliação com Deus por meio do Filho. As coisas no Reino de Deus são feitas pacificamente.

Ana: Isso também não quer dizer que não devemos nos posicionar diante das injustiças, não é? Mas que precisamos buscar ter paz com todos ao nosso redor.

Michelle: Nada de brigas e fofocas! Tem gente que fica feliz quando tem briga, como se isso fosse divertido. Mas nós precisamos ser diferentes e fazer o possível para que haja paz.

Junior: Ser pacificador também significa ajudar os outros a resolverem seus conflitos, ajudar nossos amigos a se entenderem e se reconciliarem.

Ana: Verdade! Mostramos o amor de Deus com nossas ações.

Michelle: Os pacificadores serão chamados filhos de Deus, porque refletem seu caráter pacífico e amoroso.

Ted: Eu gosto disso. Vou tentar ser um pacificador na escola e em casa.

Todos concordam e voltam a prestar atenção no sermão de Jesus.

ORAÇÃO

Deus Pai, ajuda-me a promover a paz e a reconciliação onde quer que eu esteja. Dai-me sabedoria para resolver conflitos com amor e bondade, em nome de Jesus. Amém!

21/07

MATEUS 5.10-12

Junior chama a atenção dos amigos.

Junior: Pessoal, agora vem uma parte bem forte. Jesus está dizendo: "Bem-aventurados os perseguidos por causa da justiça, pois deles é o Reino dos céus". Essa é a última bem-aventurança, e nos lembra de que, assim como Jesus foi rejeitado por muitas pessoas, nós também somos, quando escolhemos seguir a ele.

Michelle: Pois é! Jesus diz que devemos nos alegrar quando levantarem todo tipo de mentira contra nós e nos perseguirem por sermos seus discípulos, porque grande é nossa recompensa.

Ted: Uau, parece bem difícil. Vamos ser perseguidos mesmo quando fizermos a coisa certa? Misericredo!

Michelle: Sim, Ted. Seguir a Jesus e fazer o que é certo nunca é o caminho mais fácil.

Ana: No Antigo Testamento, várias pessoas enfrentaram grandes dificuldades por seguirem a Deus. Um exemplo foi Daniel na cova dos leões, ou os amigos dele na fornalha ardente. Eles foram perseguidos, mas Deus estava com eles.

Junior: Que ótimo exemplo, Ana! Ser perseguido não é apenas correr risco de vida, mas também sobre ser rejeitado pelos colegas, sofrer bullying, não ser considerado "descolado" e outras coisas por amor a Jesus. Quando escolhemos obedecer a Deus em vez de fazer algo errado, essas coisas podem acontecer com a gente.

Michelle: Você tem razão. Isso pode deixar a gente triste, mas precisamos nos lembrar de que nosso maior tesouro está guardado no céu, e não aqui na terra. O que mais importa é agradar a Deus, e não às pessoas!

PARA REFLETIR:

Seguir a Jesus muitas vezes significa enfrentar dificuldades e ser rejeitado, assim como ele foi. Mesmo quando fazemos o certo, podemos ser perseguidos. Devemos nos lembrar de que nossa verdadeira recompensa está no céu.

café com Deus Pai TEENS

Os amigos escutam enquanto Jesus ensina sobre ser sal da terra e luz do mundo. Depois, começam a conversar.

Michelle: Essa é outra parte do Sermão do Monte. Jesus disse que não devemos nos isolar do mundo, e sim fazer a diferença nele.

Ted: Não sei se saquei muito bem essa ideia de sal e terra.

Junior: Aqui na época de Jesus, o sal é usado para conservar os alimentos, para que não estraguem. Além disso, como Jesus disse, também dá gosto à comida. Agora, imagina, para que serviria o sal se não conseguisse conservar alimentos e perdesse o sabor?

Ana: Como o sal, a gente deve impedir que o mundo se deteriore com o pecado! Mediante Deus, que age em nós, podemos dar sabor à vida das pessoas com a mensagem de Jesus.

Ted: Ele quer que sejamos influências positivas onde estivermos, não é?

Michelle: Mais que isso! Influências positivas eeeeee pregadores do amor de Deus! Jesus também diz que somos a luz do mundo, e que não podemos nos esconder.

Ana: Sem Deus, o mundo seria A TRE-VAA, totalmente escuro! Nossa presença deve fazer a diferença e iluminar os lugares escuros do mundo. É isso?

Junior: É, Ana. Com essa mensagem de Cristo, devemos pensar em como ser melhores em casa e na escola.

Ted: Bora falar mais do amor de Deus e agir com justiça, misericórdia e amor?

Michelle: Boraaaa! É uma grande responsabilidade, mas também uma grande honra. Jesus confia em nós para sermos seus representantes no mundo!

DESAFIO

Pense em maneiras de ser sal e luz em sua escola e em sua casa. Como você pode ajudar a fazer uma diferença positiva nesses lugares?

O Sermão do Monte continua.

Junior: Agora Jesus está falando sobre amar nossos inimigos. Ele disse: "Amem os seus inimigos e orem por aqueles que perseguem vocês".

Ana: É tãããão difícil! Como amar quem nos trata mal? Tem gente que maltrata os idosos, as pessoas especiais... Como podomos amar essas pessoas?

Michelle: Bem isso, Ana. Jesus sabe que é dificílimo amar quem age mal.

Ted: O amor de Jesus é mesmo diferente. Não basta gostar de alguém, temos de fazer o bem, não importa o que aconteça. Sur-re-al!

Ana: É! Todos nós somos pecadores e mesmo assim ele nos ama tanto, mas taaaanto! Esse amor até me deixa constrangida, porque sei que não mereço.

Junior: Ninguém pode merecer o amor de Deus, que é tão grande e não pede nada em troca. Não há nada que possamos fazer para sermos mais nem menos amados, pois ele já nos ama plenamente. Jesus disse que, quando amamos quem nos persegue, agimos como verdadeiros filhos de Deus.

Michelle: Sabe o que mais? Aprendi que amar não é ter sentimentos bons em relação à pessoa, mas, sim, tomar atitudes que demonstrem amor, sabe? É uma escolha.

Ana: Complexo! Mas me faz pensar nas briguinhas que temos às vezes. Deveríamos tentar ser mais compreensivos e menos briguentos.

Ted: Isso é que é desafio! Beeeem difícil mesmo! Imagina o quão diferente seria se todo mundo fizesse isso!

Michelle: É uma maneira de brilhar nossa luz, mostrando um tipo de amor que realmente reflete quem Jesus é.

PARA REFLETIR:

Você deve conhecer alguém com quem é difícil de se relacionar. Talvez seja difícil conviver com essa pessoa. Que tal pensar em como mostrar bondade esta semana? Não deixe que seus sentimentos decidam por você, escolha ser compreensivo e amigável.

24/07

MATEUS 6.5-8

Ted percebe que Jesus está ensinando algo diferente!

Ted: Shhhhhh - **e começou a sussurrar** - Jesus está ensinando as pessoas a orar.

Os amigos ouvem atentos. Depois, comentam.

Michelle: Nessa época, era comum algumas pessoas orarem em público só para se exibir. Jesus diz que essas pessoas são hipócritas, por pregarem algo que elas mesmas não viviam. A fé delas era superficial, desejavam ser vistas e admiradas.

Ana: Tipo, alguns tentavam dar uma de santos, quando, na verdade, estavam com o coração longe de Deus!

Junior: Ei! Como se o Senhor não conhecesse a intenção do coração! Ele sabe quando nossa oração é sincera.

Ted: Então, é errado orar em público?

Michelle: Nada disso! Nós podemos e devemos, sim, orar com outras pessoas, mas também precisamos de nosso momento a sós com Deus. Jesus está dizendo para irmos para o nosso quarto e fecharmos a porta quando formos orar.

Junior: Sabe o que eu acho top? Jesus diz que, se fizermos isso, nosso Pai, que nos vê em secreto, nos recompensará. Isso quer dizer que, mesmo quando achamos que estamos sozinhos, Deus nos vê e está sempre pronto a nos ouvir.

Ana: É verdade, amigo. Deus deseja ter um relacionamento com a gente, e se alegra quando conversamos com ele!

Michelle: Jesus também diz que Deus sabe exatamente do que precisamos antes mesmo de pedirmos. Ele deseja que nós oremos e contemos a ele tudo o que está em nosso coração. Isso é amor de verdade!

ORAÇÃO

Senhor, quero conhecer-te mais e entregar a ti tudo o que está em meu coração! Ajuda-me a ser constante em oração e sempre recorrer a ti. Amém!

Os amigos escutam com atenção Jesus fazer a oração do Pai Nosso.

Ted: Essa eu conheço! Não entendo direito algumas partes, tipo "Santificado seja o teu nome"...

Michelle: Minha mãe me ensinou que somos portadores do nome de Deus e representantes dele na terra. Oramos assim, para que o Senhor nos impeça de desonrar o seu nome e nos capacite a ser semelhantes a Cristo!

Junior: "Venha o teu reino" significa orar para que a justiça de Deus se cumpra no mundo e na nossa vida. Esse é um pedido para que Deus governe sobre cada área da nossa vida e expressa o desejo de que tudo seja restaurado por ele.

Ana: Não é que faz sentido?! Acho que "Seja feita a tua vontade na terra como no céu" é mais fácil de entender. Quer dizer que desejamos que a vontade de Deus se cumpra no lugar da nossa vontade. Afinal, ele sabe o que é melhor para nós.

Michelle: E tem mais: "Dá-nos hoje o pão nosso de cada dia". Essa parte é sobre pedir a Deus apenas o que precisamos, não mais do que isso. Quando nos preocupamos com um dia de cada vez, demonstrando que confiamos na provisão de Deus e que sabemos que ele nos dá tudo o que é necessário!

Ted: Cara, entender o que eu oro deixa a oração muito, muito melhor mesmo! Top!

PARA REFLETIR:

Essa oração de Jesus nos ensina a confiar que Deus supre todas as nossas necessidades. Devemos também pedir que ele nos ajude a viver para honrar seu nome e buscar sua vontade e justiça em nossa vida. Quando entendemos e praticamos essa oração, demonstramos nossa fé e confiança no cuidado amoroso de Deus.

café com Deus pai TEENS

Michelle continua a explicar o Pai Nosso.

Michelle: A próxima parte é: "Perdoa as nossas ofensas, como também temos perdoado aqueles que nos ofendem". Essa é forte! Isso significa que não faz sentido pedir perdão a Deus se não conseguimos perdoar quem nos magoou e nos pediu perdão.

Junior: Forte, Michelle! Precisamos reconhecer que somos pecadores e falhos. Não podemos nos colocar diante de Deus em oração e nos achar maiorais! Ele se agrada de quem reconhece seu pecado e humildemente pede perdão!

Ted: Vocês têm TO-DA razão! Às vezes, fico tão concentrado em pedir coisas a Deus que me esqueço de reconhecer que preciso de perdão.

Ana: E nem acaba aí! Depois vem: "E não nos deixes cair em tentação, mas livra-nos do Maligno, pois teu é o reino, o poder e a glória para sempre. Amém". Temos que nos lembrar de pedir a Deus a força necessária para vencer todo o mal deste mundo e também devemos reconhecer que o único que tem todo o poder é o nosso Pai.

Michelle: Quando oramos assim, pedimos que ele nos livre tanto do mal que há dentro de nós e do mal que há no mundo: as tragédias e pessoas más.

Ted: E olha que parecia ser uma oração simples! O Pai Nosso diz muito sobre confiar em Deus e viver da maneira que ele quer. - **o menino coça a cabeça.**

DESAFIO

Dedique um tempo para refletir sobre a oração do Pai-nosso. Pense nos seus últimos dias e em como você a colocou em prática ou pode colocar.

café com Deus Pai TEENS

Os amigos conversam sobre o Mestre.

Michelle: Eu não me canso de ficar admirada com a sabedoria de Jesus! Ele nos ensina coisas simples que podem mudar nossa vida. Basta aplicarmos ao nosso dia a dia.

Junior: Os ensinamentos do nosso Mestre são incríveis!

Junior faz um sinal para que todos parem de falar porque percebe que Jesus está ensinando uma nova lição.

Michelle: Ele está falando sobre não acumular tesouros na terra, onde tudo pode se estragar ou ser roubado, mas, sim, armazenarmos tesouros no céu **- diz sussurrando.**

Ted: Minha avó disse que nosso coração está ligado ao nosso tesouro. Ela também falou que, se focarmos as coisas espirituais e o céu, nosso coração estará mais perto de Deus.

Ana: É isso mesmo que Jesus quis dizer quando falou algo interessante sobre não servir a dois senhores. Não dá para servir a Deus e ao dinheiro ao mesmo tempo, porque é idolatria.

Junior: Ei, Ana, você está entendendo tudo! Amar ao dinheiro acima de tudo é ter um ídolo, como o povo de Israel tinha no deserto. Nada pode ocupar o lugar que deveria ser de Deus.

Michelle: Faz sentido, Junior! Se você está sempre preocupado em ganhar cada vez mais dinheiro, pode se esquecer do que realmente importa: família, amigos, fé...

Junior: Exato, Michelle! Jesus quer nos lembrar de que nossas prioridades devem estar no lugar certo. Quando o colocamos em primeiro lugar, ele cuida do resto. Ei! Dinheiro não é ruim, mas não deve ser nosso foco principal.

ORAÇÃO

Deus Pai, ajuda-me a confiar em ti e a amá-lo acima de tudo. Ensina-me a buscar primeiro o teu reino, sabendo que tu cuidas de tudo quanto eu possa precisar.

28/07

MATEUS 7.1-6

Os amigos continuam atentos a tudo o que Jesus diz.

Junior: Vocês prestaram atenção no que Jesus acabou de falar? Ele disse para não julgarmos os outros para que não sejamos julgados. Forte!

Ana: Uau! Forte mesmo, Junior! Ele afirmou que a mesma medida que usamos para julgar os outros também será usada para nos julgar. Isso me faz pensar em como posso ser crítica com outras pessoas sem perceber.

Ted: Me impressionou muito quando ele disse que não devemos nos preocupar com o cisco no olho do amigo enquanto há um tronco no nosso olho. Eu sei que esse é só um exemplo, mas me fez lembrar de que eu tenho uma mania feia de prestar bastante atenção no erro que as outras pessoas cometem, quando o meu é até pior! Tipo quando fico reclamando de uns "folgadinhos" lá da escola, mas me esqueço de que também sou bem teimoso e briguento!

Michelle: Acho que todo mundo faz algo desse tipo de vez em quando!

Junior: E é por isso que esse ensinamento de Jesus é tão precioso. Temos a tendência de nos preocupar com os pequenos erros dos outros, mas ignoramos nossos grandes erros.

Michelle: E Jesus disse que é inútil tentar ajudar alguém a entender como são as coisas de maneira correta se nós mesmos não conseguimos entender direito. Seria como tirar zero em matemática e querer dar aula da matéria.

Ana: Por isso, antes de tentar corrigir alguém, precisamos garantir que estamos fazendo o certo também.

DESAFIO

Tente passar um dia inteiro sem criticar ninguém. Em vez disso, concentre-se em ser positivo e encorajador com todos ao seu redor.

Café com Deus Pai TEENS

Ana chama a atenção dos amigos: Gente, gente! Ouçam com bastante atenção o que Jesus está dizendo!

Todos ouvem atentamente. Depois, conversam.

Junior: Ele está ensinando sobre a persistência na oração e sobre o quanto o Senhor é bom!

Ana: É tão linda essa parte! Fico emocionada em ouvir que, se pedirmos, receberemos; se buscarmos, encontraremos; e, se batermos, a porta será aberta. É tipo uma promessa de que Deus está sempre disponível.

Ted: E eu, todo impaciente, peço uma vez e, se não acontece nada, já fico frustrado. Mas estou aprendendo que Deus está no controle de tudo e sabe a hora certa de cada coisa.

Michelle: Já eu, Ted, sinto uma paz enooooorme por saber que não estamos sozinhos. Mesmo que pareça que ninguém pode nos ajudar, ele está sempre pronto para nos ouvir e socorrer.

Ana: E Jesus também compara a bondade de Deus com a dos pais. Se os pais humanos e falhos sabem dar boas coisas aos filhos, imagina Deus, que é perfeito!

Michelle: Sim! Temos que aprender que às vezes pedimos coisas que não são boas para nós, e Deus, como Pai amoroso, não nos dá o que não é da sua vontade. Podemos, sim, pedir o que nosso coração deseja, mas devemos orar para que seja feita a vontade de Deus.

Junior: Verdade! E ele termina com a regra de ouro: "Assim, em tudo, façam às pessoas o que querem que elas façam a vocês, pois esta é a Lei e os Profetas." É bom para nos lembrarmos de que devemos tratar bem as pessoas, como desejamos ser tratados.

ORAÇÃO

Pai celestial, obrigado por sempre me ouvir, peço que me ensines a tratar os outros da mesma forma que eu desejo ser tratado. Em teu nome eu oro, amém.

café com Deus Pai TEENS

Ted chama a atenção para a fala de Jesus: Ei! Jesus está falando sobre duas portas: uma estreita e uma larga. Como assim?

Junior: Ah, ele está dizendo que a estreita leva à vida, e a larga leva à perdição.

Ted: Meio assustador pensar assim...

Michelle: É uma analogia para nossas escolhas entre o certo e o errado, Ted. Muitas vezes, o caminho errado pode ser tentador, porque parece ser o mais fácil.

Ana: Fora que ele diz que são poucos os que encontram a porta estreita. Estou aqui só matutando sobre as escolhas que faço todos os dias.

Junior: É bem por aí, Ana! É como escolher não revidar quando nos provocam. É muuuuito difícil, mas é a coisa certa a fazer.

Michelle: Exatamente, Junior! E isso significa que não vamos estar sozinhos nesse caminho. Jesus também está lá, ajudando a gente a seguir pelo caminho certo e a fazer as melhores escolhas.

Ted: Também mostra a importância de ter amigos como vocês, não é? Vocês me ajudam a não escolher ir pela porta larga. Aprendo muito com vocês todos os dias! Nossa amizade me leva para mais perto de Deus!

Ana: Ai, que lindooooo, amigo! Eu também sou muito feliz com a nossa amizade! É muito bom aprender sobre Jesus com vocês!

Todos os amigos se abraçam, felizes.

PARA REFLETIR:

Como alguém que escolheu a porta estreita, que atitudes você pode tomar para honrar sua decisão? Pode ser algo como ajudar alguém ou não participar de uma fofoca. Depois, escreva sobre as dificuldades que você enfrentou por não escolher o caminho mais "fácil" e sobre como você se sentiu.

Café com Deus Pai TEENS

Ted, muito atento à fala de Jesus: Vocês ouviram isso? Jesus falou sobre duas casas, uma construída na rocha e a outra na areia. Fiquei meio confuso.

Michelle: Jesus fez uma espécie de comparação da nossa vida com a construção dessas casas, entende?

Ted: Ah, tá! Estou começando a entender...

Junior: Vou tentar explicar: construir na rocha significa viver de acordo com a vontade de Deus e obedecer a ele, por mais desafiador que seja. Assim, quando passamos por algum problema que questione a nossa fé, continuamos firmes e seguros, porque construímos nossa fé na rocha, ou seja, conectados a Deus.

Ted: Construir na rocha é ter uma fé firme, então! E na areia? É quando temos algum problema e não confiamos, nossa fé fica abalada, tipo, como quando piso na areia fofa e desequilibro?

Junior: Isso, Ted! A rocha é firmeza que temos em Deus. A areia é quando cambaleamos na fé.

Michelle: Estar na rocha é procurar fazer o que é certo, mesmo quando é mais difícil ou quando ninguém está olhando. Estar na areia é escolher o caminho mais fácil, pensar só no que queremos no momento, sem consultar a Deus.

Ted: Interessante como Jesus tem várias formas de ensinar. Estou curtindo demais! Eu realmente desejo construir minha vida na rocha, ser obediente e ter alicerce em Deus! Quero estar seguro e forte espiritualmente quando as tempestades vierem.

Michelle: É MA-RA-VI-LHO-SO como Jesus ensina tudo isso com tanta autoridade. Não é um conselho qualquer, é uma verdade poderosa de Deus para nossa vida.

DESAFIO

Identifique como você pode construir alicerces na rocha e se firmar nos princípios que Jesus ensinou. Faça uma lista e comprometa-se a agir para que mudanças verdadeiras aconteçam em você.

café com Deus pai
TEENS
DEUS VÊ OS DETALHES

AGOSTO

VOCÊ TEM UM HOBBY?

Algo que você faça apenas por diversão?

Que tal começar uma atividade nova este mês.

Anote o que é necessário para que você possa atingir seu objetivo.

Os amigos observam um mudança!

Ted: Jesus está descendo do monte, e a multidão está indo atrás dele. Olhem! Um homem chegou pertinho de Jesus. Parece que ele precisa de ajuda.

Junior: Com aqueles braços feridos, é um leproso! Normalmente, as pessoas com essa doença eram mantidas à distância porque era muito contagiosa. No tempo de Jesus, a medicina não tinha todos os tratamentos de que dispomos agora.

Ana: Ele está de-ses-pe-ra-do por ajuda, até ajoelhou diante de Jesus e pediu cura: "Senhor, se quiseres, podes purificar-me".

Sem pensar duas vezes, Jesus estende a mão e toca o homem, que é curado na mesma hora.

Ted dá um salto: UAU! Vocês viram isso??? Viram? Jesus não teve medo de pegar a doença, e o homem foi cu-ra-do no mesmo instante!! Não tem mais nenhuma mancha em sua pele.

Michelle: Jesus é sensacional! Ele simplesmente disse: "Eu quero, seja purificado!", e o homem foi curado. É incrível!

Junior: Ei! Viram que o Mestre não é só poderoso, também é amoroso e misericordioso? Ele podia ter curado o homem de longe, mas tocou nele. Ninguém mais faria isso!

Ana: E ainda está falando ao homem para não contar a ninguém, mas, sim, ir até o sacerdote e oferecer o sacrifício que Moisés ordenou, como testemunho.

Ted: Aqueles da lei?

Michelle: Isso, Ted! Quando alguém era curado de uma grave doença de pele, era necessário fazer isso para ser aceito de volta pela sociedade. Jesus se preocupou com ele nos mínimos detalhes.

PARA REFLETIR:

Como você pode ajudar quem precisa? Você tem ignorado essas pessoas? Peça em oração todos os dias para que o Senhor o ajude a ter compaixão e coragem para ajudar quem necessita de auxílio.

02/08

MATEUS 8.23-27; MARCOS 4.35-41; LUCAS 8.22-25

Os quatro amigos observam Jesus entrar em um barco com seus discípulos, rumo ao outro lado do mar. Enquanto eles avançam, uma tempestade começa a se formar.

Ana: O tempo está mudando bem rápido. Vejam como as nuvens estão ficando escuras e carregadas! Vem chuva forte por aí.

Michelle: Já estou sentindo algumas gotas! Vamos correr!

Para não ficarem encharcados, os amigos correm para se abrigar sob uma tenda e voltam a conversar.

Junior: Vocês sabem o que vai acontecer no barco?

Michelle: Eu sei! Jesus vai cair no sono enquanto a tempestade se forma, e os discípulos vão começar a ficar cada vez mais assustados com a força do vento e das ondas, que balançam o barco.

Ana: Como ele consegue dormir assim?

Junior: Os discípulos vão se perguntar a mesma coisa! E, com medo de o barco virar e eles naufragarem, vão acordar Jesus. Então, o Mestre vai acordar, ficar de pé e repreender o vento e o mar, dando uma ordem para que parem!

Michelle: E tudo vai se acalmar, simples assim...

Ted: IN-CRÍ-VEL! Só Jesus para fazer isso mesmo!

Michelle: A Bíblia diz que o Mestre perguntou aos discípulos: "Onde está a fé de vocês?". Eles, admirados, perguntaram uns aos outros: "Quem é este que até aos ventos e às águas dá ordens, e eles lhe obedecem?"

Junior: Ele tem poder e autoridade sobre todas as coisas, até sobre a natureza. Nada está fora de seu controle, nem mesmo a imensidão do mar.

ORAÇÃO

Deus Pai, ajuda-me a confiar em ti. Da mesma forma que os discípulos não podiam controlar a tempestade, diversas situações estão fora do meu controle. Que, em cada uma delas, eu possa sempre me lembrar de que tu és capaz de acalmar qualquer tempestade, inclusive as que acontecem dentro do meu coração. Em nome de Jesus, amém!

MATEUS 9.1-8; MARCOS 2.1-12; LUCAS 5.17-26

A xícara abre um novo portal e os amigos vão parar em Cafarnaum, onde há um grande tumulto em volta de uma casa.

Ted: O que está acontecendo? Qual é a daqueles homens carregando alguém na maca?

Junior: Jesus está dentro da casa, Ted. Essa grande multidão se formou para ouvi-lo. Até os mestres e fariseus estão lá. Então esses homens trouxeram seu amigo paralítico para tentar chegar a Jesus.

Eles observam que, ao não conseguir se aproximar da entrada da casa por conta da multidão, os homens começam a subir no telhado.

Michelle: Prestem atenção! Os amigos estão abrindo um buraco no telhado para fazer com que o homem chegue a Jesus! Isso que é dedicação à amizade e fé que Jesus pode curá-lo.

Os amigos correm para ver de mais perto e sussurram.

Ana: Eles estão descendo a maca bem na frente de Jesus. Todos estão em choque!

Os amigos ouvem Jesus dizer ao paralítico: "Filho, os seus pecados estão perdoados."

DESAFIO

Pense em como ajudar seus amigos em momentos difíceis. Mostre a mesma determinação e fé que os quatro homens tiveram ao levar o paralítico até Jesus, sem se importarem com a dificuldade.

Ted: Uau! Simplesmente, u-a-u!!!

Os amigos se distanciam da casa e conversam.

Junior: Top! Só que essa atitude de Jesus vai deixar os mestres da lei bem irritados. Vão acusar Jesus de blasfemar, já que o único que pode perdoar pecados é Deus.

Michelle: Ah, mas Jesus vai questioná-los: "O que é mais fácil dizer: 'Os seus pecados estão perdoados' ou: 'Levante-se e ande'?". Então vai dizer ao paralítico para levantar-se, pegar sua maca e ir para casa! E assim ele prova que o Filho tem autoridade para perdoar pecados.

Ted: Olhem ali! O paralítico está saindo da casa, carregando a sua maca!

Todos: U-AAAAAA-UUUUUU!

café com Deus Pai TEENS

Os amigos percebem tudo se mover.

Todos: Oooooooo.

Olham ao redor e percebem que estão em outra cena.

Ted: Vocês estão ouvindo gritos?

Michelle: Sim, são dois homens cegos gritando por Jesus. Eles pedem por misericórdia.

Ana: Jesus entrou em casa e eles o seguiram.

Os amigos vão lá perto e presenciam algo incrível.

Junior: Olhem! Jesus está perguntando se eles acreditam que ele pode curá-los. E eles responderam que sim!

Ted, Michelle, Ana e Junior observam Jesus tocar os olhos dos homens.

Michelle: Jesus disse: "Que seja feito segundo a fé que vocês têm"! É incrível ver como a fé é importante para que milagres aconteçam.

Ted: Eles... estão... en-xer-gan-doooo! Estão pulando e gritando de alegria! Ainda bem que eles creram!

DESAFIO

Pense em algo maravilhoso que Jesus fez por você e como você pode compartilhar essa boa notícia com alguém de uma maneira que honre o que ele pediu. Faça de um jeito que a pessoa sinta vontade de conhecer Jesus pelo que ele é, não apenas pelos milagres que pode fazer.

Maravilhados, os amigos se afastam e continuam a conversa.

Ana: Jesus é muito, muito incrível!

Junior: Ele é top! E detalhe: Jesus pediu que os homens não contassem a ninguém.

Ana: Eu me pergunto por que ele sempre pede isso depois de fazer um milagre.

Michelle: Ah, acho que ele não quer que as pessoas o sigam só pelos milagres. Ele quer que as pessoas o sigam por quem ele é.

Ted: Acho que não rolou! Eles estão tão felizes que estão contando para todo mundo, mesmo Jesus tendo pedido segredo.

Café com Deus Pai TEENS

Um novo portal da xícara se abre. Os amigos estão tão entusiasmados com todas as maravilhas de Jesus que demoram para ver. Então, surge um vento que chama a atenção deles, que correm para ver qual será a próxima história da vida do Mestre.

Ana: Amo essa parte! Os discípulos de Jesus estão sendo enviados para pregar sobre o Reino de Deus e levar cura aos necessitados.

Ted: E Jesus disse para eles não levarem nada nessa viagem, nem pão, nem dinheiro, nem roupa extra, nem outras coisas! Estranho, não é, não?

Junior: Não, Ted! O Mestre deu essa instrução para eles confiarem na provisão de Deus. Com a autoridade que Jesus deu a eles, eles vão pregar o evangelho e curar pessoas por onde passarem.

Ted: Uau! Que missão sensacional!

Michelle: E tem mais: quando eles voltarem, estarão superanimados! Dirão que até os demônios se submeteram a eles por causa do nome de Jesus.

Ana: É muita autoridade que esse nome carrega! E isso basta.

Junior: Exato! E essa confiança e fé que os discípulos demonstram são exemplos para nós. Devemos confiar que Deus sempre nos dará o que precisamos para cumprir nossa missão.

Ted: Agora fiquei inspirado! A gente bem que poderia começar a compartilhar o amor de Jesus com quem está ao nosso redor.
Não é verdade que, assim como esses discípulos, nós também temos a missão de espalhar a boa notícia de que há salvação para que todos possam crer em Jesus?

Junior: Ei, Ted, você já está fera na Palavra!

ORAÇÃO

Senhor, ajuda-me a me lembrar de que meu valor vem de ti, e não apenas do que sou capaz de fazer. Que a minha vida reflita teus milagres. Amém!

café com Deus Pai TEENS

Os amigos entram em outro portal aberto pela xícara. Eles caem próximo do templo, de onde Jesus saía com os discípulos. Junior, Michelle, Ana e Ted ouvem atentamente a conversa e, em seguida, comentam.

Junior: Vocês ouviram? Jesus disse que seremos perseguidos por causa dele. E isso me faz pensar em algo que é bem sério: nós estamos dispostos a enfrentar tudo por Deus? Qualquer situação?

Ana: Tudo, tudo, tudinho mesmo?

Junior: É, Ana! Será que estamos prontos para o que der e vier?

Ted: Eu nunca tinha parado para pensar nisso! Real!

Ana: Confesso que fiquei com medinho! Fiquei até arrepiada!

Junior: Ei! Mas ele não disse isso para ficarmos com medo. Existe esperança, pessoal. Jesus disse que quem perseverar até o fim será salvo. Isso é como um lembrete para não nos deixar desanimar nem desistir, mesmo quando as coisas ficarem difíceis.

Ana: Precisamos ter coragem, então!

Michelle: E o Mestre também falou do evangelho ser pregado em todo o mundo. Isso me faz pensar que, não importa o que aconteça, nossa missão de pregar o evangelho e compartilhar o amor de Deus não muda.

Ana: Então, bora!! Podemos até sofrer por amor a Deus, mas jamais, em hipótese alguma, devemos deixá-lo. Ele nos ama com amor infinito e nos sustentará e nos ajudará até o fim!

Ted: Bora! Se tem alguém que merece que tenhamos coragem de enfrentar qualquer coisa por ele, esse alguém é Jesus!

PARA REFLETIR:

Para você, o que significa ser fiel em tempos difíceis? Como você pode se preparar para enfrentar desafios enquanto mantém a fé? Reflita bem sobre isso!

MATEUS 10.32-38;
LUCAS 12.8,9; 12.51-53

Depois de serem levadas pelo portal da xícara a um novo cenário, os amigos ouvem com muita atenção os ensinamentos de Jesus. Logo em seguida, começam a conversar sobre o que aprenderam.

Michelle: Jesus disse algo que me chamou muita atenção: quem o confessar diante dos homens, ele também confessará diante de seu Pai que está nos céus.

Ted: Eu não entendi bulhufas, como diria a minha avó!

Todos riem. Mas, logo, Ana chama atenção para a importância do ensino de Cristo.

Ana: Isso é bem sério, Ted. Ele está nos ensinando que a nossa fé precisa ser pública. Devemos demonstrar que somos seguidores de Jesus, e não manter isso só para nós mesmos.

Michelle: E tem mais! Ele disse que quem o negar diante dos homens, também será negado por ele diante de seu Pai. Não podemos ter medo de mostrar que somos discípulos de Jesus meeesmo!

Ted: Faz sentido!

Junior: Com certeza. E ele falou de tomarmos a nossa cruz, o que significa que segui-lo pode não ser fácil o tempo todo, pode custar nosso conforto ou outras coisas. Carregar a cruz definitivamente não é fácil! Mas, ele já tinha dito que é como passar pela porta estreita ao invés da porta larga.

Ana: Verdade! Jesus valoriza nossa lealdade e nosso amor.

Ted: Bem por aí! Eu sinto que, nessa viagem, estamos sendo preparados para sermos fortes e ao mesmo tempo amorosos. Ainda bem que temos Deus para nos ajudar!

ORAÇÃO

Pai amado, ajuda-me a ser corajoso e fiel. Cumpra teus propósitos em mim e conceda-me graça para propagar teu evangelho a todos. Em teu nome eu oro, amém.

08/08

SALMOS 78.1,2,
MATEUS 13.10-17

A esta altura da viagem, os amigos já estão acostumados com os portais abertos pela xícara. Apesar de estarem adaptados à velocidade, aos barulhos, às quedas e ao tempo sendo acelerado, a empolgação que toma conta deles é cada vez maior. Desta vez, quando entram no portal, caem pertinho de Jesus e percebem que ele está contando histórias para a multidão.

Michelle: Atenção! Atenção! Jesus está contando parábolas.

Ana: Eu me lembro de algumas parábolas! Como é precioso aprender com o Mestre.

Ted: O que são parábolas?

Junior: Parábolas são uma maneira diferente de ensinar.

Michelle: Isso mesmo! Jesus usa histórias que ensinam algo por meio de alegorias ou comparações. Esse método era bem comum nessa época. Jesus transmitia uma lição usando informações do dia a dia do povo, como as relações familiares, a agricultura e o trabalho.

Junior: O Mestre usava as parábolas para ajudar as pessoas a entenderem verdades complexas sobre a salvação e o Reino de Deus de um jeito mais simples.

Ted: Ah, tá!

Michelle: A primeira coisa que aprendemos é o que é o Reino: assim como as nações e os reinos da terra têm governantes, o Reino de Deus é governado pelo Senhor Jesus. E é pela salvação em Cristo e pela vida com o Espírito Santo que somos conduzidos à vida eterna com Deus. As parábolas nos ajudam a entender como tudo isso funciona e qual é o nosso papel.

Ted: Jesus é o cara! Por isso que é tão legal aprender com ele.

Ana: Verdade, Ted!

ORAÇÃO

Mestre, te agradeço por me ensinar de tantas formas. Prepara o meu coração para receber o conhecimento que vem de ti, amém.

café com Deus Pai TEENS

Os amigos prestam atenção na parábola e, em seguida, comentam.

Michelle: Na Bíblia, essa recebeu o nome de parábola do semeador. Jesus disse que sua mensagem é como uma semente. Se lançada à beira do caminho, será arrancada. Se cair em terreno pedregoso, será perdida. Se cair entre espinhos, será sufocada. Mas, quando cair em boa terra, produzirá uma colheita farta.

Ted: Meio confuso, não é? – **diz o menino, coçando a cabeça.**

Junior: É assim, Ted: a mensagem de Deus lançada à beira do caminho é aquela que alguém ouve e não entende; então não nutre apego e não ama; por isso, pode ser arrancada com facilidade.

Ted: Faz sentido.

Michelle: A que cai em terreno pedregoso é aquela que não cria raízes, porque foi recebida de modo superficial. Quando a Palavra não está profunda no nosso coração, não fica segura nem estável; aí, ela se perde. Por exemplo, se alguém passar por alguma dificuldade, vai se esquecer do que ouviu, porque não gravou a mensagem.

Ana: Explicação top, Mi!

Junior: Foi mesmo! O que Jesus quis dizer ao falar da semente que cai entre espinhos é que muitas pessoas ouvem a mensagem, mas o coração, onde ela deveria criar raízes, é hostil, porque está cheio de preocupações, dúvidas e enganos que sufocam a Palavra. Daí, ela não pode crescer saudável para poder gerar frutos.

Ted: Entendi! Então, a mensagem que encontra um coração preparado é aquela que dá frutos. Isso significa que, quando uma pessoa ouve e compreende o ensino, recebe abundância a ponto de poder até compartilhar com outras pessoas.

Ana: Ted, você está voando!

ORAÇÃO

Que a tua mensagem encontre terra fértil no meu coração, Senhor. Prepara-me e capacita-me a dar frutos. Em nome de Jesus, amém.

MATEUS 13.24-30,36-43

café com Deus Pai TEENS

Jesus conta mais uma parábola, sobre a qual os amigos comentam.

Ana: Ah, essa é a parábola do joio e do trigo. Ela diz que um homem plantou semente boa, mas, enquanto ele dormia, seu inimigo veio e semeou joio no meio do trigo para enganá-lo.

Michelle: O joio e o trigo são muito parecidos, mas o joio é tipo uma erva daninha.

Ana: Ainda bem que o dono do campo teve sabedoria para discernir o joio do trigo somente no tempo da colheita, em vez de arrancar tudo.

Ted: Se eu entendi, o dono do campo é uma figura que retrata o Senhor.

Junior: Ei! É isso mesmo! Jesus explica que os filhos do Reino são a boa semente plantada no mundo. E o joio representa os que não pertencem ao Reino, mas são semeados pelo Inimigo. No fim dos tempos, Jesus vai separar o joio do trigo.

Michelle: Per-fei-to! Jesus diz que "os justos brilharão como o sol". E os justos são o trigo, ou seja, os verdadeiros seguidores de Cristo, que demonstram isso não só com palavras, mas também com atitudes.

Junior: Algumas pessoas podem até se fazer de cristãs, mas são como o joio. Elas podem até enganar algumas pessoas, mas Jesus reconhece quem são os verdadeiros.

Ted: É, precisamos mesmo de sabedoria para não vivermos de aparência. Eu é que não quero ser confundido com o joio. Misericredo! Quero que todos saibam que eu pertenço ao Reino e sou seguidor de Jesus Cristo.

Junior: Isso mesmo, Ted. Devemos brilhar como o sol. Que bom que a graça de Deus e o Espírito Santo nos ajudam.

ORAÇÃO

Deus Pai, dá-me sabedoria para viver de modo que eu não seja confundido. Ajuda-me a entender quem eu sou e quem tu és, para que eu não seja abalado. Amém!

café com Deus Pai TEENS

Os amigos continuam conversando.

Ted: Estou aprendendo muitão com as parábolas.

Ana: Conte-me mais sobre isso! – diz a menina fazendo pose de reflexiva.

Ted: Ah, agora já sei qual deve ser o meu comportamento com relação ao Reino. Tipo, entendi que preciso ter certeza de que o meu coração e a minha mente estejam preparados para a Palavra, como uma terra boa e fértil. Só assim ela criará raízes na minha vida e dará muitos frutos. Também preciso desenvolver, com a ajuda de Deus, um caráter e um estilo de vida que demonstrem quem sou, a quem pertenço e no que acredito.

Michelle: Que orgulho! Ted, Jesus contou histórias para todos, mas só quem tinha desejo de aprender conseguiu extrair o verdadeiro significado das parábolas. As figuras usadas eram comuns só na época de Cristo, mas a aplicação permanece atual no nosso tempo.

Junior: Outro recurso que Jesus usou para representar o Reino de Deus foi o grão de mostarda, muito comum na região. O Mestre diz que o Reino é semelhante a esse minúsculo grão que cresce e se torna uma das maiores hortaliças. A semente pequenininha tem potencial para crescer e se transformar muito!

Ana: O Reino de Deus, apesar de praticamente invisível aos olhos do mundo no tempo do Mestre, tinha potencial para crescer, se expandir e se fortalecer. Jesus também disse que, uma vez que um grão se torna uma árvore, as aves fazem ninhos nos ramos. O Reino é refúgio e abrigo para o povo de Deus.

Ted: Jesus tirou onda ensinando! Em duas frases, ele diz TU-DO! Que bom que podemos encontrar as riquezas das parábolas.

ORAÇÃO

Pai, te agradeço por enviar teu Filho ao mundo para nos ensinar. Ajuda-me a viver como Jesus ensinou. Amém.

MATEUS 13.33-35

Michelle continua a falar das parábolas.

Michelle: Para complementar a parábola do grão de mostarda, Jesus comparou o Reino dos céus ao fermento.

Ana: Lá em casa, nós temos o costume de fazer bolos e pães. O fermento é essencial... Uma vez, fui fazer um bolo de chocolate, aí separei os ingredientes, peguei uma tigela e misturei direitinho, coloquei na forma untada e levei para o forno pré-aquecido. Quando tirei o bolo do forno, adivinhem? Além de o bolo não ter crescido, ficou embatumado. Eu tinha me esquecido do fermento! O meu pai teve que jogar fora quando foi experimentar, porque não tem cobertura de chocolate que salve um bolo ruim. Que raiva!

Michelle: Quem nunca, amiga?!

Ted: Acho que entendi a comparação. Do mesmo jeito que o fermento precisa ser acrescentado e misturado aos ingredientes para o crescimento de um bolo, o Reino de Deus deve fazer parte de cada aspecto da nossa vida para que possamos crescer.

Junior: Muito bem, Ted! Temos de agir como Cristo ensinou, seguindo a vontade de Deus em tudo o que fizermos, em todos os lugares e todas as esferas da nossa vida.

Michelle: Exatameeeeenteeee. Essa parábola, apesar de curta, nos ensina muitas lições importantes. A parábola do grão de mostarda fala do crescimento do Reino; esta fala do crescimento que o Reino promove em nós, algo que vem dentro para fora.

PARA REFLETIR:

Você consegue explicar por que a parábola do grão de mostarda fala de um crescimento exterior, enquanto a do fermento aborda um crescimento interior?

Michelle diz para os amigos prestarem atenção no Senhor.

Michelle: Shhh! Ouçam!

Assim que Jesus termina de contar a parábola, os amigos comentam.

Michelle: Essa é a parábola do proprietário que contratou trabalhadores para sua vinha por um denário, uma moeda romana desse tempo. O dono da vinha contratou os trabalhadores em diferentes horários do dia e fez o acordo de lhes pagar o que fosse justo. Ao final do expediente, os que foram chamados primeiro haviam trabalhado por mais tempo, mas todos receberam um denário. Então, os que chegaram primeiro foram até o proprietário para reclamar.

Ana: Olha, eu não queria falar nada não, mas quando ouvi essa parábola pela primeira vez, logo pensei que eu também faria um barraco.

Ted: Não achei justo que quem passou o dia todo ralando receba o mesmo salário de alguém que acabou de chegar!

Michelle: Mas Jesus explicou que o proprietário havia deixado claro para os que chegaram primeiro que eles receberiam um denário? Ele não omitiu essa informação, e eles concordaram. Ao fim do dia, receberam o que haviam combinado. Quem decide quanto cada trabalhador recebe é o proprietário.

Ana: É, pensando por esse lado...

Ted: Pois é! No fim, aprendi que, no Reino de Deus, alguns chegam cedo, outros bem mais tarde. A Michelle, por exemplo, foi ensinada desde pequena sobre os caminhos do Senhor e a Palavra. Eu cheguei mais tarde e estou aprendendo agora. Mesmo assim, Deus me chama para estar com ele, me acolhe com sua graça e me abençoa.

ORAÇÃO

Pai querido, te agradeço pela oportunidade de ser teu filho. Ensina-me a realizar a tua obra. Em nome de Jesus, amém!

café com Deus Pai TEENS

Ana se lembrou de outra parábola.

Ana: Estou aqui pensando em outra história que Jesus contou sobre o serviço e a dedicação ao Reino: a parábola dos talentos.

Ted: Como é essa, Ana?

Ana: O Mestre contou sobre um homem que chamou seus servos antes de sair de viagem e distribuiu seus bens para eles administrarem. Um deles recebeu cinco talentos; outro, dois; e o outro, apenas um. Os dois primeiros dobraram a quantia, mas o último escondeu o seu em um buraco, enterrado. Ao retornar, o homem amou que dois servos multiplicaram os talentos, mas se irritou com o que enterrou o que recebera.

Michelle: Isso nos mostra a importância de administrar com sabedoria o que Deus nos dá, sejam bênçãos, sejam dons. O Pai nos confia um monte de coisas: talentos, recursos, habilidades, conhecimentos e até bens materiais.

Junior: Ei! Devemos fazer a nossa parte para contribuir com as obras do Reino. Deus espera que multipliquemos, não que enterremos o que nos concede. Tudo o que fizermos com o que ele nos dá terá uma consequência, positiva ou negativa, no futuro.

Michelle: Siiim! Se queremos agradar a Deus, temos de usar o que ele nos dá para a glória dele, de acordo com a vontade dele!

CURIOSIDADE

O talento era uma unidade de medida para quantidades de massa. Na parábola, um talento pesava aproximadamente 34 quilogramas. Quando revertido em peso de unidades monetárias, equivalia a cerca de quinze a vinte anos de trabalho.

Junior: Os dois primeiros homens serviram com amor, sabedoria, responsabilidade e diligência, por isso, multiplicaram. No momento em que tiveram de prestar contas, seu senhor se agradou. O terceiro servo foi negligente e insensato, e sofreu as consequências por isso.

Café com Deus Pai TEENS

A xícara abre um portal e, quando se dão conta, os amigos estão dentro de uma parábola contada por Jesus.

Junior: Ei! Estamos dentro de uma parábola. E acho que já até sei qual é.

Os amigos percebem um homem caído, com várias feridas no corpo.

Ana: Aaaaaaah, já sei! É a parábola do bom samaritano.

Ted: Eu acho que esta até eu conheço!

Ana: Conta aí, então, Ted.

Ted: Um homem ia de Jerusalém para Jericó quando assaltantes bateram nele e o deixaram quase morto. Misericredo! Então, um sacerdote passou pela estrada, viu o homem e passou pelo outro lado. Depois, um levita passou e fez a mesma coisa. Em seguida, um samaritano viu o homem caído e teve piedade dele. O samaritano cuidou dos machucados, colocou o ferido em seu próprio animal e o levou para uma hospedaria. Para fechar com chave de ouro, ele ainda pagou tooodas as despesas desse homem.

Ana: Disse tudo! Arrasou!

Junior: Sensacional, Ted! Essa parábola nos mostra a maneira como devemos tratar as pessoas, independentemente de quem elas sejam. Naquela época, judeus e samaritanos tinham várias tretas, por política, religião e outras coisas. Eles não se misturavam. Caso se encontrassem, o comportamento seria hostil de ambos os lados. Mas a parábola do bom samaritano ensina que nenhum motivo deve nos impedir de demonstrar amor e compaixão ao próximo.

Michelle: Como diz o ditado popular: "Temos que fazer o bem sem olhar a quem!".

ORAÇÃO

Senhor amado, ajuda-me a demonstrar o teu amor pelas pessoas e a amar como tu amas, sem qualquer preconceito ou obstáculo. Em nome de Cristo Jesus, amém.

Café com Deus Pai TEENS

Michelle continua a explicar sobre fazer o bem.

Michelle: Como está escrito em João 15, o Pai deseja que nós, por estarmos firmados em Jesus, geremos frutos. O fruto , ou seja, falas, gestos e boas obras, demonstra que tipo de pessoas somos.

Ted: A minha avó vive dizendo que uma macieira não pode dar bananas; assim como uma bananeira não pode dar maçãs.

Michelle: Exatamente isso. Se estamos em Jesus, nossos frutos demonstrarão isso. Então, no nosso serviço no Reino, na maneira como tratamos as pessoas, no nosso relacionamento com Deus, na forma como colocamos a Palavra em prática e em tudo mais que fazemos e falamos, temos de dar frutos.

Ana: Jesus fala muitão disso. Inclusive, na parábola da figueira seca, entendemos que Deus deseja que demos frutos.

Junior: Sim, e a falta de fruto inutiliza a árvore, assim como acontece conosco.

Michelle. Verdade! Mas Deus é paciente e nos dá a chance de conseguir os nutrientes para nos fortalecer e frutificar.

Ana: Ele também é justo, o que significa que há consequência para quem não dá frutos, porque não adianta dizer que permanecemos em Jesus se não demonstramos.

Michelle: Isso mesmo! A parábola também é um alerta: quem não dá frutos será cortado.

Junior: O que me chama a atenção é que Jesus diz que havia um responsável pela vinha. Nós não estamos sozinhos, desacompanhados. Deus cuida de nós e nos providencia o necessário. Com ajuda do cuidador, o homem optou por esperar mais um tempo. Foi assim conosco: Jesus interveio em nosso favor; ele nos nutre e cuida de nós.

ORAÇÃO

Senhor Jesus, que os teus ensinos sejam nutrientes para me fortalecer. Ajuda-me a dar frutos e a permanecer em ti. Amém.

A conversa sobre as parábolas continua.

Michelle: As parábolas também revelam o caráter de Jesus e como ele se sente com relação a nós.

Ted: Ué?! Agora eu não entendi foi nada!

Michelle: Ted, um dia, Jesus foi criticado por fariseus e mestres da lei por se juntar a pecadores. Então, ele contou a parábola da ovelha perdida: se um bom pastor tem cem ovelhas e uma delas se perde, ele deixa as noventa e nove no campo e vai atrás da que se perdeu para encontrá-la. Quando encontra a ovelha, toma-a em seus braços com alegria.

Ana: E, em outro texto, Jesus afirma que ele é o Bom Pastor porque ele dá a vida pelas ovelhas.

Michelle: E-xa-toooo! Quando nós estávamos dominados pelo pecado, ele deu a própria vida no nosso lugar, para nos poupar e resgatar. Ele sempre vai em busca quando um de nós se perde.

Ted: Uma vez eu li que as ovelhas são animais indefesos, vulneráveis e completamente dependentes do pastor. Diante de ameaças, são incapazes de se defender sozinhas. E, quando se perdem, não conseguem encontrar o caminho para retornar nem cuidar de si mesmas. Então, uma ovelha perdida fica suscetível a ataques, desprotegida e não tem suas necessidades supridas.

Ana: Uau, Ted! Faz toooodo sentido!

Junior: Faz mesmo! Nós somos como as ovelhas. Quando estamos distantes do Bom Pastor que é Jesus, não há nada que possamos fazer para cuidar de nós mesmos. Somos completamente dependentes dele. A boa notícia é que Cristo está à procura das ovelhas perdidas e se alegra ao encontrá-las. Nós precisamos nos dedicar a permanecer sempre na presença e sob os cuidados do Bom Pastor.

ORAÇÃO

Bom Pastor, graças te dou por dar a vida para me resgatar. Ajuda-me a permanecer sempre perto de ti. Amém.

Café com Deus Pai TEENS

Os amigos continuam a conversa.

Junior: Quando Jesus foi criticado pelos fariseus e mestres da lei, disse: "Se uma mulher tivesse dez moedas e perdesse uma delas, procuraria em todos os lugares com atenção. Ao encontrá-la, essa mulher se reuniria com as amigas para celebrar". Então, o Senhor explicou que é exatamente assim que acontece: há alegria no céu quando um pecador se arrepende.

Ana: É muito amor envolvido!

Ted: Fico até emocionado com a maneira como Deus se revela na Bíblia.

Michelle: Eu também! Ele nos ama tanto que deseja nos ter sempre por perto. Quando um de nós se perde, ele fica atento e, depois, celebra nosso retorno. O Pai tem muitos filhos, que valem muito mais do que as dez moedas, e, ainda assim, ele ama e valoriza cada um. Ele se alegra quando um pecador se arrepende.

Ana: Depois de entendermos que somos tão preciosos para o Pai, TU-DO muda, porque compreendemos que o nosso valor não vem de nós mesmos, mas dele. E também ficamos felizes em saber que Deus Pai nos quer pertinho dele, não perdidos por aí.

Michelle: Deus é um Pai amoroso, intencional e cuidadoso. Ele não desiste de encontrar aqueles que se perdem. Na verdade, deseja que estejamos com ele por toda a eternidade.

Junior: O melhor dia da nossa vida é o que fomos encontrados pelo Pai. É por isso que temos de nos alegrar com ele quando alguém é encontrado, é motivo de grande festa.

ORAÇÃO

Pai amado, te agradeço por demonstrar um amor tão grande por mim por meio dos ensinos de Cristo. Ajuda-me a permanecer perto de ti e a não me perder. Amém.

Os amigos estão felizes com o tamanho do amor de Deus.

Ana: Quando Jesus encontra alguém, todos devem ficar felizes, porque o céu fica em festa. Eu me lembro de como a Michelle, o Junior e eu ficamos alegres quando você se aproximou de Jesus, Ted.

Ted: Eu tenho mesmo os melhores amigos! Todos os dias me sinto acolhido pelo amor de Deus que vocês demonstram por mim. Até porque, vamos combinar, eu não era fácil de lidar, não é?

Junior: Eu que o diga! Ainda bem que passou!

Ted: Ufa! Não entendo como tem gente que se afasta de Deus depois de descobrir um amor tão perfeito.

Michelle: A parábola do filho pródigo cai como uma luva para esses casos. Jesus conta que o filho mais novo, depois de pedir sua herança e desperdiçá-la, caiu em si e percebeu que havia deixado uma casa cheia de fartura. Então, decidiu voltar, pedir perdão e aceitar a consequência de seus atos. Mas, ao retornar, seu pai o recebeu de braços abertos e festejou. E é assim que Deus espera pelos filhos que se afastaram dele: com abraço acolhedor e um banquete.

Ana: Adorooo! O pai ama tanto o filho mais velho, aquele que ficou em casa o tempo todo, como o que tinha partido e voltou arrependido.

Junior: Verdade! Ei, mas a parábola também mostra que precisamos nos arrepender quando errarmos e saber que é somente pela graça que somos acolhidos e chamados de filhos. O filho pródigo não se sentia digno porque nenhuma pessoa é. Foi somente pela graça do Pai, que enviou Jesus Cristo para sofrer em nosso lugar, que pudemos ser recebidos como filhos. O Senhor nos acolhe de braços abertos e se alegra por nos ter por perto.

Ted: Jesus é top! Fico emocionado por saber que o Pai se alegrou quando decidi voltar para casa!

ORAÇÃO

Pai amado, quero permanecer todos os dias nos teus braços, na tua casa. Te agradeço pelo privilégio de ser chamado teu filho, amém!

20/08

MATEUS 14.13-21

café com Deus pai TEENS

A xícara abre um portal e os amigos correm para entrar! Eles se veem em meio a uma multidão atenta e procuram o motivo até descobrir que o povo está ouvindo Jesus falar. Então, percebem que os discípulos estão distribuindo pães e peixes.

Michelle: Não a-cre-di-to! Estamos na multiplicação de pães e peixes. Esse milagre mostra o poder sobrenatural de Jesus e nos ensina que ele nos dá tudo de que precisamos: sustento e provisão. Cristo sentiu compaixão pela multidão e sabia qual era a necessidade daquele momento. Então, ele realizou um milagre para alimentar o povo.

Ana: Acho superinteressante como ele é capaz de fazer o extraordinário a partir do comum.

Michelle: Verdade! Os discípulos acharam que aqueles pães e peixes não eram suficientes para milhares de pessoas, mas Jesus transformou o que parecia ser pouco em algo grandioso, infinitamente maior do que qualquer um que estava ali poderia imaginar.

Junior: É verdade, Michelle. Sabia que na nossa vida também é assim?

Ted: Fala sério! Mesmo?

PARA REFLETIR:

Leia a história sobre a multiplicação indicada para hoje e converse com sua família se já houve alguma vez em que os responsáveis por você pensavam que algo não seria suficiente, mas Deus proveu. Agradeça ao Senhor por isso.

Junior: Sim, Ted! Quando entregamos o nosso tempo, esforços, atenção e habilidades a Jesus, ele recebe tudo de bom grado. Depois, ele multiplica para abençoar e beneficiar muitas pessoas. Aqueles pães e peixes não poderiam alimentar e saciar a multidão se não tivessem sido dados nas mãos dele.

Ted: Aaah, tá!

Michelle: Jesus tem tooodo poder para suprir as nossas necessidades, realizar coisas maravilhosas eeeeeeee para transformar o nosso pouco em muito. E quando faz isso, abençoa outras pessoas!

Depois disso, os amigos seguem os discípulos até o barco enquanto o Mestre se despede da multidão. Eles saem sem Jesus, que vai a um monte para orar. De madrugada, os discípulos viram alguém andar sobre as águas.

Ted sussurra: Do nada, os discípulos começam a gritar só porque viram alguém andar sobre as águas. Nem parece que tinham visto Jesus fazer tantos milagres. Olha lá, eles estão dizendo que é um fantasma! Aaaff! Tão óbvio que é o Mestre!

Ana: Achei in-crí-vel Pedro pedindo para ir até o Mestre.

Ted: Só que ele vacilou e começou a tremer de medo.

Michelle: Mas a gente também faz isso de vez em quando, já notou? Ficamos com tanto medo em algumas situações que não conseguimos sentir a presença de Jesus.

Ana: Sem contar as vezes que oramos e desejamos algo e, quando conseguimos, voltamos atrás.

Junior: Pedro foi muito corajoso ao pedir para ir até Jesus e andar sobre as águas também, mas depois teve medo. Nós também temos medo e duvidamos em diversos momentos. Precisamos pôr a nossa confiança no Senhor e acreditar que ele nos segura e não nos deixa cair.

Ted: Verdade, não é? Me irritei à toa. Eu já conhecia a história e não me conformei com o medo de Pedro diante de uma oportunidade de viver o extraordinário tão incrível. Mas nós também agimos assim.

Junior: É, amigo! Precisamos aprender a viver experiências profundas, pessoais e íntimas com Deus pela fé, com a certeza de que Jesus está comigo e me sustenta o tempo todo.

PARA REFLETIR:

Você já desejou muito ter ou viver algo e, na hora que aconteceu, sentiu medo? Como a presença de Jesus pode acalmar o nosso coração nessas situações?

MATEUS 16.21

Ana: Ssshhhh – a menina aponta para Jesus, que conversa com os discípulos. Jesus explica sobre o sofrimento que teria de enfrentar e sobre a perseguição dos chefes dos sacerdotes e mestres da lei. Ele disse que teria de ser morto, mas ressuscitaria ao terceiro dia. Em seguida, os amigos comentam:

Ana: Os discípulos ficaram cho-ca-dos!

Junior: Deve ter sido difícil para eles saberem de todas essas coisas.

Michelle: Com certeza, não foi fácil digerir tudo isso. Mas Jesus mostrou que ele tinha um propósito muito maior do que todo o restante que ele estava realizando aqui na terra. Além disso, a morte e a ressurreição de Jesus seriam evidências de que ele era mesmo o Cristo anunciado pelos profetas.

Junior: O Mestre veio cumprir uma missão e nunca se esqueceu nem se desviou dela. O propósito de Jesus era muito maior do que todas essas maravilhas que ele vinha fazendo na terra, mais importante que família, amigos ou bens materiais. Nós também temos um propósito e precisamos sempre me lembrar dele, não importa o que aconteça nem o que qualquer pessoa diga.

Michelle: Jesus se manteve firme em seu propósito porque tinha convicção de sua identidade. O destino dele seria glorioso, mas ele teria de passar por aflições e pela terrível morte de cruz para poder ressuscitar e vencer a morte.

Ted: E foi isso que ele fez!

Michelle: Ele cumpriu sua missão com a certeza de que era o Deus Filho. Quem conhece seu propósito e sua identidade se mantém firme em todo o tempo, até nas dificuldades.

ORAÇÃO

Senhor Deus, dá-me convicção de quem eu sou e ajuda-me a caminhar em direção ao propósito que tu tens para mim. Em nome de Jesus, amém.

MATEUS 18.15

Um portal aberto pela xícara aparece bem na frente dos amigos. Eles caem na próxima história. Ted se levanta rapidinho e resolve brincar e colocar o pé para Ana tropeçar. Ana não viu e, PLOFT, levou um tombão.

Ana: Ai! Poxa, Ted! Por que você fez isso? Doeu!

Ted: Eu estava brincando, Ana! Achei que você ia ver e desviar. Nem foi nada, vai! – **falou, irritado.**

Michelle: Ei! Inspirem, respirem e não pirem! Vocês se lembram do motivo de estarmos aqui?

Ted ajuda Ana a se levantar, mas ela logo dá as costas ao amigo. As meninas se distanciam e Junior aproveita a oportunidade para falar em particular com Ted.

Junior: Ted, precisamos falar do que aconteceu. Você é meu irmão, então vou ser bem sincero. Você pisou na bola! Sei que a sua intenção não era machucar Ana, mas esse tipo de brincadeira normalmente termina com os dois chateados. Você por acaso pensou que ela poderia se machucar feio?

Ted: É, não é? Mas eu disse que foi brincadeira, poxa.

Junior: Isso não basta. Você tem de pedir perdão.

Ted: Esse negócio de pedir perdão é superdifícil. Minha avó, vira e mexe, diz que sou orgulhoso. Pelo jeito, é mais uma coisa que vou ter que mudar. Nada de brincadeiras que podem machucar, muito menos falar com grosseria.

Junior: Todo mundo tem que melhorar algo, Ted. Devemos tentar ser cada dia mais parecidos com Jesus e a agir conforme a Bíblia orienta. Por isso, temos de ouvir os conselhos de quem deseja o nosso bem. Se queremos crescer, precisamos ter por perto pessoas que nos ajudem a crescer.

PARA REFLETIR:

Alguma vez você precisou que alguém o exortasse sobre seus erros? Qual foi a situação? Como isso o ajudou a melhorar? Você se lembra de ter agido diferente depois disso?

24/08

MATEUS 18.21,22

Ted: Me perdoa aí, vai, Ana? A brincadeira foi uma tolice. E eu também não deveria ter falado daquele jeito depois.

Ana: Ted, eu perdoo você, é claro. Somos amigos, e quero sempre ter a sua amizade.

Ted: Obrigado, Ana!

Ana e Ted se abraçam.

Michelle: Muito beeeeem! Jesus nos ensinou que devemos agir exatamente como vocês fizeram agora.

Ted: Sério isso?

Michelle: Sim! Se lembra de quando Pedro perguntou a Jesus quantas vezes ele deveria perdoar alguém que pecasse contra ele? O Mestre respondeu: "Setenta vezes sete".

Ted para por alguns instantes, conta nos dedos, faz caretas, mas chega ao resultado e se surpreende:

Ted: Quatrocentos e noventa vezes?!

Ana: O perdão deve ser ilimitado. Perdoar não é concordar com a ação do outro, é parte do caráter cristão. Deus não estipulou um limite para nos perdoar; se tivesse feito isso, já era pra nós.

Michelle: A graça e a misericórdia de Deus são infinitas. Ele nos perdoa sempre que nos colocamos diante dele, arrependidos. Assim como ele nos perdoa sem limites, também temos que perdoar as pessoas quantas vezes forem necessárias.

Ted: Aí fica difícil!

Junior: É difícil mesmo. Mas, quanto mais nos aproximamos de Jesus, mais aprendemos a ser como ele, inclusive com relação ao perdão. Se ele perdoou nossa multidão de pecados, por que contaríamos as vezes em que alguém nos ofende?

Ted: Faz sentido. Obrigado por me ensinar na prática sobre o perdão, Ana! Espero que você não precise me perdoar mais 489 vezes.

Ana: Também espero, Ted. Mas, se precisar, vou perdoar!

ORAÇÃO

Deus Pai, me perdoe por meus pecados e me ensine a perdoar quantas vezes forem necessárias. Em nome de Jesus, amém.

café com Deus Pai TEENS

Os amigos veem Jesus conversar com um rapaz muito bem vestido.

Michelle: Olhem lá! É o rapaz rico que quer saber como herdar a vida eterna.

Junior: O Mestre responde que, para entrar na vida eterna, basta obedecer aos mandamentos.

Michelle: Quando o jovem pergunta quais são os mandamentos, Jesus responde: "Não assassine, não adultere, não furte, não dê falso testemunho, honre o seu pai e a sua mãe e ame o seu próximo como a você mesmo". Então, o rapaz diz que já obedece a todos eles e pergunta o que mais precisa fazer.

Ted: E tem mais que isso?

Ana: Tem, e o rapaz não gostou nadiiiiinha da resposta. Jesus disse que, para ter um tesouro nos céus, o rapaz deveria vender tudo o que tinha, dar o dinheiro aos pobres e, então, segui-lo.

Ted: E por que o rapaz está indo embora triste?

Michelle: É provável que ele esteja pensando em tudo de que ele teria de abrir mão.

Junior: Muitas pessoas ficam tão preocupadas com bens materiais, como a riquezas, e também com a fama e os relacionamentos, que se esquecem do que realmente importa.

Michelle: Elas não percebem que essas coisas todas vão passar um dia; são só tesouros terrenos, que podem ser levados. O tesouro que juntamos nos céus nunca poderá ser roubado e jamais acaba.

Junior: Pior que, mesmo assim, muita gente dá mais valor para essas coisas do que para o que realmente importa. Esse jovem teve a oportunidade única de ficar cara a cara com o Mestre e aprender com ele, mas só pensou em suas riquezas.

ORAÇÃO

Senhor Deus, me ajuda a valorizar as coisas que realmente são importantes para ti. Me mostre como juntar tesouros no céu. Amém.

26/08

MATEUS 22.36-39

Ted questiona algo.

Ted: Quando Jesus mencionou os mandamentos, o que aconteceu para ele não falar o mandamento de amar a Deus sobre todas as coisas? Esse não é o mais importante?

Michelle: Jesus deixou esse de fora de propósito, não porque se esqueceu. Pensem comigo: ele fala para o rapaz rico vender tudo o que tinha e dar o dinheiro aos pobres, certo? Foi assim que o Mestre retratou o mandamento. Só que aquele jovem amava mais o dinheiro do que a Deus. Para ele, era mais importante acumular riquezas na terra do que herdar tesouros nos céus.

Ted: Que vacilo!

Junior: Um dos grandes, Ted, mas é bem mais comum do que você imagina. Muita gente dá mais valor a outras coisas e pessoas do que a Deus. Mesmo assim, querem receber recompensa do Reino dos céus. Jesus ensinou que nada pode ter mais importância na nossa vida do que Deus.

Ana: Temos que olhar para o nosso coração e ver se algo está ocupando o lugar que deveria ser de Deus ou se nossas ações visam só o nosso bem, mas não o do próximo.

Michelle: É a idolatria aparecendo outra vez, tipo como quando os israelitas adoravam outros deuses. Os seres humanos da nossa época não são tão diferentes dos que viveram no tempo bíblico; só mudou o foco. Muitos adoram o dinheiro, a família, o lazer, o trabalho.

Ted: Mas a gente tem que abrir mão disso tudo?

Junior: Não, Ted. Todas essas coisas são boas e podem fazer parte da nossa vida, mas Deus deve ocupar o lugar de maior importância.

Ted: E eu pensava que idolatria era construir estátuas e prestar culto a elas. Agora entendi que é amar ou nos dedicar mais a outras coisas do que a Deus.

ORAÇÃO

Meu Deus, perdoa-me por todas as vezes em que coloquei outras coisas ou pessoas no teu lugar. Amém.

A xícara abre um portal e leva os amigos para outra história. Tudo se move com muita rapidez, e eles se sentem como se estivessem em um trem em alta velocidade.

Todos: Ooooooo.

Os amigos precisam segurar uns nos outros para não cair.

Ana: Agora me lembrei de quando pedi para os meus pais me levarem para andar de metrô. Quase caí! Nunca mais pedi para fazer esse tipo de passeio.

Os amigos dão risada. Cuidadosamente, eles param perto do pátio do templo, onde veem uma senhora colocar duas moedas em uma caixa de ofertas.

Michelle: Vocês viram isso? Ao longo de um dia, muitas pessoas passavam por aqui e entregavam suas ofertas. Quem era rico colocava grandes quantias. Mas a oferta dessa senhora foi a que agradou a Jesus, pois ela deu tudo, tudo mesmo, o que tinha, não o que tinha de sobra.

Ted: Então, a quantia da oferta em si não é o que mais importa para Deus?

Junior: Não é mesmo! Ele se importa muito mais com a intenção do coração. A mulher viúva ofertou por amor. Havia pessoas ricas que entregavam grandes contribuições, beeem generosas, só para se exibir ou para cumprir algum tipo de protocolo. Para Deus, o quê ou quanto damos não é mais importante do que como e por quê damos.

Ana: E isso não serve só para as ofertas, mas para tudo: nosso tempo, dedicação, esforço, admiração, louvor, atenção. Deus não quer esmolas do que temos, ele quer tudo o que temos e tudo o que somos.

DESAFIO

Existe algo que você tenha dificuldade de entregar a Deus? Dinheiro, tempo, louvor ou qualquer outra coisa? Reflita sobre isso e pense em maneiras de colocar o Senhor sempre em primeiro lugar.

LUCAS 18.15-17

café com Deus Pai TEENS

Os amigos chegam à próxima história com um novo portal da xícara e veem Jesus orando por um grupo de crianças.

Ana: Quantas crianças ali com Jesus!

Junior: Verdade, Ana! Elas estão ali agora, mas os discípulos tentaram impedir, diz a Bíblia. Quando Jesus viu isso, falou para não impedirem as crianças de irem até ele. Ele as tomou nos braços e as abençoou, como estamos vendo.

Michelle: É possível que os discípulos pensassem que as crianças não fossem tão importantes quanto os adultos para o Senhor dar atenção a elas, mas estavam enganados. Cristo não despreza ninguém: nem criança, nem jovem, nem idoso.

Junior: É bom para nos lembrarmos de como Jesus nos via crianças e como nos vê pré-adolescentes. Ele nos chama para perto e nos toma nos braços.

Ana: Nem sempre os adultos prestam atenção na gente. Parece que meus problemas são pequenos demais para eles. Com Jesus, não é assim.

Michelle: Verdade, Ana. Mas Jesus nos acolhe até quando outras pessoas não consideram que nós ou nossos problemas são reais.

Junior: Precisamos entender que Deus quer se relacionar conosco e nos ter por perto. É essencial termos um relacionamento íntimo e profundo com ele.

Ted: Vira e mexe, eu achava esquisito falar com Deus. Sei lá! Eu pensava que, se eu falasse ou pensasse em certas coisas, estaria "viajando". Mas agora sei que nada nem ninguém é insignificante para Jesus.

ORAÇÃO

Senhor, te agradeço por me acolher em todas as fases da minha vida. Ajuda-me a perceber que tu sempre me vês e me escutas. Que eu saiba que posso ser sincero contigo. Amém.

A xícara abre um portal. Os amigos entram e são levados a Jericó, onde está Zaqueu, o chefe dos cobradores de impostos.

Michelle: Zaqueu deseja ver Jesus, mas, como é baixinho e tem uma multidão em volta do Mestre, ele não consegue. Então, para poder ver o Senhor, Zaqueu sobe na figueira.

Ana: Aí, Jesus vê Zaqueu lá em cima e diz que se hospedaria na casa dele.

Ted: TOP! Já pensou em ter Jesus lá em casa?

Michelle: Mas o povo acha um absurdo. Nessa época, os cobradores de impostos são malvistos, porque trabalham para o governos de Roma, mesmo sendo judeus. Pior é que alguns cobram valores mais altos para ficar com uma parte e enriquecer.

Ted: Misericredo! Fala sério!

Junior: Pior que é! Mas Zaqueu conhece o amor de Jesus e diz a ele que vai dar metade dos seus bens aos pobres. E mais: a todos que extorquiu, vai devolver quatro vezes mais.

Ted: Que transformação!

Ana: Verdade! Jesus viu o homem pequeninho no alto da árvore e não desprezou quem a sociedade desprezava. Ele estava sempre atento.

Junior: Ele sempre nos vê, Ana. Jesus vê cada um dos nossos desejos e preocupações. Eu me senti invisível por muito tempo, até que fui encontrado por Jesus e percebi que a opinião dos outros não diz nada sobre a minha identidade.

Michelle: Perfeito! Também devemos aprender com Zaqueu a manter nossos olhos em Jesus, apesar dos obstáculos e do que os outros disserem. Quando olhamos para o Senhor, temos esperança de uma nova vida e mudamos de prioridades.

ORAÇÃO

Jesus, ajuda-me a perceber que os teus olhos estão sempre atentos e a descansar na certeza de que tu me vês. Em teu santo nome, eu oro, amém.

café com Deus Pai TEENS

A xícara abre um portal que leva os amigos a testemunharem o diálogo entre Jesus e Nicodemos, um fariseu. São verdades interessantes sobre as quais os amigos conversam.

Ted: Eu já sabia da parte que o Pai enviou Jesus ao mundo para dar vida eterna aos que cressem nele, mas o que é nascer de novo?

Junior: Ei, Ted, essa parte não é literal! É uma explicação sobre como deve ser nossa vida depois de Jesus: nova.

Michelle: Isso! Quando viemos ao mundo de fato, no dia do nosso aniversário, nascemos pela carne. O nascimento de que o Mestre fala é pelo Espírito, de quando acreditamos em Jesus e nos arrependemos dos nossos pecados. Nesse dia, precisamos morrer para a antiga vida, passar a valorizar as prioridades de Deus e nos afastar do pecado.

Ana: Isso mesmo! Nascemos pelo Espírito e vivemos uma vida novinha em Jesus! Então, obedecemos à Palavra e seguimos o plano do Pai para a nossa vida.

Ted: Agora tudo faz sentido! É tipo: nos entregamos a Jesus, somos transformados pelo Espírito Santo, e isso quer dizer que morremos para as coisas antigas?

Ana: Aaaaêêê! A morte figurativa é um jeito de expressar que isso não faz mais parte do nosso estilo de vida. Dizer que morremos para nós mesmos é deixar para trás as coisas erradas, a nossa própria vontade, o ego, o rancor, as más companhias. Não dá para viver para Deus de maneira íntegra sem morrer para si mesmo e nascer de novo.

Michelle: Deus não nos força a fazer nada disso. Ele nos permite tomar essa decisão com base no amor, no temor e na obediência, não na obrigação. Quando decidimos, o Espírito Santo atua em nós e nos guia.

ORAÇÃO

Espírito Santo, perdoa-me por meus pecados e ajuda-me a viver uma nova vida em ti. Em nome de Jesus, amém.

café com Deus Pai TEENS

O tempo acelera, o chão corre sob os pés dos amigos. Eles percebem que a xícara está os levando da Judeia para a Galileia. De repente, param no caminho, em Samaria.

Ana: Que calor insuportável! Estou ficando toda suada e morta de sede! Água! Água! Áááááguaaaaa!

Michelle: Também querooo!

Junior: Olhem! Ali tem um poço. Deve ser o poço de Jacó.

Os amigos vão ao local e, enquanto se hidratam, observam que Jesus está indo na direção deles. Cansado, ele se senta à beira do poço. Logo em seguida, uma mulher samaritana se aproxima e conversa com ele. Os amigos ouvem a conversa com atenção, depois comentam.

Michelle: Jesus deu à mulher samaritana uma lição que transformou toda a sua vida, e transforma a nossa também. No tempo de Cristo, era incomum que homens falassem com mulheres desacompanhadas.

Junior: E os judeus não se davam bem com samaritanos.

Ted: Então foi por isso que, quando Jesus pediu água, a mulher ficou surpresa.

Ana: Siiim! Foi bem na hora que Jesus disse que aqueles que bebem da água comum sentem sede outra vez; e quem beber da água que ele der jamais terá sede outra vez, mas se tornará como uma fonte que jorra para a vida eterna.

Junior: Ei! Muitas pessoas passam a vida inteira em busca de algo que sacie a sede da alma, que preencha o espaço vazio. Procuram em lugares, pessoas, bens materiais. O único que pode saciar essa sede é Jesus. E nos oferece muito mais que o suficiente, O Mestre nos faz transbordar.

Ted: Fato!

Junior: E depois de beber da água que Jesus nos dá, não temos mais vontade de procurar em nenhum outro lugar.

DESAFIO

Quando alguém disser a você que tem sede, conte sobre como Jesus sacia a sede da nossa alma.

café com Deus pai
TEENS
DEUS
REALIZA
MILAGRES

SETEMBRO

OS HOMENS SÃO SERES IMPORTANTES DA CRIAÇÃO DE DEUS.

Este mês, conte a algum homem em quem você confie, e que seja muito presente em sua vida, o quanto ele é importante para você.

Quem é esse homem?

Por que ele é importante?

café com Deus Pai TEENS

A conversa continua.

Michelle: Jesus também disse que ele é o pão da vida, porque, assim como o nosso corpo precisa de alimento, a nossa alma precisa de Cristo. Só ele pode satisfazer a nossa fome espiritual.

Ana: Achei top que Jesus fala isso logo depois de ter alimentado aquela multidão com o milagre da multiplicação de pães e peixes. Ele nos dá a provisão física, que é a comida de que o nosso corpo precisa, mas também alimenta a nossa alma. É in-crí-vel!

Michelle: Sim, o alimento da alma é do tipo que nuuuunca se estraga, porque é eterno.

Junior: O pão era um alimento muito comum na época de Cristo e ainda é em nos nossos dias. E precisamos de alimento todos os dias.

Ted: Jesus também ensinou por meio do Pai-nosso: "Dá-nos hoje o pão nosso de cada dia". E, se ele é o pão da vida, precisamos buscar a presença de Jesus diariamente. É isso?

Junior: É e-xa-ta-men-te isso, Ted! Orgulho define!

Todos riem.

Michelle: Este deve ser o motivo de nos aproximarmos de Jesus com fé: ele é o Pão da vida, e somente ele pode satisfazer toda e qualquer necessidade que tenhamos. Como cuidamos da nossa saúde física com visita regular ao médico, alimentos saudáveis e prática de atividades físicas, precisamos cuidar da saúde espiritual. Para isso, buscamos a presença de Jesus, oramos, meditamos na Palavra e dependemos dele.

Ted: Quero cuidar bem do meu corpo e do meu espírito.

ORAÇÃO

Senhor, graças te dou pela provisão natural e espiritual. Sacia a minha sede e satisfaz a minha fome. Amém.

02/09

JOÃO 6.60-69

café com Deus Pai TEENS

Um portal da xícara se abre e leva os amigos a Cafarnaum. Jesus sai da sinagoga depois de ter ensinado ali. Muitos ouvintes vão embora.

Ted: Por que essas pessoas estão se mandando?

Michelle: O ensino de Jesus é forte, muitos não suportam e o abandonam por não crerem nele. Olhem! O Mestre está perguntando aos Doze se eles também querem ir. Simão Pedro diz que não há para onde ir, pois só Jesus tem palavras de vida eterna. Eles creem e sabem que ele é o Santo de Deus.

Ana: Falou bonito!

Junior: As palavras mostram a admiração e a fé de quem conhece Jesus e sabe que ele é o Cristo. Pedro era tão humano como nós, mas podemos nos inspirar na fé e na devoção dele nessa situação.

Ted: Pedro mergulhou de cabeça no evangelho, não é?

Junior: Sim! A dependência de Pedro mostra que ele aprendeu que Jesus sacia as necessidades da alma.

Michelle: Pedro entendeu que não poderia encontrar em nenhum outro lugar o que só Jesus oferece: palavras que podem nos conceder a vida eterna.

Junior: É! Mas muitas vezes os princípios e valores contrários à vontade de Deus tentam nos afastar da presença do Senhor. Quando isso acontece, precisamos nos lembrar de Pedro e dizer: "Nenhum lugar além de Jesus tem a vida eterna". Só em Cristo, somos ouvidos, amados, cuidados, purificados, ensinados, santificados, transformados.

Ana: Verdade, Junior. Quando tentarem nos oferecer algo que possa atrapalhar nosso relacionamento com Deus, precisamos nos lembrar que é nele que a nossa alma encontra o que precisa.

ORAÇÃO

Senhor amado, ajuda-me a entender que não posso encontrar o que preciso em nenhum outro lugar senão na tua presença. Em nome de Jesus, amém.

03/09

JOÃO 11.1-45

Um portal da xícara se abre, e os amigos fazem uma viagem. Eles chegam a Betânia, diante de um sepulcro.

Ted: Ei! Quem morreu?

Ana: Foi Lázaro, um dos amigos de Jesus. O Senhor fez amizades profundas aqui na terra com outras pessoas além dos Doze, os discípulos. Lázaro e suas irmãs, Marta e Maria, eram muito próximos de Jesus.

Junior: Olhem! Jesus está chegando!

Todos observam com atenção Jesus se aproximar. De repente, ele para na frente do túmulo e chora.

Ana: Ai... não posso ver isso.... – *a menina também chora.*

Junior: Deus não está distante dos nossos sentimentos. Ele se alegra, mas também se compadece de nosso sofrimento. O choro de Jesus demonstra o amor que ele nutre por seus amigos. Depois, o Mestre vai morrer na cruz para revelar seu amor por nós.

Ana: Snif! Snif! É amor demais!

Ted: Jesus se identifica mesmo com o nosso sofrimento, não é? Ele está em luto! É muito mais fácil me abrir com Deus agora que sei que ele me entende e tem compaixão.

Michelle: Verdade! Mas a história não acaba aí! Jesus ressuscita Lázaro

Ted: UAAAU!

Michelle: E isso fez muitas pessoas crerem nele. O Senhor, além de conhecer as nossas angústias e sentir compaixão por nós, também dá um propósito à dor.

ORAÇÃO

Ajuda-me, Senhor, a viver o teu propósito e a encontrar conforto em teus braços mesmo em meio às adversidades. Em nome de Jesus, amém.

Junior: Perfeito, Michelle! Deus não deseja o nosso sofrimento nem se alegra com ele. Ele tem poder para dar um propósito às circunstâncias e para transformar a nossa perspectiva do sofrimento. Se olharmos somente para a dor, não vamos perceber tudo o que o Senhor faz por meio dela.

café com Deus Pai TEENS

Os amigos continuam a conversa.

Ted: Queria saber mais sobre as amizades de Jesus.

Ana: Meu caro Ted, que bom que, quando se trata de aprender mais sobre a Palavra, querer é poder, sim.

Todos riem. E veem um portal da xícara, que os leva para a casa das irmãs de Lázaro. Maria está sentada aos pés do Senhor e o ouve com atenção. Marta cuida da casa. Os amigos veem Marta questionar a Jesus se ele não se importava com o fato de que Maria não a ajudava. O Senhor respondeu que a irmã havia escolhido a boa parte, que não seria tirada.

Michelle: MA-RA-VI-LHO-SO! - *a menina aplaude enquanto fala* - Isso nos mostra a importância de dar prioridade a Jesus. Marta não estava errada em cuidar do lar, é importante, e devemos servir sempre com empenho e amor. Mas era a prioridade errada para o momento.

Ted: Com Jesus lá, até eu sei que nada mais importa. Eu ficaria tipo Maria, só aproveitando para aprender tudinho com Jesus.

Ana: O nosso coração, a nossa mente e o nosso corpo devem estar sempre no lugar certo, em Jesus. Marta tinha boas intenções, mas ela se distraiu do que era mais importante, a presença do Senhor.

Junior: Todos nós precisamos tomar cuidado para não nos distrair da boa parte. Muitas vezes ficamos ocupados com a família, o ministério, o trabalho ou os estudos e a correria do dia a dia, mas não podemos nos esquecer de passar tempo com Jesus.

ORAÇÃO

Senhor Jesus, eu quero estar em tua presença, aprendendo de ti e ouvindo a tua voz. Que nada me distraia disso, amém.

O portal da xícara leva Ana, Michelle, Junior e Ted para Jerusalém. Uma multidão está reunida. Alguns estendem mantos pelo caminho; outros espalham ramos de árvores no chão.

Michelle: Olhem! Lá vem Jesus sobre o jumentinho.

Os amigos ouvem o povo gritar: "Hosana ao Filho de Davi! Bendito é o que vem em nome do Senhor! Hosana nas alturas!".

Junior: É isso mesmo Michelle: a entrada triunfal de Jerusalém.

Michelle: Cristo entrar na cidade montado em um jumentinho tem um significado importante: demonstra sua humildade, mas também exaltação da sua glória e majestade pela multidão.

Ana: Estender os mantos pelo caminho pode parecer simples para nós, mas, na época de Cristo, é uma maneira de honrar, reconhecer e glorificar uma autoridade.

Michelle: Verdade! Em 2Reis 9, nos versículos 12 e 13, o povo estende os mantos para Jeú passar como reconhecimento de que o Senhor o havia ungido como rei sobre Israel. Da mesma maneira, Jesus Cristo é Rei sobre nós.

Junior: Os ramos de palmeiras são um símbolo de vitória e triunfo. O povo reagiu à chegada de Jesus com entusiasmo e alegria. A postura da multidão é um reconhecimento do esplendor e da glória dele. Ainda assim, o sublime Rei dispensou carruagens e entrou na cidade montado em um jumento.

Ted: Entendi, mas o que significa "Hosana"?

Junior: Significa "Salve", Ted! É uma expressão de adoração e, ao mesmo tempo, um pedido de ajuda destinado à realeza. Então, o Senhor é Rei, mas também Salvador!

ORAÇÃO

Senhor Jesus, tu és o Rei soberano e o meu Salvador. Que toda a terra se prostre diante de ti em adoração. Amém!

MATEUS 21.12,13

café com Deus Pai TEENS

De repente, começa um alvoroço no templo que chama a atenção dos amigos. Eles vão até lá e veem Jesus derrubar todas as mesas e cadeiras.

Ted: Eeeiiiitaaa! Por que Jesus está tão bravo?

Ana: Ah, Ted, é porque as pessoas estão agindo de maneira errada no templo, que é a casa do Senhor. Tem cambistas e vendedores enganando e extorquindo as pessoas por tudo quanto é lado.

Michelle: O templo é um lugar sagrado, destinado à adoração e à oração, não é lugar para essa baderna.

Ted: Então, Jesus está certíssimo!

Ana: Pior que nos nossos dias não é diferente da época de Cristo.

Junior: Ah, não meeeeesmoooo! Muitas pessoas também corrompem as coisas sagradas. Templos e igrejas devem glorificar a Deus; devemos ir até lá para aprender, louvar, desfrutar da comunhão com os irmãos e testemunhar. Mas, quando fazemos qualquer coisa diferente dos planos do Senhor, agimos errado.

Michelle: Verdade, Junior. Mas é beeem mais do que isso. Quando nós fazemos, falamos ou pensamos qualquer coisa que seja contrária à Palavra e à vontade de Deus, nós também erramos. Já que escolhemos caminhar com Jesus e decidimos ser santificados, nos tornamos templo também.

Ana: Ei! Eu nuuunca havia pensado por esse lado, amiga! Se somos habitação do Senhor, nós não podemos nos corromper como aquelas pessoas fizeram.

Junior: É isso aí! Vamos adorar e glorificar a Deus com toda a nossa vida.

ORAÇÃO

Deus Pai, purifica-me e ajuda-me a andar em teus caminhos. Quero ser santificado e consagrado a ti. Em nome de Jesus, eu oro, amém.

A conversa continua.

Michelle: Ao longo do ministério de Jesus, ele foi criticado e sofreu oposição por parte dos mestres da lei e fariseus. Eles ensinavam sobre as Escrituras e faziam parte da liderança judaica.

Ana: Ah, mas Cristo criticava a hipocrisia de alguns deles e instruía os discípulos a não fazerem igual.

Ted: Então, eles eram do tipo: "faça o que eu digo, mas não faça o que faço"?

Junior: E-xa-to! Também denunciavam e condenavam as pessoas, como se tivessem autoridade para isso.

Ana: Isso mesmo, Ted! O problema é que eles tornavam complicado seguir os ensinos das Escrituras. Muitos deles deixavam para trás os ensinamentos de amar o próximo e a Deus. Assim, eles se tornaram um exemplo do que não devemos fazer.

Ana: É horrível ter que fazer as coisas por obrigação. Se as pessoas olharem para a Bíblia como uma lista de regras a serem cumpridas, vão perder a melhor parte: o amor de Deus, revelado a nós em cada página, e manifestado pelo ato redentor e libertador de Jesus.

Michelle: Você está certíssima, Ana! Não obedecemos à vontade de Deus porque somos obrigados. Escolhemos obedecer porque o amamos.

Junior: Esse também é o motivo de amarmos o próximo e nos dedicarmos a servir.

Ana: Mas aqueles homens pensavam do jeito errado e viram em Jesus uma ameaça, pois ele não podia ser enganado nem impressionado pelo exibicionismo deles.

PARA REFLETIR:

Como você entende a Bíblia? Ela é um livro de regras para seguir ou a história do amor de Deus pelo mundo? Lembre-se de alguns exemplos do texto sagrado que reforçam sua compreensão.

café com Deus Pai TEENS

O portal da xícara leva os amigos para um pátio. Eles demoram para entender, mas percebem que estão em uma reunião.

Michelle: Esses são os líderes. Eles estão elaborando um plano para incriminar Jesus e matá-lo.

Ted: NÃÃÃO! Precisamos fazer alguma coisa para impedir!

Junior: Não podemos fazer nada, Ted. Estamos aqui em miniaturas e não podemos interferir em nada na história.

Michelle: Tudo está acontecendo como tinha que acontecer. O plano foi elaborado por Deus, é perfeito e foi cumprido de acordo com a vontade do Pai.

Junior: Sim! Jesus já sabia que isso precisava acontecer. Mesmo sabendo que seria preso injustamente, torturado e morto, ele aceitou e se entregou em obediência, sem reclamar nem questionar. O sacrifício de Cristo foi voluntário.

Ana: Mas é duro de ver! Tudo por culpa do pecado. Os pecados de toda a humanidade foram injustamente colocados na conta de Jesus, e ele foi lá e pagou o preço mesmo sem nunca cometer nenhum erro. Cristo levou a culpa do mundo TO-DO!

Ted: INACEITÁVEL! É muito injusto! Eu detesto levar a culpa pelo que eu não fiz.

Junior: Com certeza ele também não gostou. Mas entendia que esse era seu propósito.

Michelle: Foi muito sofrimento; porém, Jesus jamais se esqueceu do motivo: por amor a nós. Ele veio ao mundo como homem, conheceu nossas dores e padeceu como parte do plano do Pai para nos reconciliar com ele. Tudo que ele fez foi por nós, Ted.

ORAÇÃO

Obrigado, Senhor Jesus, por me amar. Não mereço o teu amor e o teu sacrifício. Que o teu nome seja glorificado eternamente, amém.

Os amigos assistem ao restante da reunião dos líderes religiosos que planejavam matar Jesus.

Ted: O que Judas Iscariotes veio fazer aqui?

Michelle: Judas negociou com os líderes religiosos e aceitou trinta moedas de prata em troca do que ele tinha de mais precioso.

Ted: Ele traiu Jesus mesmo! Que Iraíra!!!

Junior: Pior que sim! Ele ouviu os ensinos de Cristo e se tornou amigo dele. Judas era discípulo, então tinha intimidade com Jesus. Eles andaram juntos por três anos. Agora parece que Judas nunca conheceu o Senhor de verdade.

Ana: Com certeza, não foi só por dinheiro. Apesar de não termos certeza das motivações dele, nenhum problema financeiro justifica. Jesus é precioso demais para ser trocado por dinheiro ou por qualquer outra coisa.

Junior: Judas não entendeu que o que Jesus tinha a oferecer era muito maior. Ele só se preocupou com o que aconteceria aqui na terra. E a caminhada com Cristo vai muito além das coisas passageiras, do aqui e agora.

Ted: É, não é? Eu nunca tinha pensado assim.

Michelle: Todos nós precisamos ter a certeza de que Jesus é infinitamente mais precioso do que qualquer conquista terrena. Precisamos aprender a ser cada dia mais fiéis a Jesus.

Junior: Isso mesmo, Michelle! No decorrer da caminhada com Jesus, sua graça e seu poder nos ajudam a sermos pessoas melhores e mais maduras.

PARA REFLETIR:

Jesus é o que temos de mais precioso. Nada que possamos desejar ter nem qualquer desafio que venhamos a enfrentar pode substituir um relacionamento de intimidade com o Senhor. Preste atenção nas escolhas que possam tomar o lugar do seu tempo com Cristo.

MATEUS 26.26-30

Café com Deus Pai TEENS

O portal da xícara leva os amigos até onde Jesus e os discípulos fizeram a última ceia. Nenhum deles está mais lá, mas a mesa continua arrumada. Eles se sentam ali.

Ana: Que emoção! Foi aqui que Jesus explicou para os discípulos que o pão é uma representação do seu corpo, dado em favor de toda a humanidade. O conteúdo do cálice representa o sangue de Jesus derramado.

Junior: A ceia do Senhor é uma forma de nos lembrar do sacrifício dele para nos garantir a nova aliança.

Ted: O que é a nova aliança?

Ana: Você se lembra de quando Deus libertou os israelitas da escravidão no Egito e deu a Moisés um conjunto de leis, rituais e sacrifícios?

Ted: Lembro, claro!

Ana: Aquela era a antiga aliança. No Antigo Testamento, vimos que a maioria do povo não foi fiel a Deus; descumpriu sua parte no acordo. Mas Deus Pai tinha um plano para se reconciliar com a humanidade. Ele enviou Jesus ao mundo para cumprir a Lei de Moisés e para se oferecer como sacrifício por nossos pecados. A morte e ressurreição de Cristo nos reconciliou com Deus e instituiu a nova aliança.

Michelle: A ceia é um símbolo que Jesus deixou para relembrarmos do sacrifício. É o momento de pedir perdão pelos pecados e de agradecer ao Senhor Jesus pelo sacrifício e pela graça.

Junior: Na ceia, não importa tanto comer e beber algo específico, mas o que os elementos representam. O pão nos lembra que Jesus entregou seu corpo por nós e apanhou, foi torturado e chicoteado. Já o suco traz à nossa memória o sangue de Cristo derramado no Calvário.

ORAÇÃO

Jesus amado, te agradeço pelo teu sacrifício. Que eu sempre me recorde do que tu fizeste por mim, amém.

Café com Deus Pai TEENS

Os amigos continuam a conversa.

Ana: Depois da última ceia, Jesus não esteve mais à mesa com os discípulos antes de sua morte. Judas estava aqui e Pedro, que negaria Jesus três vezes, também.

Ted: Pedro? Nunca imaginei! Ele tinha tanta fé!

Ana: Pior! Mas isso mostra que o Mestre não os tratou diferente, apesar de saber que seria traído e negado. O caráter de Jesus não muda!

A xícara abre um portal que leva os amigos ao monte das Oliveiras.

Junior: Olhem! Jesus está avisando Pedro que ele vai negar o Senhor três vezes.

Ana: Pedro nega e diz que seria incapaz disso. Mas Pedro ainda não havia aprendido a ser fiel o tempo todo, independentemente da circunstância.

Michelle: Jesus continua a tratar Pedro e Judas bem porque a bondade, a fidelidade e o amor são parte da essência do Mestre e não mudam com base no que pessoas são ou fazem.

Junior: Pedro se considerava fiel, porém vai negar Jesus por medo, covardia. O erro dele nos ensina que a fidelidade não pode ser condicional, mas tem de ser parte da nossa essência.

Ted: Não é fácil, mas a gente deveria tratar as pessoas como Jesus trata, não é? Eu mesmo mudo conforme o que o outro fez ou falou.

Junior: Ei, Ted, você entendeu tudo! Cristo nos mostra como devemos agir. Pedro falha em não ser fiel ao Mestre, mas Jesus jamais deixou de ser fiel a Pedro.

Ana: Quero ser fiel a Jesus e às pessoas em todo o tempo. Da mesma forma, quero que a minha bondade e o meu amor sejam incondicionais.

ORAÇÃO

Deus, que a bondade, o amor, a fidelidade e a justiça sejam minha essência. Ajuda-me a permanecer fiel a ti em todas as circunstâncias. Em nome de Jesus, amém.

café com Deus Pai TEENS

A xícara agora os leva a um lugar chamado Getsêmani com um portal, onde Jesus está orando.

Michelle: Shhhhhhhhh! Jesus está orando antes de ser levado para ser crucificado – **a menina sussurra.**

Junior: A Bíblia diz que a alma de Cristo estava profundamente triste. Com o rosto em terra, ele clamou ao Pai: "Meu Pai, se for possível, afasta de mim este cálice; contudo, não seja como eu quero, mas como tu queres".

Ted: Estou angustiado por Jesus. Acho que eu ia querer é fugir!

Ana: Mesmo angustiado e tão triste, Ted, ele sabia que a vontade do Pai tinha de se cumprir. Jesus foi obediente até o fim, de maneira incondicional. E não foi por obrigação, mas por amor e convicção sobre seu papel. Ele nunca reclamou. Que possamos aprender a obedecer também.

Ted: Estou aprendendo muito! Mas é difícil demais testemunhar o sofrimento do meu Senhor! Parece que tem um nó na minha garganta. Meu coração dói por saber que Jesus levou a culpa pelos meus pecados. Jamais quero me esquecer do sacrifício de Cristo. Por ele, eu tenho a vida e a salvação.

Junior: Eu entendo, Ted. Esta é, com certeza, a parte mais difícil até agora. Sempre que leio sobre o sofrimento de Cristo, sinto essa dor. Contudo, a lembrança da dor de Jesus me mostra o quanto ele me amou. Não quero nunca me afastar dele!

Michelle: E esse é o motivo de nunca nos esquecermos nem ignorarmos o sacrifício de Jesus. Quando nos lembramos de sua dor, nos lembramos também de seu amor e sua graça.

ORAÇÃO

Jesus amado, que eu jamais me esqueça do teu sacrifício na cruz. Ajuda-me a permanecer distante do pecado e perto de ti. Amém.

Os amigos continuam a acompanhar o que acontece a seguir.

Junior: Olhem ali quem está chegando! Judas! E ele está acompanhado de uma multidão. Não quero nem ver! - ele tampa os olhos.

Ted: Judas é muito traíra!

Michelle: Ao sinal dele, o Mestre foi preso. Pedro, inconformado, decepou a orelha do servo do sumo sacerdote com a espada. Jesus curou o homem ferido e Pedro foi repreendido por Jesus.

Junior: Cristo não queria que seu discípulo fosse violento. Ele explicou que Deus Pai poderia livrá-lo se pedisse, mas as coisas precisavam acontecer assim para cumprir as Escrituras.

Ted: Sérião: é impressionante tanta convicção de propósito.

Ana: Verdade! As emoções e a dor humanas não foram suficientes para distrair o Senhor do seu objetivo. Ele se manteve firme e forte. Foi lá e obedeceu à vontade do Pai, pois tinha certeza do seu propósito de salvar a humanidade.

Michelle: Também precisamos nos manter firmes ainda que haja dificuldades, dores e obstáculos. Nem sempre será fácil seguir pelo caminho dele, mas a vida de Cristo nos mostra que temos de nos apegar à vontade do Pai e obedecer a ela independentemente das circunstâncias.

Junior: Está aí uma grande e difícil verdade! Jesus tinha convicção de quem era, do seu propósito aqui na terra e de para onde iria. Somos filhos de Deus, criados para a glória dele e vamos para um lugar muito melhor, a casa do Pai! Nenhum sofrimento neste mundo é maior do que a esperança da vida eterna.

PARA REFLETIR:

Como o exemplo de obediência e de firmeza que Jesus nos deixou pode ajudar você a permanecer firme na vontade do Pai em todos os momentos?

14/09

ISAÍAS 53.7,
MATEUS 26.57-68

A xícara abre um novo portal pelo qual os amigos são levados ao Sinédrio, o conselho dos principais líderes dos judeus. Jesus está diante deles.

Junior: O Sinédrio está procurando um motivo para incriminar Jesus e condená-lo à morte. Jesus permanece em silêncio e nem sequer responde às acusações feitas contra ele.

Ted: É maldade demais! Misericredo!

Michelle: Eles fazem de tudo para acusar Jesus, como se ele já tivesse recebido a pena de morte antes mesmo de ser julgado, pois, independentemente do que fizesse ou falasse, seria acusado.

Ana: Terrível, mas verdade. Jesus permanece em silêncio e confirma a profecia de Isaías, que dizia que ele foi oprimido, mas não abriu a boca.

Junior: Agora o Sinédrio muda de tática. O sumo sacerdote questiona se ele é mesmo o Cristo, o Filho de Deus. Naquela época, os judeus consideravam errado quando alguém se dizia filho de Deus. Jesus confirma com um simples: "Tu mesmo o disseste".

Ana: O sumo sacerdote faz dramalhão, como se Jesus tivesse blasfemado. Aí, o conselho pediu a morte do Senhor Jesus.

Junior: Isso só mostra que Cristo permaneceu inculpável. Ele teve um julgamento tão opressivo, que precisaram distorcer a situação toda. O pecado tornou o coração deles insensível à realidade. A Verdade, Jesus, estava diante deles, mas eles não perceberam.

Ted: Cristo é mesmo o Filho de Deus! Mas foi acusado sem errar e ainda condenado à morte!

Ana: Eles só não esperavam que haveria um plot twist e que ele ressuscitaria dos mortos, provando que de fato é o Filho do Deus vivo.

ORAÇÃO

Meu Deus, capacita-me a viver de modo que revele a verdade do teu amor e da tua Palavra. Em nome de Jesus, amém.

Os amigos ouvem um som de choro. Quando procuram de onde vem, percebem um portal da xícara aberto. Eles entram e caem perto de um homem em prantos.

Ana: Eu conheço esse homem, também conheço esse tipo de choro. É Pedro chorando de arrependimento depois de negar Jesus. Ele confronta a própria alma e se dá conta da sua falha.

Michelle: Imagino que tenha passado na cabeça dele o momento em que Jesus predisse que seria negado três vezes e ele afirmou que jamais negaria seu Mestre.

Ana: Ele deve ter tido um daqueles flashbacks que vemos em filmes, passando os últimos três anos em que ele andou com Cristo e aprendeu com ele. Pedro deve ter pensado no seu chamado, lá no mar da Galileia enquanto lançava as redes ao mar, quando ele foi convidado para ser pescador de homens. Depois disso, tudo mudou.

Junior: Muita gente logo critica o que Pedro fez...

Ted: Ué?! Mas ele comeu bola...

Junior: Sim, mas muitas pessoas negam Jesus; outras omitem o fato de tê-lo conhecido. Todas as vezes que alguém deixa de demonstrar que anda com Jesus ou age de modo contrário ao que acredita, está negando Jesus, como Pedro fez.

Ted: É, não é?

Michelle: É, mas a boa notícia para nós, e para Pedro, é que Jesus é misericordioso e gracioso. Ele nos perdoa, mesmo que não mereçamos. Mas precisamos passar por um arrependimento sincero como o do discípulo. Nossas falas e ações afirmarão que andamos com Jesus.

PARA REFLETIR:

Alguma vez você já negou ser seguidor de Jesus? Como as suas falas e ações podem afirmar que você anda com o Senhor?

café com Deus Pai TEENS

Os amigos agora entram em um portal aberto pela xícara e chegam a Pôncio Pilatos, o governador da Judeia.

Junior: Como os líderes judeus não tinham autoridade para executar criminosos, levaram Jesus para o governador Pôncio Pilatos. Tinham que convencer Pilatos de que Jesus era criminoso.

Michelle: Os líderes acreditavam que o governador era cruel, radical e insensível. Então, achavam que a vitória era certa.

Ted: E o que esse governador vai fazer?

Os líderes judeus chegam com Jesus. Os amigos ouvem atentamente e, depois, comentam.

Michelle: Para Pilatos, não bastou dizer que Jesus havia cometido blasfêmia, então fizeram três falsas acusações. A primeira era de que ele estava subvertendo a nação; ou seja, que Jesus era um rebelde, um revolucionário. Depois, disseram que ele proibia o pagamento de impostos. Por fim, falaram que ele dizia ser rei.

Ana: Como Pilatos não era bobo nem nada parecido, ele não caiu na conversa mole dos líderes judeus. Eles deixaram bem claro que os motivos para condenar Jesus eram pessoais.

Ted: Por essa eu não esperava!

Michelle: O problema é que a multidão insistia que Cristo era perigoso, que ele agitava todo o povo por onde passava, desde a Galileia até a Judeia.

Junior: Quando ouviu que Jesus veio da Galileia, Pilatos se deu conta de que ele era da jurisdição de Herodes. Então, enviou-o para ser julgado por Herodes, que também estava em Jerusalém.

Ted: Ficaram jogando Jesus de um lado para o outro! Aff!

ORAÇÃO

Senhor Deus, faz de mim uma pessoa íntegra, perseverante e fiel, como o teu Filho. Amém.

Os amigos correm para atravessar um portal aberto pela xícara para ver a sequência do julgamento de Jesus. Ted, Ana, Michelle e Junior ouvem atentamente e comentam.

Ted: Jesus foi humilhado, ridicularizado e zombado diante de Herodes. Meu coração chegou a doer!

Michelle: Uma angústia. Mas vocês repararam que Herodes ficou feliz quando viu Jesus? Acredito que é porque ele encontrou uma oportunidade para debochar de Jesus, mostrar seu desprezo e sua vontade de se divertir às custas de Cristo. O governante e os soldados zombaram dele.

Junior: Ei! E Jesus continuou calado. Ele poderia ter feito um discurso para provar sua inocência ou realizado um milagre para deixá-los de queixo caído, mas silenciou. Ele se submeteu a tudo voluntariamente para cumprir as profecias e, acima de tudo, a vontade do Pai.

Ana: Não conheço ninguém que aguentaria todo esse sofrimento em silêncio, mas ele fez isso por nós. Jesus enfrentou o sofrimento por toda a humanidade, inclusive daqueles que o rejeitaram, zombaram dele e o torturaram. Cristo foi humilhado como ninguém, mas sabia que seria exaltado em breve.

Ted: Aí, sim!!!!

Michelle: Mas foi horrível ver Herodes vestir Jesus com um manto majestoso antes de enviá-lo de volta a Pilatos.

Ana: Fizeram todo esse circo, mas não tinham nenhuma acusação concreta contra Jesus. Pilatos não tinha motivos para considerá-lo criminoso. Herodes também não, então, o enviou de volta. Ele permanecia inculpável.

PARA REFLETIR:

Lembre-se das vezes em que você sofreu com acusações falsas. Você pode ter sido acusado de ter feito algo que não fez ou de não fazer algo que fez. Como você agiu? Qual lição você pode tirar da postura de Jesus?

MATEUS 27.15-26,
LUCAS 23.13-25

O julgamento diante de Pilatos foi o próximo destino dos amigos. Eles escutam, atentos, e conversam em seguida.

Ana: O povo continuou insistindo para Pilatos. O governador romano afirmava que Jesus não fez nada para merecer a pena de morte, mas a multidão clamava para que Pilatos matasse Jesus.

Ted: Eles perderam a noção!

Ana: Total! Eles foram tão longe que pediram para Barrabás, um assassino, ser solto. Assim, Jesus poderia ser preso e morrer.

Michelle: Tive vontade de chorar quando ouvi as pessoas gritarem: "Crucifica-o! Crucifica-o!".

Junior: Nem assim Pilatos encontrava motivo para condenar Jesus à morte. De tanta insistência e gritaria, Pilatos cedeu.

Ted: Fiquei de queixo caído!

Junior: Ele soltou Barrabás, um criminoso de verdade, e entregou Jesus ao destino que foi anunciado pelos profetas: morte de cruz por crimes que não cometeu.

Michelle: Do mesmo jeito que ele substituiu Barrabás e recebeu a condenação reservada a esse homem, também nos substituiu e pagou o preço das nossas dívidas.

Ted: A sentença injusta pelos pecados caiu sobre o único homem que jamais pecou.

Ana: As pessoas estavam cegas para a verdade de que Jesus era o único inocente ali. E Cristo estava disposto a pagar o preço por cada uma delas.

Michelle: Verdade! Com isso aprendemos muito sobre o amor de Jesus, porque ele pagou o alto preço que era da nossa sentença, apesar de ser inocente.

ORAÇÃO

Senhor Jesus, te agradeço por tua graça e teu amor. Ajuda-me a viver nos teus caminhos e a jamais me separar deles, amém.

Depois da sentença, os soldados levam Jesus para dentro do palácio. Ted, Ana, Michelle e Junior vão atrás, para ver o que vai acontecer. Observam tudo em silêncio. Depois, conversam.

Junior: Jesus estava vestido com um manto escarlate. Depois, colocaram nele uma coroa de espinhos. Não consegui conter as lágrimas. Deve ter doído demais!

Ted: E ver os soldados zombarem dele: "Saudações, rei dos judeus!". Revoltado me define!

Ana: Uma vez, uma menina riu do meu cabelo e eu passei semanas triste. Então, minha mãe conversou comigo e falou que a minha dor é válida. Ela também disse que eu posso encontrar consolo em Jesus, porque ele entende tudo que sofremos aqui na terra. Agora, sim, eu entendo tudinho que ela quis dizer. Jesus entende a nossa dor porque conhece o sofrimento.

Ted: Sinto muito que você tenha passado por isso, Ana. Quando vi o sofrimento de Jesus, eu me lembrei de todas as vezes que zombei de alguém. Zombar não é inofensivo. Estou muito arrependido por ter causado dor e insegurança aos outros. Nunca mais quero agir como esses guardas que maltrataram Jesus.

Michelle: Que bom que você entendeu e se arrependeu de coração, Ted. O amor de Jesus está transformando a sua vida.

Ana: Obrigada, Ted! Esta jornada pela Palavra tem ajudado você a se tornar uma pessoa melhor.

Junior: Ao ver a zombaria e a humilhação pelas quais Jesus passou, temos mais um motivo para ficar longe de atitudes assim. Quando causamos sofrimento ao nosso próximo, é como se fizéssemos o que os soldados fizeram com Cristo.

ORAÇÃO

Perdoa-me, Pai, pelas vezes em que falei ou fiz algo que magoou um dos teus filhos. Ajuda-me a ser bondoso e compassivo com todos. Em nome de Jesus, amém.

20/09

MATEUS 27.32, LUCAS 23.26-32

Depois da zombaria, os amigos seguem os soldados, que levam Jesus por um caminho. Junior, Michelle, Ana e Ted, acompanham em silêncio.

Ana: Eu... não... consigo... ver... isso - diz a menina, soluçando de tanto chorar.

Jesus arrasta a cruz pesada e o fardo dos pecados de toda a humanidade.

Junior: É triste demais! Foi muito sofrimento - diz o menino, enquanto lágrimas escorrem pelo seu rosto.

Michelle: Sabemos que ele só fez isso por que nos ama. Uma expressão da graça tão grande que nos alcançou. Nós não merecíamos, mas ele escolheu passar por tudo isso - e a menina desaba a chorar.

Junior: Foi esse sacrifício de Jesus que nos concedeu vida, salvação, oportunidade de ter um relacionamento com Deus Pai e esperança da vida eterna.

De repente, Ted aponta para Jesus, que caiu devido ao peso da cruz.

Ted: Nããããããooooo! Eu queria poder ajudar Jesus!

Ana: Todos nós, Ted, mas não dá!

Os soldados tiram a cruz das costas de Cristo e dão a outro homem, chamado Simão, que passa a carregá-la. Ele estava na multidão que acompanhava o percurso.

Michelle: Jesus está muito fraco.

A caminhada é longa e cansativa. Além de Jesus, dois criminosos seriam crucificados com ele. Também estavam perto soldados, curiosos, opositores e poucas pessoas que sentiam compaixão por Jesus e choraram por ele. Depois de caminhar, todos esses chegam ao monte do Calvário, o lugar da crucificação.

ORAÇÃO

Jesus, sei que jamais vou compreender toda a extensão do teu ato redentor na cruz; ajuda-me, no entanto, a viver para a tua glória. Amém.

Com dor no coração, os amigos assistem à crucificação de Jesus. Eles choram copiosamente.

Junior: O Cordeiro de Deus se entregou voluntariamente. Ele era puro, perfeito, sem qualquer erro. Jesus foi o único homem que jamais pecou e, ainda assim, se ofereceu na cruz pela humanidade pecadora. É como se ele fosse a única pessoa inocente do mundo e escolhesse ser condenado no lugar de todos os outros, que são criminosos. Só o amor faz isso.

Cristo é pregado no madeiro de braços abertos.

Ana: Nunca vi uma cena tão cruel!

Suas vestes são rasgadas. A crucificação é atroz e humilhante.

Junior: Esse tipo de punição era dada aos piores tipos de criminosos. Os pregos nas mãos e nos pés de Jesus causavam dores insuportáveis. Ele também teve sede. Fora isso, tem a exaustão física. Mesmo assim, Jesus Cristo não reclama.

Michelle: O maior ato de amor que já existiu aconteceu bem aqui, no Calvário. O preço pago pela nossa vida e salvação foi um preço de sangue e dor.

Junior: Jesus cancelou todas as nossas dívidas. Ele escolheu pagar o preço que nós deveríamos pagar sem exigir nada em troca.

Ted: Quero entregar a minha vida a ele, andar nos seus caminhos e obedecer à vontade do Pai.

Ana: Se hoje nós temos a esperança da vida eterna, é porque um dia, há muitos e muitos anos, Jesus se entregou à dolorosa crucificação no nosso lugar.

Ted: A minha escolha, hoje e para sempre, é a vida com Cristo. O amor de Jesus me atraiu, e eu não quero me distanciar dele nunca mais.

ORAÇÃO

Jesus amado, graças te dou por teu sacrifício naquela cruz. Entrego a minha vida e os meus caminhos a ti, hoje e sempre. Amém.

22/09

LUCAS 23.33-43

Os amigos continuam a conversa.

Junior: À direita de Jesus está um dos criminosos. À esquerda dele, outro. Um deles se junta à zombaria e insulta Jesus. O outro repreende aquele que falou e demonstra temor a Deus, reconhece que havia dois criminosos ali, e que Jesus não é um deles.

Ana: Como ele reconhece a inocência de Jesus e pede com fé que Jesus se lembre dele ao entrar no Reino, aquele homem é salvo.

Michelle: Os dois homens são criminosos. Um deles escolhe insultar o homem inocente crucificado ao lado dele. O outro reconhece seus pecados e vê que não havia falha em Jesus. O homem que é salvo reconhece sua condição.

Junior: Em poucas horas, os três estarão mortos. Dois deles, punidos pelos próprios erros; Jesus, punido pelos erros de toda a humanidade.

Ana: A beleza dessa parte é que, para Cristo, não existem pessoas que sejam "um caso perdido". O amor de Jesus encontra os perdidos.

Michelle: Isso mesmo, Ana! Ninguém é tão bom que não precise do perdão de Jesus, nem ninguém tão mau que não possa ser perdoado pela graça de Cristo.

Junior: Não podemos nunca rotular alguém como indigno de perdão, porque todos somos indignos de perdão. Mas a graça de Cristo nos alcançou e, quando escolhemos andar com ele, somos transformados e saímos da nossa condição antiga. Assim também pode acontecer com todo aquele que reconhece sua condição e deseja ser transformado, como esse homem.

ORAÇÃO

Senhor, sei que não sou digno do teu amor, do teu perdão e da tua misericórdia. Graças te dou por tua graça incomparável, amém!

O céu ficou escuro do meio-dia até às três da tarde.

Ted: É começo da tarde, essa escuridão não é normal.

A fala de Ted é interrompida pelo grito de Jesus: "Meu Deus! Meu Deus! Por que me abandonaste?".

Ana: Que dor imensa ele sentiu! O Filho amado se sentiu separado do Pai pela primeira vez, não porque o Pai o abandonou de verdade, mas porque Jesus se tornou o substituto da humanidade pecadora.

Michelle: Era necessário que isso acontecesse para que pudéssemos ser reconciliados com o Pai.

Junior: Eu imaginei o Pai agoniado no céu ao ver o sofrimento do Filho. Acho que os anjos devem ter tremido ao escutar as palavras de Jesus. Acho que a dor física e emocional foram gigantes, mas não podem ser comparadas com a maior dor de Jesus na cruz: se sentir abandonado pelo Pai como consequência de tomar sobre si os pecados do mundo.

Ted: Jesus tomou nosso lugar, assumiu as nossas dívidas e enfrentou a separação do Pai como consequência.

Michelle: Sim, mas, em breve, tanto ele como nós seremos reconciliados.

Bradando em alta voz, Jesus entrega o seu espírito. O véu do templo se rasga em duas partes, de alto a baixo. A terra treme. Os amigos se entreolham e percebem que foi ali que tudo foi consumado.

PARA REFLETIR:

A leitura dos últimos dias e de hoje mostra na prática todo o amor de Deus Pai em nosso favor. Jesus escolheu sofrer tanto para que você e eu pudéssemos viver a eternidade com ele. Converse com a sua família sobre como vocês podem ser gratos e viver de acordo com tão grande sacrifício.

24/09

MATEUS 27.57-61, LUCAS 23.50-56

O sábado estava prestes a começar. O grupo vê um homem baixando o corpo de Jesus da cruz e o envolvendo com um lençol para levá-lo ao sepulcro.

Michelle: Esse homem é conhecido como José de Arimateia.

Junior: O rosto dele não me é estranho... Espera aí! Ele estava lá no Sinédrio.

Michelle: Estava, sim. A Bíblia deixa bem claro que, apesar de fazer parte do Conselho, José não consentiu com a condenação de Jesus e também discordou com a forma como Cristo foi tratado.

Ana: Estamos vendo que ele é bom e justo. O corpo de Jesus não tinha mais vida, mas José de Arimateia mostrou reverência. Imagino que ele sentisse o peso da injustiça cometida contra Jesus.

Junior: José não tinha como impedir a injustiça, mas vocês percebem que, ainda assim, ele se posicionou?

Michelle: Verdade! A Bíblia afirma que ele não concordava com aquilo e o relato de que ele demonstrou publicamente seu respeito por Jesus nos mostra que ele se posicionou de maneira clara. José de Arimateia nadou contra a maré: optou por não fazer parte da tortura do Senhor e se posicionou de modo contrário a tudo aquilo.

Ted: Eu não tinha pensado por esse lado. Precisamos nos posicionar como José de Arimateia. Ele foi... como se diz mesmo?... centrado! Não teve uma reação violenta, não saiu discutindo nem brigando com ninguém, mas agiu para mostrar que era diferente e que reconhecia Jesus como seu Senhor e Salvador.

ORAÇÃO

Meu Deus, ajuda-me a me posicionar da maneira correta e sempre agir conforme o que acredito. Em nome de Cristo Jesus, amém.

25/09

MATEUS 27.62-66

A xícara abre um portal que leva os amigos até o sepulcro selado de Jesus, onde há uma escolta montando guarda.

Ted: O que estes homens estão fazendo aqui?

Ana: Depois do sepultamento de Jesus, os fariseus e chefes dos sacerdotes foram até Pilatos e contaram que Jesus havia dito que ressuscitaria depois de três dias.

Ted: Eles ostavam com medo de que Jesus ressuscitasse mesmo? Fala sério! Ninguém poderia impedir a ressurreição!

Junior: Na verdade, Ted, eles pediram para Pilatos colocar guardas no sepulcro para que os discípulos não viessem roubar o corpo e dizer que Jesus ressuscitou. Para eles, seria péssimo se isso acontecesse, pois outras pessoas acreditariam que ele é, de fato, o Cristo.

Ted: Eles estão prestes a ter uma surpresa, então!

Michelle: Siiim! O poder extraordinário de Cristo derrotou a morte, o pecado, as trevas e a incredulidade. Os guardas e a pedra com que o sepulcro foi fechado não seriam suficientes para impedir o poder de Jesus e o cumprimento do plano de Deus.

Ana: Nada e nem ninguém pode impedir o poder do Senhor. Jesus é verdadeiramente Deus, e o poder dele vai muuuuuito além da nossa compreensão e da nossa capacidade.

Junior: Mas os fariseus e chefes dos sacerdotes não acreditavam nisso. Nós, que acreditamos em Jesus, precisamos anunciar por todos os lugares as boas-novas, isto é, seus ensinos, feitos e a salvação por meio de seu ato sacrificial na cruz.

ORAÇÃO

Senhor Jesus, que toda a terra reconheça que tu verdadeiramente és Deus. Desejo que a minha vida aponte para ti e para a tua glória. Amém.

26/09

MATEUS 28.1-7, LUCAS 24.1-7

café com Deus Pai TEENS

A xícara faz o tempo acelerar.

Todos: Ooooooooo.

É o terceiro dia da crucificação. Os amigos veem duas mulheres ao longe caminhando em direção ao sepulcro.

Ted: Ei! A porta do sepulcro está a-ber-taaaa!

Os amigos correm para ver a parte interna.

Junior: Está vazio. ELE RESSUSCITOOOOU!

- o menino dá um pulo de alegria.

Ana: Jesus, que estava morto e aqui jazia, não está mais aqui. A cruz não pôde parar Jesus. O pecado não pôde parar Jesus. A pedra no sepulcro não pôde parar Jesus. Os guardas não puderam parar Jesus. A morte não pôde parar Jesus!

O coração deles se enche de alegria.

Michelle: Ele ressuscitou, meus amigos! Cristo vive! Como Deus havia anunciado por meio dos profetas, como Jesus prometeu aos discípulos, ele ressuscitou ao terceiro dia.

Ted: IN-CRÍ- VEEEEL!

Junior: Que alegria poder dizer que o nosso Senhor e Salvador está vivo! E, mais do que isso, que ele vive para sempre. O pecado e a morte foram derrotados de uma vez por todas. Fomos reconciliados com Deus, graças a Jesus Cristo, em quem cremos de todo o coração. Enquanto eu viver, quero anunciar que Jesus vive.

Ana: Temos que louvar o Senhor Jesus todos os dias da nossa vida. A ressurreição nos ajuda a carregar a certeza de um amor incondicional, gracioso e redentor. Que bom que fomos alcançados por tamanha graça! O nosso Redentor vive! Vamos anunciar que Cristo vive para sempre.

DESAFIO

Cristo vive! Quanta alegria podemos sentir porque Jesus venceu a morte e nos garantiu a vida eterna ao lado dele. Pense em seus amigos que ainda não conhecem esse tão grandioso amor e peça a Deus por uma oportunidade de espalhar a mensagem da salvação.

À entrada do sepulcro, um choro chama a atenção dos amigos.

Junior: É Maria Madalena. Além de seguidora de Cristo, ela também era sua amiga. Ela sofreu com a morte de Jesus e agora sofre ao pensar que haviam levado o corpo do seu Mestre.

Dois anjos aparecem e perguntam o motivo do choro. Maria explica e, em seguida, se vira e vê um homem, mas não o reconhece.

Ana: Genteeeee! É Jesus! Alguém me belisca!

Ted: TOP! É Cristo mesmoooo!

Michelle: É, amiga! É eleeeee! - **a menina suspira** - Maria acha que é o jardineiro.

O Senhor Jesus chama Maria pelo nome. Ela imediatamente reconhece a voz do Mestre, se alegra e exclama em hebraico: "Raboni!", que significa "Mestre!".

Michelle: Maria procurava o seu Senhor morto e pensava que ele tivesse sido levado para longe. E ele ali, vivinho da Silva, bem na frente dela!

Junior: Deus é muito bom! E essa história nos ensina isso mesmo. Jesus está vivo e perto de nós. A vida e a vitória de Cristo me trazem alegria e esperança.

Ted: Quando Maria reconhece Jesus, tudo muda. Antes, ela estava triste, enlutada e parecia sem esperança, pois havia perdido seu Mestre, Senhor e amigo. Quando, porém, ela se encontra com Jesus, toda a tristeza e a dor são levadas. Cristo chega e traz alegria e esperança.

Ana: É assim também com todos que se encontram com Jesus e começam a crer nele. Cristo dá alegria e esperança aos cansados, desanimados e entristecidos.

ORAÇÃO

Senhor Jesus, te agradeço, pois tu estás sempre perto de mim. Graças te dou por me revelar quem sou em ti, amém!

LUCAS 24.13-35

café com Deus Pai TEENS

Os amigos são levados por um portal da xícara até dois seguidores de Cristo que estavam a caminho de um povoado chamado Emaús. Eles ouvem a conversa entre os dois até que...

Ana: Genteeee! Jesus apareceu e está ali andando lado a lado com eles. E eles nem se tocaram que é o Mestre!

Ted: São coisas assim que me fazem dizer: aí, sim, fui surpreendido outra vez!

Ana: Cristo perguntou sobre o que eles estavam discutindo.

Michelle: E vocês perceberam que os discípulos estão tristes, não é?

Junior: Parecem decepcionados! Sabiam que Jesus era um profeta poderoso em obras e em palavras, mas o Mestre fora condenado à morte e crucificado, e eles esperavam que Cristo trouxesse redenção.

Michelle: Aí, Jesus explica que as Escrituras apontam para Cristo. Perto de Emaús, os dois convidam Jesus para ficar com eles, e o Senhor aceita.

Ana: Então, vem a melhooooor parte! À mesa, Jesus pega o pão, dá graças e o distribui e TCHAM! Os olhos dos seguidores de Jesus se abrem e eles percebem que o Cristo ressurreto está bem na frente deles!

Michelle: E bem nessa hora, o Mestre desaparece. Mas eles entendem porque o coração deles ardia enquanto Jesus explicava as Escrituras.

ORAÇÃO

Senhor Jesus, quero te conhecer profundamente e sentir a tua presença comigo ao longo da caminhada. Amém!

Junior: Jesus teve compaixão dos seguidores, demonstrou amor e cuidado ao se revelar após a ressurreição. Isso renova a esperança. Jesus explicou como tudo deveria acontecer conforme as Escrituras, e permitiu que eles o reconhecessem após uma experiência pessoal e profunda.

Os dois se levantam e saem correndo. Ana, Michelle, Junior e Ted correm atrás deles.

Ted: Boooraaa! Mas para onde eles estão indo?

Ana: Quando os dois finalmente perceberam que estavam diante de Jesus, em carne e osso, quiseram voltar para Jerusalém depressa para contar aos discípulos e aos que estavam com eles.

Ted: Opaaaa! Aprendi uma lição! Ao conhecer a Jesus verdadeiramente, a partir de nossas experiências pessoais e do estudo da Bíblia, nós precisamos correr para falar dele para todo mundo!

Junior: Iiiiiiisssoooo, Ted! Testemunhar sobre quem Cristo é, o que ele fez, ensinou e continua fazendo nos nossos dias deve ser parte da nossa vida. Não podemos nos calar e deixar de falar do que vimos, ouvimos, vivemos e aprendemos.

Ao chegar ao local onde os discípulos estavam reunidos, eles contam com empolgação sobre o que aconteceu na estrada para Emaús e afirmam que Jesus ressuscitou. Enquanto eles falam, Cristo aparece novamente, para a surpresa de todos.

Ana: Agora Jesus explica para todos que as Escrituras afirmam que o Cristo haveria de sofrer e ressuscitar dentre os mortos no terceiro dia e que eles todos, como testemunhas, deveriam anunciar o arrependimento e a salvação por todas as nações.

Michelle: Os cristãos do nosso tempo não estavam lá fisicamente quando Jesus apareceu após a ressurreição, mas, como conhecem Jesus, se tornam testemunhas também. Assim como Cristo enviou os discípulos, ele também envia quem é do nosso tempo.

DESAFIO

Você já contou para alguém que Jesus nasceu, viveu uma vida sem pecados, morreu pelos erros de toda a humanidade e ressuscitou ao terceiro dia para nos garantir a vida eterna? Tente falar a alguém ainda hoje!

30/09

JOÃO 20.24-31

Os amigos conversam sobre o que acabaram de testemunhar.

Junior: Notaram que um dos discípulos não estava lá quando Jesus apareceu?

Ted: Está falando do Tomé?

Junior: Sim! Quando os outros contaram que viram o Mestre, ele disse que só acreditaria se visse as marcas dos pregos nas mãos de Cristo e colocasse o dedo em suas feridas.

Michelle: Uma semana depois, Jesus apareceu de novo e ordenou a Tomé que visse suas mãos e tocasse suas feridas para crer. Só então, Tomé acreditou que o Senhor Jesus ressuscitou.

Ana: Tomé precisava de evidências de que Cristo estava vivo apesar de ter ouvido vários testemunhos confiáveis de que ele havia, de fato, ressuscitado. Jesus não precisava ter provado nada a ele, mas escolheu aparecer a Tomé e mostrar exatamente as evidências que ele havia pedido.

Junior: Para mim, essa situação traz uma lição que vai bem além da incredulidade do discípulo. O Senhor reafirma sua bondade e misericórdia.

Michelle: Verdade, Junior. Eu nunca tinha pensado nisso em relação a essa história. Sua perspectiva me ajudou a ver que Jesus escolheu dar a Tomé a experiência que ele precisava para crer.

Ana: Ah, mas ele também ensinou que felizes são aqueles que creem sem precisar ver.

Junior: Jesus sabia que Tomé era falho. Quando ele demonstrou sua fraqueza, o Senhor respondeu com ensino amoroso. Muitas vezes as circunstâncias da vida nos farão duvidar igualzinho a Tomé. Nessa hora, temos de pensar no sacrifício de Jesus, no amor, na graça e na vida que ele nos concede.

ORAÇÃO

Jesus Cristo, te agradeço por teus ensinos amorosos mesmo diante das minhas falhas. Ajuda-me a crer em ti e a me lembrar das tuas feridas, amém.

Conte um pouco sobre o que você tem achado das leituras que está fazendo todos os dias. A aventura fantástica de Junior, Michelle, Ana e Ted tem ajudado você a ter um relacionamento mais próximo com Deus e com a Bíblia?

café com Deus pai TEENS
CAMINHE COM QUEM ACREDITA

OUTUBRO

café com Deus Pai TEENS

SABE QUEM NÃO PODEMOS NOS ESQUECER?

DE NÓS, OS PRÉ-ADOLESCENTES!

Somos criação divina e cheia de graça.
Pense em uma maneira de comemorar
essa fase tão importante da nossa vida.

O que você escolheu? Como vai colocar em prática?

Por um portal, a xícara leva os amigos a presenciarem uma conversa de Pedro com Jesus.

Ted: Esta parte eu conheço! É bonitona! Minha avó sempre me contava quando eu fazia algo de errado!

Ana: É lindíssima!

Ted: Sim! Pedro chorou amargamente quando se deu conta de que havia negado Jesus, seu amigo, Mestre, Senhor e Salvador. Quando vemos Pedro e Jesus reunidos após a ressurreição, entendemos que o amor de Cristo por ele não mudou. Pedro estava passando por um processo de transformação gerado pelo arrependimento.

Junior: Verdade, Ted. O relacionamento de Jesus com Pedro é um retrato da redenção. Jesus nos chama, ensina, ama, cuida. Então, quando erramos e nos arrependemos com sinceridade, ele nos acolhe e transforma, nunca deixa de nos amar.

Ana: Pedro poderia ter se escondido quando soube que Cristo ressuscitou, mas não fez isso. Muitas pessoas fogem da presença de Deus quando pecam, porque têm medo das consequências, mas, na presença dele, há redenção, capacitação para mudar e para cumprir o propósito do Senhor para nós e esperança para uma vida cada vez mais distante do pecado.

Michelle: E foi assim com Pedro! Jesus perguntou três vezes: "Simão, filho de João, você me ama?". Nas três vezes, Pedro respondeu que sim. A cada vez, Jesus ordenava que seu servo cuidasse de suas ovelhas. Nesse caso, as ovelhas são as pessoas que decidissem seguir a Cristo no futuro, assim como nós. O discípulo demonstraria seu amor e transformação pela obediência ao chamado de pastorear as ovelhas. Pedro obedeceu e colaborou para a edificação da igreja do Senhor.

PARA REFLETIR:

De quais formas você tem demonstrado arrependimento pelos seus pecados e amor por Jesus?

LUCAS 24.50-53, ATOS 1.1-11

café com Deus Pai TEENS

Os amigos conversam sobre os acontecimentos depois da ressurreição.

Junior: Depois de ressuscitar, Jesus ficou por mais quarenta dias na terra, entre os discípulos e ensinou sobre o Reino de Deus.

Michelle: Cristo também deixou aos discípulos a promessa da vinda do Espírito Santo, que os batizaria, desceria sobre eles e faria deles testemunhas do Senhor.

Junior: O Evangelho de Lucas relata que aqueles que estavam com Jesus o adoraram e voltaram para Jerusalém com o coração alegre. Eles louvavam a Deus constantemente.

Ted: É assim que devemos fazer também, não é? E, se não me engano, Jesus falou para adorarmos até ele voltar para nos buscar.

Michelle: Verdade, Ted. Além de anunciar as boas-novas até os confins da terra, como Jesus nos chamou para fazer.

Ana: Enquanto Jesus não volta, lemos e praticamos a Palavra, servimos ao próximo, temos comunhão, demonstramos amor a Deus e ao próximo, buscamos profundidade no relacionamento com o Senhor e a edificação da igreja de Cristo. Pode parecer muita coisa, mas é um estilo de vida intencional, uma caminhada com Jesus.

Junior: Jamais estaremos sozinhos na caminhada, pois Jesus nos deixou o Espírito Santo, nosso amigo, conselheiro e consolador.

Ele também nos ajuda a compreender as Escrituras. Seria impossível alcançarmos nosso objetivo de viver uma vida que agrada a Deus com leitura da Palavra, amor a Deus e ao próximo e pregação do evangelho a tooodos, sem a atuação do Espírito Santo em nós.

ORAÇÃO

Pai, te agradeço por enviar o teu Filho a este mundo para me salvar. Agradeço também por enviar o teu Espírito, que permanece comigo todos os dias. Amém.

café com Deus Pai TEENS

A conversa continua.

Michelle: Depois da ascensão de Jesus, seus seguidores se mantiveram fiéis a ele. Os homens e mulheres se dedicavam muito à oração.

Ted: Então, eles estavam colocando em prática o que o Mestre ensinou. Também cultivaram um relacionamento direto, pessoal e profundo com Deus por meio da oração, certo?

Ana: Per-fei-to! Fora isso, também viviam em unidade, como Cristo havia ensinado tantas vezes. Fortaleciam o relacionamento com Deus e uns com os outros.

Michelle: Como a presença física de Jesus não era mais o elo de amor entre eles, nutriam a certeza de que Cristo havia morrido, ressuscitado, subido aos céus e um dia voltaria.

Junior: Eles foram obedientes, estavam unidos e oravam constantemente, percebem? Essa também deve ser a nossa postura enquanto aguardamos o retorno de Cristo. A oração deve ser prioridade na nossa vida. Se quisermos estar cada vez mais próximos de Deus, precisamos orar.

Ted: E unidos! Minha avó diz que, na união de pessoas que amam a Deus e acreditam em Jesus, o poder, o amor e a graça dele são revelados. Jesus ensinou isso de diversas maneiras, e os discípulos guardaram esse ensinamento.

Junior: Bem lembrado, Ted!

Ted: Depois que eu aprendi a importância da unidade e do amor, não me esqueço mais. Quero estar em unidade e amar a Deus cada dia mais.

ORAÇÃO

Pai querido, graças te dou por me ensinar tantas coisas por meio da tua Palavra. Ajuda-me a guardar e a praticar os teus princípios e mandamentos. Quero viver em unidade e em amor contigo e com o próximo. Em nome de Jesus, amém.

04/10

ATOS 2.1-13

Os amigos entram em um portal aberto pela xícara e são atraídos por um som diferente. Uma multidão, que cresce cada vez mais, ora e louva o Senhor. São pessoas de diferentes lugares e línguas, que declaram as maravilhas de Deus.

Ana: AAAHHH! Sério que vamos viver o dia de Pentecostes? Valeu, xícara!

Ted: O que é isso?

Junior: A celebração teve início quando o Senhor entregou os Dez Mandamentos aos israelitas por intermédio de Moisés. Ele ordenou a comemoração anual da data, na chamada Festa das Semanas. Mas aqui, no tempo dos discípulos, Pentecostes ganhou outro significado.

Ana: É agora! Vejam!

Os amigos observam que, de repente, Deus envia línguas de fogo e pessoas começam a falar em outras línguas, mas entendem tudo na sua língua materna.

Ana: O Espírito Santo desceu dos céus sobre os apóstolos e aqueles que criam em Jesus.

Michelle: Muitos consideram que a igreja do Senhor nasceu aqui, porque Jesus havia prometido que o Espírito Santo desceria. Os discípulos não sabiam quanto demoraria, mas obedeceram à ordem de permanecer em Jerusalém. Então, a promessa se cumpriu.

Junior: O Espírito Santo é uma dádiva para nós. Eles não sabiam se demoraria poucas horas ou anos até que o Espírito viesse, mas, no tempo certo, ele desceu dos céus.

ORAÇÃO

Espírito Santo, enche a minha vida e me conduz, para que eu viva segundo a vontade do Pai. Em nome de Jesus, amém.

Michelle: Verdade! Na comunhão dos seguidores de Cristo, que creram e esperaram nele pela fé, o poder do Espírito Santo se manifestou pela primeira vez após a ressurreição de Jesus. Eles se tornaram cheios do Espírito Santo.

Ana: Olha aí de novo a importância de esperar em Deus e de viver em unidade.

Eles seguem conversando sobre o dia de Pentecostes.

Michelle: A presença de Deus se manifestou de um jeito tão diferente que alguns zombavam daqueles que estavam cheios do Espírito, diziam que estavam bêbados.

Ana: Então, Pedro se levanta com os Onze e fala à multidão em alto e bom som, com a coragem e a ousadia de um homem cheio do Espírito Santo.

Ted: Que top!

Junior: Verdade. A forma como Pedro se posicionou foi um testemunho da transformação pela qual ele havia passado. Suas palavras também demonstraram que ele tinha amadurecido no relacionamento com Deus.

Ana: Os acontecimentos do Pentecostes nos mostram o novo Pedro, que se dispôs a realizar a obra, para a glória do Senhor Jesus Cristo. Diante da multidão, com autoridade, ele mostrou que a manifestação do Espírito Santo havia sido anunciada pelos profetas e falou de Jesus, o Messias.

Junior: Como Pedro foi aprendiz e amigo de Jesus, além d
e conhecedor das Escrituras, é justo dizer que ele testemunhou com propriedade.

Michelle: Em Atos 2:38, está escrito: "Pedro respondeu: 'Arrependam-se, e cada um de vocês seja batizado em nome de Jesus Cristo para perdão dos seus pecados, e receberão o dom do Espírito Santo".

Ana: E depois desse apelo, uma galera de umas três mil pessoas começou a seguir Jesus. Isso é o que acontece quando testemunhamos e deixamos que o Espírito aja em nós e por meio de nós.

ORAÇÃO

Meu Deus, eis-me aqui. Usa-me para o crescimento do teu Reino e capacita-me a testemunhar de ti. Em nome de Jesus, amém!

ATOS 2.25-36

A conversa dos amigos segue animada.

Michelle: Cada um de nós tem um montão de motivos para testemunhar. Nosso modo de viver deve refletir o que acreditamos, pensamos, sentimos e, principalmente, o amor de Deus.

Ted: Então, conta aí um testemunho.

Michelle: Desde pequena, ouço falar do amor de Jesus. Sempre acreditei nisso, mas nunca tinha vivido nenhuma experiência com ele. Um dia, sozinha no meu quarto, eu estava lendo a Bíblia e tentando entender mais sobre esse Deus de quem eu tanto ouvia falar. Naquele dia, senti algo mudar em mim e orei entregando a minha vida a Jesus. Foi assim que comecei a ver a Deus não somente como o Deus dos meus pais, mas como o meu Deus.

Ted: É um belo de um testemunho, Michelle!

Junior: Eu, bem, vocês sabem... eu sempre tive dificuldades em casa. Minha mãe é muito amorosa e presente, mas meu pai nunca foi assim. Desde pequeno, eu carregava uma dor muito grande porque não sinto o amor do meu pai. Comecei a desenvolver inseguranças, me tornei tímido. Já sofri bullying e tive dificuldade de fazer amizades. Até que encontrei aquilo que eu nem sabia que precisava: finalmente descobri o que é ter o amor do Pai celeste, conheci o amor perfeito de Deus Pai. Foi assim que começou o meu processo de cura. Aquela ferida começou a cicatrizar, graças à certeza de que eu sou filho de Deus.

Ted: Ainda bem que você se encontrou com Jesus, Junior!

Ana: São testemunhos bem diferentes, únicos. Na singularidade da experiência de cada um, vemos a riqueza dos detalhes do amor de Deus.

ORAÇÃO

Deus Pai, graças te dou pela rica oportunidade de me encontrar contigo. Que o teu amor inunde o meu coração. Amém.

Ainda faltam dois amigos contarem seus testemunhos.

Michelle: E o seu testemunho, Ana?

Ana: Vamos lá! Eu ainda era pequenininha quando comecei a perceber que algumas pessoas agiam como se eu fosse diferente delas. Depois de um tempo, o tratamento começou a piorar. Elas riam de mim, apontavam, faziam comentários pelas costas falando do meu cabelo e da cor da minha pele. Um dia, cheguei em casa depois de ouvir vários insultos e chorei. Chorei tanto que parecia que nunca mais conseguiria parar de chorar. Então abri a Bíblia em Salmos 139 e li que fui criada de maneira admirável.

Aquele dia, entreguei meu coração a Jesus. Quando conheci o amor de Deus de verdade, entendi que só importa o que Deus diz sobre mim, e ele diz que eu sou sua filha amada, criada à sua imagem e semelhança de modo admirável.

Michelle: Você é, sim, diferente daquelas pessoas, Ana. Não pelo cabelo ou pela cor da pele, mas porque você tem o brilho do Espírito Santo. Sua vez, Ted!

Ted: Bom, vocês já sabem, porque viveram ao meu lado, mas é sempre importante nos lembrarmos das coisas boas que Deus faz por nós. Por um tempo, eu queria chamar a atenção das pessoas para mim, queria ser visto, ouvido, pois me sentia ignorado em casa. Comecei a me comportar mal e a tratar as pessoas de um jeito ruim só para conseguir atenção. Tudo mudou quando eu descobri que sou visto e ouvido por Deus. Isso é mais do que suficiente. Hoje não quero mais a atenção para mim; o meu desejo é que Deus seja glorificado por meio de tudo o que eu fizer e falar.

PARA REFLETIR:

Você já parou para pensar em qual é o seu testemunho? Se necessário, escreva em um papel, para que você jamais se esqueça do que Deus fez e tem feito na sua vida.

MATEUS 28.19,20

café com Deus Pai TEENS

A xícara abre um portal que leva os amigos até perto de Jesus, para ouvir sua última fala.

Michelle: Vejam só! Antes de subir aos céus, Jesus ordenou que seus amigos fossem por todas as nações e fizessem discípulos, e os ensinassem a obedecer a tudo que Jesus instruiu. A igreja começou com a união das pessoas que estavam firmadas no mesmo propósito.

Ana: Pelo poder do Espírito Santo elas recebiam autoridade para anunciar o evangelho.

Junior: Assim, aprendemos o que é ser igreja de fato. No começo, eles se reuniam na casa das pessoas para compartilhar os ensinos de Jesus, orar fervorosamente e cantar louvores. A Igreja de Cristo não é um prédio ou um grupo específico, é formada por aqueles que vivem o evangelho.

Ted: Então, isso quer dizer que nós também somos encarregados de dar continuidade à obra de Cristo?

Ana: E-xa-ta-men-te isso ! Cada um de nós recebeu o chamado de Cristo para fazer discípulos de todas as nações. Nós somos parte da Igreja do Senhor Jesus. Somos pessoas diferentes, com habilidades, talentos e interesses distintos, mas unidos pelo elo do amor de Jesus.

Junior: Enquanto aguardamos o retorno dele, temos de levar a sério a tarefa de dar continuidade ao ministério de Cristo.

ORAÇÃO

Deus Pai, eu desejo obedecer ao chamado de Jesus e viver ele ensinou enquanto esteve na terra. Capacita-me a dar continuidade à obra que iniciaste. Em nome de Jesus, eu oro. Amém.

Ted: Muito interessante. Quero aprender a fazer discípulos e ensinar as pessoas a obedecerem ao que Cristo deixou como instrução!

Os amigos observam a xícara abrir um portal. Ao sair, eles percebem que estão em um interrogatório em Jerusalém.

Ana: Eita! Tem autoridades e líderes religiosos reunidos aqui. É sério mesmo que eles estão questionando Pedro e João por terem curado um coxo no nome de Jesus?

Ted: Que injustiça! Eles não merecem passar por isso!

Michelle: Os primeiros cristãos enfrentaram um montão de perseguições e foram acusados falsamente. Alguns até foram presos e mortos só porque falaram do Mestre. No tempo dos apóstolos, acreditar em Jesus era extremamente perigoso.

Junior: O Espírito Santo fortaleceu e encorajou Pedro e João. Também cuidou de muitos homens e mulheres que amavam a Cristo e estavam empenhados em viver o que ele ensinou.

Michelle: A humanidade que rejeitou o Jesus também e desprezou sua Igreja. Mas, o Mestre venceu e também nos fez vencedores. Ninguém nunca poderá impedir ou derrubar a Igreja do Senhor. Ela está alicerçada em Cristo.

Ted: Pedro e João estão deixando todos admirados! Por quê?

Michelle: Porque os líderes sabiam que eles não tinham estudo rabínico formal nem eram autoridades religiosas, mas falavam com coragem, conhecimento e autoridade, o que demonstrava que eles conheceram Jesus.

ORAÇÃO

Senhor, capacita-me a anunciar a tua Palavra e a resistir à oposição. Fortalece-me diante das adversidades, para que o teu nome seja glorificado por meio do meu testemunho, amém.

Junior: Por isso, soltaram os dois e nem puderam castigá-los.

Michelle: Pedro e João voltaram para seus companheiros e contaram tudo o que aconteceu. Juntos, eles oraram e pediram ao Senhor que os capacitasse a anunciar a Palavra com coragem.

Café com Deus Pai TEENS

Em seguida, os amigos são levados por um portal da xícara a uma carruagem. Nela havia um homem lendo o livro do profeta Isaías. Seguindo a ordem do Espírito Santo, Filipe explicou para o homem o que a passagem significava e anunciou as boas-novas de Jesus. Os adolescentes ficam maravilhados ao ver a cena.

Ted: A vida desse homem foi completamente transformada pelo poder do Espírito, e Filipe foi usado para fazer parte dessa transformação! Que grande privilégio!

Ana: Fazer parte da obra, ou seja, servir no Reino de Deus é um presente. Quando abençoamos as outras pessoas, somos abençoados. Por isso é tão importante buscar uma vida de obediência e comunhão com Deus. Filipe estava sensível ao Espírito a ponto de ouvi-lo e obedecer prontamente. Como ele, precisamos dar abertura para que o Espírito Santo fale conosco em qualquer momento.

Michelle: Verdade, Ana. Além disso, essa história nos ensina a aproveitar as oportunidades para falar de Jesus. Filipe estava atento à voz do Espírito, por isso não desperdiçou a chance de anunciar as boas-novas. Se ele estivesse distraído, não poderia ter sido usado daquela forma.

Junior: Eu sou muito tímido, mas não quero que a timidez ou a insegurança se coloquem no meu caminho e me impeçam de falar de Cristo. Mas, quando vejo os exemplos das pessoas que se dedicaram a falar de Jesus, independentemente da vergonha, do medo, do perigo e das perseguições, percebo que a timidez e a insegurança não me impedirão de fazer a vontade de Deus, pois o Espírito Santo capacita.

ORAÇÃO

Espírito Santo, capacita-me a anunciar as boas-novas. Tira do meu caminho qualquer empecilho. Em nome de Jesus, amém.

DESAFIO

Fale de Jesus para um amigo, vizinho ou colega.

Ana: Quantas coisas maravilhosas nós temos aprendido! O que mais será que ainda vamos descobrir?

Michelle: Vamos ver agora mesmo!

A menina aponta para a xícara, que tinha acabado de abrir um portal. Os amigos entram e chegam a uma casa.

Junior: Pedro está contando o testemunho dele para Cornélio. Todos que estão na casa ficam admirados quando o Espírito Santo desce sobre quem está lá.

Michelle: No tempo dos discípulos, era proibido que judeus e gentios, os não judeus, estivessem juntos. No entanto, Deus mostrou para Pedro que ele não deveria considerar ninguém impuro.

Junior: Essa situação serviu para o discípulo conhecer com profundidade o caráter do Deus a quem servia. Ele percebeu que não deveria tratar ninguém com parcialidade.

Michelle: Para o Senhor, não importa a origem da pessoa, mas o coração.

Ana: Com certeza foi uma mega lição para Pedro. E também serve para ensinar as pessoas do nosso tempo a romper com os preconceitos. Não podemos considerar alguém inferior ou superior por nenhum motivo. Afinal, todos nós fomos criados por Deus.

Junior: Precisamos olhar para as pessoas com amor e perceber que não há uma pessoa sequer por quem Jesus não tenha derramado seu sangue na cruz.

Ted: Poxa, Junior! Eu nunca tinha pensado dessa forma. Acho que olhar para as pessoas assim vai me ajudar a tratá-las com mais compaixão e empatia.

Ana: Que ótimo!! Todos nós precisamos praticar a compaixão. Que bom que tudo que temos aprendido nesta aventura tem aberto nossos olhos!

ORAÇÃO

Senhor, ajuda-me a olhar para as pessoas com amor e compaixão. Que eu jamais pratique ou tolere qualquer tipo de preconceito. Amém.

café com Deus pai TEENS

Com o portal da xícara, os amigos chegam a um momento muito difícil da história da Igreja.

Ted: Eu não entendo por que as pessoas que escolheram andar com Jesus tiveram de passar por perseguições! É maldade demais!

Michelle: Jesus havia dito que aqueles que escolhessem segui-lo, sofreriam perseguições.

Ana: Tudo culpa do pecado!

Michelle: Sim! Quando os líderes e autoridades da época ouviram sobre Jesus ser o Messias aguardado, poderoso e rei de um novo Reino, começaram a perseguir os apóstolos.

Junior: E, em vez de reagir com violência ou retrucar, os cristãos perseguidos demonstraram amor, compaixão, perseverança e fé, seguindo o exemplo de Jesus. Eles sabiam que a recompensa seria infinitamente maior do que qualquer perseguição.

Ana: Nos nossos dias, algumas pessoas também criticam quem escolhe seguir Jesus. Mas a gente tem que agir como os apóstolos: perseverar sempre!

Ted: Me dá a maior angústia só de pensar na dor que os apóstolos enfrentaram.

Ana: Total! Mas, se você parar para pensar, Jesus passou por dores e aflições enquanto estava na terra para que nós fôssemos salvos. Somos chamados a carregar a nossa cruz e segui-lo. Apesar de não termos de carregar uma cruz literal, também passaremos por dificuldades, com a certeza de que Jesus já venceu todo pecado, dor e mal.

Michelle: Os perseguidos tinham certeza de que morrer por Cristo era muito melhor do que viver sem ele. Foi o que aconteceu com Estêvão.

ORAÇÃO

Jesus, quantas dores enfrentaste para que eu pudesse viver contigo! Ajuda-me a passar pelas dificuldades com perseverança. Em teu santo nome eu oro, amém!

Michelle fala da perseguição aos cristãos.

Ted: Ainda estou inconformado com a dor que os cristãos da época dos discípulos tiveram que sofrer!

Michelle: Estêvão foi um deles. A Bíblia o descreve como um homem cheio da graça e do poder de Deus, dedicado à comunidade e que chegou a realizar sinais e maravilhas em nome de Jesus. Ele enfrentou grandes dificuldades.

Junior: Algumas pessoas se opuseram a ele, mas não conseguiam argumentar, pois ele tinha sabedoria e era conduzido pelo Espírito. Então, conspiraram contra ele e o prenderam.

Ted: Estêvão era como nós devemos ser, não é? Tão correto, mas tãããão correto que ninguém conseguia culpá-lo.

Ana: Você está certo, Ted. Quando andamos com Deus e vivemos para ele, renunciamos ao pecado para viver segundo o Espírito. Estêvão era tão inculpável que seus opositores tiveram de inventar mentiras para acusá-lo. Ele não deixou de fazer o correto por pressão nem para garantir a própria segurança, mas se manteve fiel a Deus.

Junior: Devemos aprender com o exemplo de Estêvão, permanecer fiéis a Deus e sempre agir da maneira correta.

Michelle: As pessoas foram injustas e maldosas, mas Estêvão tinha o Senhor Jesus ao seu lado. Quando todos se viraram contra ele, pela fé, ele continuou firme no que acreditava. Precisamos anunciar Cristo e viver conforme ele ensinou. A perseverança de Estêvão tem muito a nos ensinar.

Ted: Também quero ser correto, fiel e perseverante. Se for para ser conhecido pelas pessoas, que seja por meu amor a Deus!

PARA REFLETIR:

Você acha que a sua conduta combina com o seu discurso? Como você pode mudar as suas atitudes, para que, como Estêvão, também seja inculpável?

Os amigos continuam a conversar.

Ted: A história de Estêvão me fez refletir sobre o lugar que Jesus deve ocupar na minha vida: de prioridade. Ele abriu mão de muitas coisas por amor a Cristo. Em um tempo em que falar do Mestre era perigoso, Estêvão se manteve firme, porque Jesus vinha em primeiro lugar na sua vida. Ele desejava a Cristo mais do que qualquer outra coisa, inclusive a própria segurança.

Junior: É emocionante, não é? Estêvão sofreu injustamente, mas a maldade dos homens não foi o suficiente para fazê-lo se esquecer do maior amor que já existiu. Ao final, tudo o que ele desejava era estar na presença de Deus.

Michelle: Em vez de pensar em vingança ou de ficar magoado, ele orou por seus agressores, porque o que faltava na vida deles era o amor de Cristo, o amor que cura feridas e transforma corações.

Ana: Ele provou que não havia melhor lugar para estar e que não existe nadaaaa mais valioso do que buscar Jesus. Mesmo no sofrimento, Estêvão estava em paz. Ele sabia que ninguém poderia tirar dele o que realmente importava.

Michelle: Vocês estão certíssimos!! Bora seguir o exemplo de Estêvão! Ele nos ajuda a valorizar Jesus cada vez mais e a reconhecer que ele é digno de ocupar o lugar mais importante em nossa vida. Independentemente do que os outros pensem, falem ou façam, Jesus continua o mesmo. A maldade causada pelo pecado nunca vai conseguir apagar nem sequer ofuscar a bondade e a graça com que Cristo nos atraiu.

ORAÇÃO

Jesus Cristo, eu te agradeço por tamanha bondade! Toma o teu trono em meu coração, o lugar de mais alta importância na minha vida, amém!

Os amigos olham ao redor e veem um homem assistindo ao apedrejamento de Estêvão. Eles entendem que aquele é Paulo. Depois, conversam.

Ana: Quem diria que esse homem impiedoso que persegue cristãos também se tornaria um apóstolo de Jesus e autor de vários livros do Novo Testamento, não é?

Ted: Ele parece malvadão!

Michelle: Paulo perseguia cristãos. Ele esteva lá quando Estêvão foi morto e, pior, concordou. A Bíblia diz que ele devastava a igreja.

Ana: Hor-rí-vel!

Michelle: Algumas pessoas acham que aqueles que cometem atrocidades como as de Paulo não têm mais jeito. Mas, a história de Paulo nos mostra que não existe nenhum pecado maior que a graça de Jesus. Cristo é a esperança para TODOS os que vivem no pecado. Todas as pessoas que estão distantes de Deus, todos os feridos e também todos os cruéis.

Junior: Às vezes, quando vemos histórias que mostram a maldade humana, fica difícil desejar que essas pessoas encontrem perdão.

Ted: Total, Junior!

Michelle: Isso acontece porque pensamos que somos menos pecadores do que os outros, mas, na verdade, todos somos igualmente indignos de receber perdão e salvação. Cristo nos amou e perdoou com graça inigualável. Nunca seremos merecedores do que Jesus fez por nós, mas temos de nos dedicar a exaltar o nome dele.

Junior: Precisamos anunciar a salvação e o arrependimento para todos, porque o perdão é para todas as pessoas que acreditarem no Filho e se entregarem a ele.

ORAÇÃO

Pai amado, ajuda-me a olhar para as pessoas com compaixão e a desejar que elas também sejam alcançadas pela graça. Em nome de Cristo Jesus, amém!

café com Deus Pai TEENS

A xícara abre um portal que conduz os amigos a uma estrada na qual Paulo está a caminho da cidade de Damasco. Uma luz muito brilhante vem do céu e faz Paulo cair. Em seguida, eles ouvem uma voz vinda do céu e que confronta Paulo. Depois, os amigos comentam.

Ted sussurra: Que ma-ra-vi-lho-so poder ver issoooo!

Junior: Verdade! Paulo não está enxergando nada porque ele foi cegado pela luz vinda do céu!

Ana: Aí, do nada, Jesus fala com ele!

Junior: O Senhor pergunta porque Paulo o persegue. Mas também envia uma pessoa para resgatá-lo durante a cegueira.

Michelle: A Bíblia diz que ele ficou cego por três dias. Então, Ananias foi enviado por Jesus até Paulo, para que pudesse voltar a ver e fosse cheio do Espírito Santo. Antes de se encontrar com Cristo, Paulo enxergava, mas não via as coisas como elas eram de verdade. Cristo transforma a maneira como vemos o mundo, e a história do apóstolo nos mostra isso.

Junior: E esse teve uma mudança de vida e tanto! A transformação de Paulo nos mostra que Jesus faz uma mudança na mente daqueles que se rendem completamente a ele.

Michelle: Paulo fez coisas horríveis, mas um encontro genuíno com Cristo mudou tudo. Ele se tornou uma nova criatura e deixou os velhos hábitos para trás. Paulo ganhou um novo propósito e se dedicou intensamente a cumpri-lo.

Ted: Foi incrível testemunhar a conversão de Paulo! De perseguidor a evangelista!

ORAÇÃO

Senhor, eu sei que tu tens poder para transformar, curar e libertar. Transforma o meu coração, para que eu possa te agradar em tudo. Em nome de Jesus, amém.

A conversa dos amigos continua:

Michelle: No começo, os discípulos tiveram dificuldade para acreditar na transformação de Paulo. Como tinham medo dele porque sabiam que ele costumava perseguir cristãos, ficaram amedrontados. A má fama o precedia.

Junior: Sim, mas logo todos testemunharam que ele estava mesmo diferente. Havia algo novo em Paulo. Ele pregava o Cristo ressurreto com coragem e ousadia; ele demonstrava a fé de alguém que verdadeiramente conheceu a Jesus.

Ted: Essa descrição de vocês parece até o jeito que as pessoas começaram a me tratar quando eu me converti. Me dava a sensação de que elas estavam esperando que eu voltasse a ser bruto e rude. Sei que tudo isso é consequência do modo como eu tratava os outros, mas a mudança na minha vida foi fruto de um encontro verdadeiro com Jesus. Eu percebi que não podia mais viver daquele jeito. Agora as pessoas sabem que, apesar de não ser perfeito, eu tenho me esforçado para ser melhor a cada dia.

Michelle: É notória sua mudança! E as pessoas perceberam sem que você tivesse de provar algo. Quando nos encontramos com Jesus, a mudança na nossa vida é natural e todos percebem, ainda que demore. Não dá para ter um encontro sincero com Cristo e manter os velhos hábitos.

PARA REFLETIR:

Como a sua vida mudou depois que você começou a andar com Jesus? De quais atitudes você abriu mão por amor a Cristo?

Junior: Verdade. Quem conhece o caráter de Jesus deseja desenvolver um caráter semelhante ao dele. Foi o que aconteceu com Paulo, com Ted e com cada um que se entrega a Jesus e começa a andar ao lado dele.

Os amigos notam um portal aberto pela xícara atrás deles e correm para ele. Eles caem dentro uma cela.

Ana: Isto é uma cadeia! Quem diria?!

Michelle: Aqueles ali são Paulo e Silas. Eles foram presos por fazer a obra de Deus.

Ted: Se eu não estivesse aqui, diria ser impossível um perseguidor de cristãos ser preso por fazer a obra de Jesus. O jogo virou.

Michelle: Já ouviu falar que o mundo não gira, ele capota? Essa expressão é perfeita para explicar a transformação realizada por Jesus em Paulo, muito além da expectativa humana.

Junior: É! Paulo está preso com seu amigo Silas. Mesmo sendo injusta, a prisão não os abateu. Eles oram e cantam louvores a Deus.

De repente, um terremoto fortíssimo fez com que os portões da cadeia se abram.

Todos: Aaaaaaaaaaa.

Ana: Socorroooo! Estou tremendooo! Se-nhor!

Michelle: Vejam que as portas se abriram!

Ted: Bora fugir com eles!

Junior: Ei, Ted! Ninguém vai fugir! Vai ser muito melhor, veja!

O carcereiro pega uma espada, mas Paulo avisa que nenhum preso vai fugir. Em seguida, esse guarda confere e nota que é verdade. Então, joga-se aos pés de Paulo e Silas.

Michelle: Paulo e Silas pregam o evangelho e o homem entrega a vida a Cristo. O carcereiro leva Paulo e Silas para sua casa, cuida deles e serve uma refeição para eles. Toda a família acredita em Cristo e é batizada.

ORAÇÃO

Senhor Deus, ajuda-me a me manter fiel em todas as circunstâncias. Em nome do teu Filho, amém.

Ted: Sur-re-al!

Junior: É impressionante que Paulo persistiu apesar do sofrimento. Ele foi preso injustamente, atacado, açoitado e criticado. Ele ainda dizia que se alegrava nas tribulações. Para ele, valia a pena sofrer por amor a Cristo.

O tempo acelera e o chão se move sob os pés dos amigos

Todos: Oooooooo.

Eles chegam a Corinto.

Junior: Paulo permaneceu um tempo aqui e ensinou aos coríntios sobre a Palavra de Deus.

Michelle: O apóstolo enfrentou muita resistência ao pregar para os judeus. Muitos se recusavam a crer que Jesus era o Cristo. Ele queria ir embora e pregar aos gentios.

Ted: Quem eram os gentios, mesmo?

Ana: Eram todos os não judeus. Tipo nós seríamos chamados de gentios.

Ted: Entendiii!

Michelle: Isso, Ana! Paulo enfrentou muitas críticas e oposições. Ainda assim, ele via os frutos do seu trabalho, pois até o líder de uma sinagoga acreditou em Jesus. No tempo em que esteve aqui, muitos coríntios creram e foram batizados.

Junior: Deve ter sido muito difícil, mas Paulo se manteve firmão!

Michelle: Sim! O Senhor falou com Paulo por meio de uma visão e o encorajou a não ter medo de continuar a falar. Paulo não estava sozinho; Deus estava com ele.

Junior: Não sei se vocês se sentem assim também, mas parece que Deus me encoraja a falar de Jesus todas as vezes em que a vergonha, a timidez ou o medo das críticas tentam me impedir. Sei que não posso me calar; devo anunciar a salvação e o arrependimento SEMPRE.

Ted: Também me sinto assim. No começo, tinha receio de falar, porque faz pouco tempo que conheci Jesus. Depois, entendi que não é o tempo que importa, e sim meu compromisso em aprender mais sobre a Palavra e em conhecer mais o Senhor. Deus tem falado comigo e me encorajado a usar a minha voz para falar do evangelho.

ORAÇÃO

Meu Deus, dá-me sabedoria e estratégias para falar da tua Palavra sem receio. Ajuda-me a perceber que tu estás comigo. Em nome de Jesus, amém.

Café com Deus Pai TEENS

Os amigos continuaram a conversar.

Michelle: Paulo tinha uma característica que todos nós precisamos desenvolver: ser incansável. A intensidade era um traço da personalidade do apóstolo. Primeiro, ele perseguia os cristãos intensamente. Quando ele se converteu, parece-me que essa característica deve ter aumentado, mas o foco mudou para buscar por Jesus e servi-lo.

Junior: Paulo é um exemplo de dedicação à obra. Ele sabia que fazia parte de algo muito maior do que a própria vida e se empenhou em pregar o evangelho, orientar e ensinar os cristãos e a servir a Deus com amor.

Ana: Eu nunca tinha pensado por esse lado. A dedicação de Paulo me inspira, mas agora compreendi que ele foi incansável, ou seja, não havia limites para seu trabalho. Ele não se contentou em conhecer Jesus superficialmente, desejou e buscou um relacionamento cada vez mais profundo com o Senhor.

Junior: Paulo também foi intenso e incansável em demonstrar o amor pelas pessoas.

Michelle: Ele também tinha outras características: corajoso, determinado e enérgico. Fora seu lado amoroso e cheio de compaixão. Paulo sabia o que era viver na cegueira espiritual e não desejava isso para ninguém. Então, por amor, ele indicava o caminho correto.

PARA REFLETIR:

Você se acha parecido com algum personagem bíblico? Qual? Por quê?

Junior: Você tem traços muito parecidos com os de Paulo, Ted, e digo isso como um elogio. Às vezes, eu queria ter toda essa coragem e ousadia.

Ted: Muito obrigado, Junior! Quero continuar crescendo na fé.

Os amigos são conduzidos pelo portal da xícara a Éfeso. Eles aprendem que Paulo passou um tempo lá pregando, ensinando e fazendo milagres em nome de Jesus.

Michelle: Paulo fez coisas grandiosas aqui, pelo poder de Deus. Ele pregou, fez milagres e ensinou. Até hoje as instruções do apóstolo são úteis para nós. Ele foi inspirado pelo Espírito Santo e capacitado a realizar coisas extraordinárias. Tudo começou quando os olhos dele se abriram para uma nova realidade.

Junior: Quando Paulo voltou a enxergar, depois de ver a forte luz e ouvir Jesus, ele já não via mais as coisas como antes. Ele passou a ver as pessoas sob uma nova perspectiva, com o amor de Jesus. A si mesmo, enxergou de outra forma, pois sabia que era um pecador alcançado e transformado pela graça.

Ana: Nadinha do que Paulo fez foi para ficar se achando depois. Ele fazia para a glória de Deus.

Ted: Paulo sabia que dependia de Deus em tudo. Não andava por aí pensando que aqueles milagres todos eram fruto de seu poder ou esforço. O Senhor realizava tudo por intermédio de Paulo.

Ana: Top, Ted! É isso aí! E, como ele, precisamos nos dispor a realizar a obra, não para o nosso engrandecimento, mas para a glória de Deus. Nós somos instrumentos nas mãos do Senhor, disponíveis para sermos usados como ele quiser.

Junior: Não sei se a vontade do Pai para a minha vida é que eu saia pelo mundo pregando ou que sirva no lugar em que estou, ensinando, intercedendo, ajudando as pessoas. O que realmente importa para mim é viver o plano do Pai com amor, obediência e dedicação, como Paulo fez.

ORAÇÃO

Senhor, capacita-me para te servir. Todo o louvor e toda a glória sejam dados a ti. Amém.

café com Deus Pai TEENS

O portal aberto pela xícara agora deixa os amigos em aum barco que enfrenta uma forte tempestade.

Ted: SO-COR-ROOOO! - **diz o menino apavorado** - Não é possível que essa xícara tenha nos trazido para cá para morrermos na tempestade!

Ana: Teeed, respiiire fuuundo e leeeembre-se de queeem está aquiii com voocê. - **fala a menina tentando se equilibrar.**

Ted: Um de vocês vai me salvar? Quem vai falar para a minha mãe que eu morri afogado porque entrei em um portal de uma xícara? Por que vocês não estão de-ses-pe-ra-dos?

Junior: Porque sabemos que não estamos sozinhos. Deus está aqui com a gente. As tempestades são como as dificuldades da vida e servem para nos ensinar sobre o poder e a fidelidade de Deus. Na tempestade e na adversidade, a nossa fé se desenvolve e aprendemos a descansar.

Ted respira fundo e começa a se acalmar.

Ted: Você está me dizendo que viemos até aqui para aprender uma lição?

Junior: Exatamente! Tudo na nossa vida tem um propósito. Nem sempre a vida será fácil. O mar nem sempre estará calmo. As dificuldades podem parecer ameaçadoras. Mas, ainda que as ondas se agitem e que os ventos fortes soprem, temos que confiar em Deus. Ele está conosco tanto se o mar estiver calmo como se estiver agitado.

Michelle: Agora estamos com Paulo, que tinha sido preso e estava navegando com outros encarcerados sob os cuidados de um centurião, quando passaram por esta forte tempestade. Por dias, eles pensaram que morreriam. Mas Paulo ouviu a voz de Deus e conseguiu encontrar paz em meio à tempestade. Temos muito a aprender com a confiança dele no Senhor.

ORAÇÃO

Deus, faz-me ver que tu estás comigo em todo o tempo, até nas tempestades. Eu confio em ti. Amém.

O tempo acelera, os lugares correm e os amigos estão em terra firme. Eles caminham e conversam sobre o ministério de Paulo, enquanto seguram cartas que a xícara fez aparecer.

Ana: Essa xícara é mesmo surpreendente! Agora até nos dá objetos!

Michelle: SENSACIONAL! São as cartas do apóstolo Paulo. Algumas delas estão disponíveis para nós.

Junior: Na carta à igreja de Roma, por exemplo, ele fala de ter fé em Jesus para termos os nossos pecados perdoados e sobre o desejo de Deus: que seu povo viva uma verdadeira transformação de pensamento e atitudes.

Michelle: Quando o pecado entrou no mundo, aprisionou a humanidade e fez dela inimiga de Deus. Mas o sacrifício de Cristo quebrou as correntes do pecado e nos deu nova oportunidade de ter comunhão com Deus.

Ted: Top! Eu pensava que liberdade era fazer o que eu quisesse, sem medo das consequências. Quando li a carta de Paulo aos romanos pela primeira vez, caiu minha ficha: liberdade é ser conduzido pelo Espírito de Deus.

Ana: Fora a recompensa de valor inestimável para quem aceita ser conduzido pelo Espírito Santo, porque todos os guiados pelo Espírito são filhos de Deus. É o Espírito quem produz a transformação na nossa vida e quem mostra ao mundo a nossa identidade de filhos de Deus Pai.

PARA REFLETIR:

Você já questionou sua identidade? Como você pode ter certeza de quem é?

Michelle: É isso mesmo, gente! Vocês conseguem ver como é precioso ter acesso às coisas que Deus revelou a Paulo? O apóstolo estava disponível e pronto para ser usado por Deus

Junior: Com isso, aprendemos lições superimportantes! Elas nos ensinam a respeito do caráter do Pai e afirmam a nossa identidade!

24/10

ROMANOS 12.2,9-21

Uma das cartas que a xícara entregou está com Junior, que conversa com os amigos.

Junior: Venham aqui ver Romanos 12. Paulo orienta práticas úteis para os cristãos a respeito do amor.

Ana: Nas cartas dele, sempre encontramos instruções sobre o modo como devemos viver para agradar a Deus, cultivar a união e demonstrar o amor de Cristo. Acho isso in-crí-vel!

Junior: Paulo sempre reforçou que nosso discurso deve estar acompanhado de ações que sejam correspondentes. Não podemos dizer que amamos a Deus se não demonstramos esse amor na prática; o mesmo serve para o amor ao próximo.

Ted: O amor é mesmo muito importante

Michelle: Verdade! Se as nossas ações não combinam com o que falamos e acreditamos, o nosso discurso é vão. O verdadeiro evangelho envolve generosidade, boas ações, cuidado com o próximo, serviço genuíno, perdão...

Junior: Paulo falou de tudo isso em Romanos 12.

Ted: Tenho aprendido a amar o que é bom e a evitar o que desagrada a Deus. Paulo me fez perceber que eu não posso viver entre a bondade e a maldade, em cima do muro. Tenho que decidir! Se quero agradar a Deus, preciso me afastar por completo daquilo que é mau aos olhos dele. Não quero dar espaço para essas coisas na minha vida.

Ana: Você está certo, Ted. Quando permitimos que a maldade entre na nossa vida, ela ganha cada vez mais espaço. Devemos sempre seguir o que Jesus nos deixou como exemplo para nossa maneira de viver.

ORAÇÃO

Santo Deus, santifica-me e purifica o meu coração, removendo todas as impurezas. Em nome de Jesus, amém.

A conversa dos amigos continua.

Michelle: Paulo orientou os coríntios a serem seus imitadores, como ele era imitador de Cristo. Ele não fazia isso porque se considerava melhor do que alguém; muito pelo contrário, ele se colocava em posição de servo humilde, assim como Jesus.

Ana: O apóstolo nos ensina a nos esforçarmos para ser cada dia mais parecidos com Jesus Cristo em todos os aspectos: na maneira de falar e de agir, no amor, no serviço, na compaixão, no temperamento, na justiça e no empenho para agradar o Pai.

Ted: Jesus ensinou com palavras, mas também pelo exemplo. Em vez de mandar fazer; ele mostrava com jeito como deveria ser feito. Paulo seguiu o exemplo de Cristo.

Ana: Bem que meu pai diz que palavra ensina, mas exemplo arrasta!

Junior: Verdade. Não basta falar, temos de fazer. O discurso deles estava sempre acompanhado de ações. Também deve ser assim em todas as áreas da nossa vida. Não podemos dizer que queremos cuidar do meio ambiente, por exemplo, se não reciclamos nem economizamos água.

Michelle: Não podemos pregar o amor ao próximo se fechamos os olhos para situações de injustiça e ignoramos as necessidades dos outros. Não podemos dizer que a Palavra do Senhor é o alicerce da nossa vida se não a praticamos.

Ana: Ficou muuuito claro que nosso estilo de vida deve refletir o que acreditamos. Se reconhecemos que o amor de Jesus transforma, devemos demonstrar nossa transformação.

DESAFIO

Pratique o que você defende e acredita! Escolha uma atitude que demonstra sua dedicação para ter o caráter mais parecido com o de Cristo.

26/10

2CORÍNTIOS 13.11

Ana lê a segunda carta de Paulo à igreja de Corinto e comenta com os amigos.

Ana: Tão apaixonante ler os ensinos de Paulo. O apóstolo ensina que o verdadeiro amor leva ao crescimento na fé.

Junior: Muitos achavam o apóstolo rigoroso demais, na verdade, ele era firme em suas advertências com a intenção de contribuir para a edificação, não para prejudicar o povo.

Ana: Siiiim, foi por amor fraterno que Paulo aconselhou com firmeza e deu orientações para que seus amados irmãos na fé não seguissem pelo caminho da destruição.

Michelle: Isso nos mostra como temos de agir com relação aos nossos amigos e às pessoas que amamos: todos os nossos conselhos devem ser pautados nas Escrituras.

Junior: É isso mesmo! Quando um amigo nos pede um conselho, temos a oportunidade de encorajá-lo a agir como Jesus agiria e, por meio dessa oportunidade, pregar o evangelho. Se desperdiçamos essas chances com conselhos superficiais ou enganosos, não agimos com amor.

Ted: Deus me livre! Eu prefiro mil vezes ter amigos que me encorajam a ser melhor do que estar cercado de pessoas que defendem ou ignoram os meus erros.

Michelle: Total! Às vezes é melhor ouvir uma repreensão feita em amor do que ser defendido quando estamos errados! Os amigos demonstram amor quando nos estendem a mão e nos ajudam a seguir pelo caminho correto.

Ana: É este tipo de amigo que eu quero ser: o que aponta a direção certa, encoraja e orienta com amor e sabedoria.

ORAÇÃO

Deus Pai, dá-me sabedoria para andar na direção certa e para aconselhar as pessoas a quem amo. Em nome de Jesus, amém.

27/10

GÁLATAS 5.13,14

Ted encontra a carta de Paulo à igreja da Galácia e a lê entre os papéis que a xícara deixou para os amigos.

Ted: Nesta carta, Paulo chama a atenção dos gálatas para que "[...] não usem a liberdade para dar ocasião à carne [...]". Entendi foi nadaaaaa!

Michelle: É assim, Ted: a nossa carne é a nossa parte humana, ou seja, os nossos desejos pelas coisas erradas e nossos instintos que levam ao mal. Então, a carne é a natureza pecaminosa. Quando escolhemos andar com Cristo, renunciamos à carne, ou seja, dizemos não a essa natureza pecaminosa e optamos por ser conduzidos pelo Espírito Santo.

Junior: Bem isso, Michelle! A obra de Cristo em nós tira o poder que o pecado tem sobre as nossas vontades e nos submete ao Espírito, para que sejamos capazes de cumprir a vontade de Deus.

Ted: PARA TUDOOOO! Acho que entendi: Paulo escreve que as pessoas não devem usar a liberdade para continuar satisfazendo os desejos pecaminosos. Em vez disso, são livres para obedecer ao mandamento de amar.

Ana: Ar-ra-sou, amigo!

Os amigos aplaudem Ted.

Ana: Usar a nossa liberdade para fazer o que é errado seria como jogar fora a liberdade que Cristo nos deu ao morrer em nosso lugar na cruz. Um desperdício do sacrifício de Jesus!

Junior: Isso mesmo! Fomos chamados para a liberdade, então não faria sentido desperdiçá-la. A verdadeira liberdade está em viver pelo Espírito.

ORAÇÃO

Jesus, obrigado por me conceder a liberdade e por me livrar do domínio do pecado. Que o Espírito Santo me ajude a viver essa liberdade, amém.

GÁLATAS 5.16-25

café com Deus Pai TEENS

Os amigos caminham e encontram um jardim. Eles se sentam sob uma árvore cheia de frutos.

Ted: Ainda fiquei com uma dúvida: como a gente faz para viver pelo Espírito?

Michelle: Precisamos ser conduzidos pelo Espírito Santo. Ele nos guia a praticar o que dizem as Escrituras e nos ajuda a fazer a vontade de Deus Pai.

Junior: É uma escolha individual a de viver pelo Espírito, não pela carne. A Bíblia diz que a carne e o Espírito estão em conflito. Então, não é possível viver pelo Espírito e agir conforme a natureza pecaminosa.

Ana: Paulo adverte: quem pratica as obras da carne não herdará o Reino de Deus! Para alcançar essa herança, temos de nos deixar guiar pelo Espírito, pois, só assim damos fruto.

Ted: Fruto? Que fruto?

Ana: Fica em paz que não vamos virar árvore, não!

Todos riem.

Junior: Ted, é o fruto do Espírito: amor, alegria, paz, paciência, amabilidade, bondade, fidelidade, mansidão e domínio próprio.

Ted: Nossa, são vários frutos!

Ana escala a árvore, pega um fruto, abre e mostra para Ted.

Ana: Na verdade, tudo isso forma um fruto só! Se queremos demonstrar que somos conduzidos pelo Espírito, temos que permitir que o Espírito produza em nós todas essas virtudes, que, juntas, formam o fruto do Espírito. Essas características são como os vários gomos que formam uma mesma fruta.

Michelle: Se você observar bem, verá que o fruto do Espírito está relacionado ao nosso amor a Deus e ao próximo, os dois mandamentos mais importantes.

ORAÇÃO

Santo Espírito, vem habitar em mim. Purifica o meu coração de tudo o que não vem de ti e ajuda-me a frutificar, para a glória do Senhor. Em nome de Jesus, amém.

Ainda no jardim, o grupo reflete sobre a liberdade no Espírito.

Ted: Deus é bom conosco. Ele nos deu liberdade. Pena que muita gente usa a liberdade para viver do jeito errado. Agora sei que ser livre não é fazer qualquer coisa sem ter medo das consequências; é buscar sabedoria para viver a vontade do Pai.

Michelle: Verdade! O Pai não nos deixa desamparados e nem sem recursos. Ele enviou o Espírito, para nos conduzir a viver uma vida correta, e nos deu sua Palavra.

Junior: Paulo aconselhou o povo da igreja de Éfeso a ser cheio do Espírito. Eles deviam falar da Bíblia, louvar ao Senhor com sinceridade e dar graças a Deus Pai por tudo, em nome de Jesus.

Ana: Real! Fora isso, também tinham de buscar relacionamento pessoal com Deus, ler a Palavra.

Michelle: Ter comunhão com os irmãos nos ajuda a ser cheios do Espírito, porque nos desenvolvemos, crescemos e somos edificados.

Ted: Ei! Olha a união aí de novo! Ter amigos que buscam a Deus e andam na mesma direção que nós, é um presente.

Junior: Eclesiastes 4.9 diz algo verdadeiro: é melhor ter companhia do que viver só.

Ana: Que fofura! Abraço coletivooooo!

Todos se abraçam.

Ted: Obrigado por serem verdadeiros amigos, que aconselham, orientam e me ajudam a crescer na fé.

Michelle: Eu que agradeço! Deus tem sido muito bom para nós!

Ana: Todos os dias, agradeço ao Pai por seu cuidado e amor incomparáveis. Nossa amizade é uma das muitas coisas que me ajudam a sentir o amor dele!

ORAÇÃO

Deus Pai, eu te agradeço por tantas bênçãos e por teu cuidado com a minha vida. Enche-me do teu Espírito, em nome de Jesus. Amém.

café com Deus Pai TEENS

Os amigos se levantam e caminham. Michelle os chama para verem algo: uma armadura enorme que a xícara deixou para eles.

Michelle: Acho que sei o que é aquilo. É a armadura de Deus, descrita em Efésios 6.

Ana: Ted, sua xícara é o presente mais incrível do mundoooo!

Ted: A xícara é mesmo sensacional, mas eu não entendi nada outra vez!

Michelle: O apóstolo Paulo instruiu os irmãos a se vestirem da armadura de Deus, para resistirem ao mal, porque a nossa luta não é contra as pessoas, é contra os poderes das trevas. Essa armadura nos ajuda a permanecer inabaláveis e firmes.

Ted: Estou boiando! Como assim, lutar?

Junior: Toda guerra envolve disputa por poder, certo? No mundo espiritual, também é assim. As trevas tentam atacar a luz, e nós, os filhos de Deus, estamos do lado da luz e somos atacados. Aí, corremos o risco de pecar e de duvidar do poder de Deus.

Michelle: Foi por isso que Paulo nos ensinou a usar a armadura de Deus para permanecer firmes e não ser abalados pelo mal.

Ted: Ah, tá! Pela minha experiência no videogame, um soldado despreparado é um soldado em perigo: quem está vulnerável e sem recursos se torna um alvo fácil. Eu é que não quero ser um desses!

Ana: Apesar de a armadura ser apenas uma figura usada por Paulo para que os efésios compreendessem, eu quero me revestir da verdade, justiça, paz, fé, salvação e da Palavra de Deus em todo o tempo, para resistir a qualquer ataque e permanecer firme.

ORAÇÃO

Deus Pai, sei que o teu poder é irresistível e invencível. Prepara-me e ajuda-me a ser firme contra as trevas, pelo teu poder. Em nome de Jesus, amém.

Junior mexe nos papéis que a xícara deu aos amigos e encontra a carta de Paulo à igreja de Filipos.

Junior: O apóstolo estava preso quando escreveu esta carta, mas não demonstrou estar triste; pelo contrário, demonstrou gratidão e satisfação por cumprir seu chamado.

Michelle: Paulo mostrou para a igreja que sabia que tudo o que vinha acontecendo tinha um propósito: o crescimento da propagação do evangelho.

Junior: Exatamente! Enquanto o apóstolo estava preso, muitos irmãos se fortaleceram na fé e começaram a anunciar a Palavra com ousadia e coragem. Paulo exortou a igreja de Filipos a alegrar-se no Senhor.

Ana: Aquela devoção de quem entregou a vida a Cristo! De quem escolheu dedicar seus dias para obedecer ao chamado com amor e esperança apesar das dificuldades e perseguições.

Michelle: Temos que levar essa lição para a vidaaaa. No fim da carta aos filipenses, Paulo diz: "pensem em tudo o que for verdadeiro, tudo o que for digno de respeito, tudo o que for justo, tudo o que for puro, tudo o que for amável, tudo o que for de boa fama, em tudo o que houver alguma virtude ou algo de louvor".

Ana: "Senhor, eu aceito teu convite para alimentar a mente com coisas boas, que vêm de ti." - **a menina orou.**

Todos: Amém!

PARA REFLETIR:
Onde você pode encontrar bons alimentos para a sua mente?

Junior: Alimentar a mente com essas coisas é como alimentar o corpo com comidas bem nutritivas e saudáveis: ficamos fortes! Agora entendo como Paulo permaneceu firme, alegre e satisfeito com Jesus ainda que estivesse passando por problemas.

café com Deus pai
TEENS
O PODER DE
DEUS
É MAIOR QUE
NOSSOS MEDOS

NOVEMBRO

Quais foram os 3 MAIORES DESAFIOS que você teve de enfrentar durante este ano até agora? Como conseguiu resolvê-los?

Conte esses testemunhos a alguém que se importe sinceramente com você.

Os amigos continuam a conversar sobre os escritos do apóstolo Paulo.

Michelle: Devemos ter o mesmo objetivo de vida que Paulo: glorificar a Cristo em tudo o que fizermos e falarmos.

Ana: Isso mesmo, amiga! Jesus entregou sua vida na cruz por nós, para nos dar a salvação. Vivemos porque ele se ofereceu em nosso lugar. Então, vamos viver para ele também.

Ted: Top! Tô dentro!

Junior: Bora! Muitas pessoas ainda não conhecem o amor redentor de Cristo. O nosso coração precisa arder de desejo de torná-lo conhecido, assim como o coração de Paulo ardia. Não podemos nos fazer de desentendidos, como se não soubéssemos que muitos jamais ouviram falar da vida e da salvação em Jesus.

Ana: Paulo encorajou a igreja de Colossos a ter sabedoria no modo de viver e a aproveitar cada oportunidade para falar e viver o evangelho. Ele os convidou a agir e falar de maneira exemplar, para que outras pessoas fossem abençoadas.

Ted: Antes eu pensava que evangelizar era só pregar a Palavra. Agora já entendi que tem muito mais. Nosso modo de nos expressar, pensar e agir deve refletir a vontade de Deus e o caráter de Cristo. É o Espírito Santo que nos capacita para isso.

Ana: Verdade, Ted!

Ted: E é isso que eu quero: anunciar a salvação não só com palavras, mas com um estilo de vida que busque glorificar a Deus.

Junior: Top! Às vezes as pessoas prestam mais atenção no nosso exemplo do que imaginamos. Devemos agir e falar com sabedoria e de modo agradável a Deus.

ORAÇÃO

Senhor Jesus, que o teu nome seja glorificado em toda a terra! Que o Espírito Santo me conduza a viver de maneira sábia. Amém.

1TESSALONICENSES 5.18

café com Deus Pai TEENS

Ana lê 1Tessalonicenses e comenta com os amigos:

Ana: Paulo orientou os tessalonicenses a darem graças em TO-DAS as circunstâncias. Isso também serve para nós, não é?

Junior: Fico pensando em tudo que Paulo passou e tento me colocar no lugar dele.

Ted: Foi muito perrengue, não é? Sendo muito sincero: acho que eu não conseguiria dar graças em meio às perseguições, às prisões injustas, à tortura.

Michelle: Paulo escreveu esse conselho após passar por muitas coisas mesmo. Já tinha visto o lado bom e o ruim da vida e das pessoas. Ainda assim, a esperança que ele nutria em Cristo fazia o sofrimento valer a pena, porque o que Jesus nos dá é muito maior do que qualquer dificuldade que possamos enfrentar.

Junior: O Filho nos dá a esperança da vida eterna com o Pai, longe do choro e da dor. Paulo conseguia dar graças em todas as circunstâncias porque conheceu o amor, a salvação e a esperança verdadeiros.

Michelle: É lógico que isso não tem nada a ver com gostar de sofrer. Ele não gostou de ser perseguido, preso e torturado, mas sabia que o Senhor estava com ele até nos piores momentos.

Ana: Então, a gratidão é muito mais uma resposta a Jesus do que uma reação às circunstâncias que vivemos?

Michelle: Isso mesmo. Dar graças em todo o tempo é uma das formas de demonstrar que reconhecemos a presença do Senhor na nossa vida nos momentos bons e nas dificuldades.

ORAÇÃO

Graças te dou, Senhor Jesus, pois tu estás comigo em todo o tempo. Ajuda-me a confiar em ti independentemente da circunstância. Em teu nome eu oro, amém.

café com Deus Pai TEENS

Ted escolhe a outra carta aos tessalonicenses para ler.

Ted: Ei, Junior! Um dos conselhos de Paulo à igreja de Tessalônica foi "Nunca se cansem de fazer o bem". Isso me fez lembrar daquela enchente na nossa cidade que afetou várias famílias.

Junior: Foi muito triste! Muitos perderam casa, carro, bens materiais. Gente do país inteiro se mobilizou para doar roupas, cobertas, comidas, água.

Ted: Minha mãe disse que não dá para ignorar o sofrimento dos outros. Ela me ajudou a separar roupas e brinquedos para doar. Dei uma parte da minha mesada também. Aquela situação me ensinou muito sobre empatia e compaixão. Fazer o bem ao próximo não pode ser pontual; deve ser parte do estilo de vida daqueles que amam a Deus.

Junior: É isso aí, Ted! Você está certíssimo.

Michelle: É uma grande responsabilidade que não pode ser ignorada. O amor ao próximo, a bondade, a caridade e a compaixão precisam ser parte do nosso estilo de vida. Não podemos nos cansar de fazer o bem.

Ana: Lá em casa sempre doamos roupas, roupa de cama, brinquedos, jogos, livros, materiais escolares. Aprendi desde pequena sobre generosidade. Mais do que doar bens materiais, fazer o bem é olhar para o próximo com amor e atenção.

Michelle: Falou bonito! Precisamos estar atentos às necessidades das pessoas. Muitos precisam de doações físicas; outros estão carentes de abraço, ombro amigo, oração.

Junior: Temos de fazer o que estiver ao nosso alcance para ajudar quem precisa.

DESAFIO

Converse com seus pais ou responsáveis sobre o que vocês podem fazer para ajudar o próximo.

café com Deus Pai TEENS

A conversa dos amigos continua.

Ana: Sabe o que me incomoda?

Ted: Conta aí!

Ana: Parece que muitos adultos pensam que não conseguimos ajudar o próximo, falar da Bíblia ou a ensinar o que sabemos. A realidade é que, com os recursos que temos e dentro da nossa realidade, somos plenamente capazes de espalhar as boas-novas pelo que fazemos e falamos. Mais do que isso, somos chamados e encorajados a ser exemplo. Mas sinto que as pessoas se importam mais com a minha idade do que com o que eu tenho a oferecer.

Ted: E não é que é isso mesmo!

Michelle: Acho que isso parte da preocupação dos mais velhos, mas você está certa, Ana. Temos condições de ajudar, ensinar, falar da Palavra, orar pelos outros e ser exemplo de conduta e estilo de vida.

Junior: É muito ruim se sentir incompreendido ou excluído. O que podemos fazer é orar para que as pessoas entendam que queremos ser ativos na sociedade e no Reino de Deus.

Michelle: Também é importante mostrar pelas nossas ações que estamos amadurecendo e que estamos em busca de sabedoria, de conhecimento e, o mais importante, da presença do Senhor. Dessa forma, as nossas atitudes vão falar por nós.

Ana: Vejam o que Paulo escreveu em 1Timóteo 4.12: "Ninguém o despreze pelo fato de você ser jovem, mas seja um exemplo para os fiéis na palavra, no procedimento, no amor, na fé e na pureza". Bora seguir o conselho de Paulo e nos dedicar a ser exemplo em tudo!

Todos: Booora!

PARA REFLETIR:

Você já se sentiu desprezado por ser jovem? Como você pode deixar que suas atitudes falem por você?

Os amigos leem as cartas de Paulo a Timóteo, ficam admirados e conversam.

Junior: Paulo lembrou Timóteo, seu filho na fé, de todas as coisas que enfrentou e superou, t udo para encorajar o jovem discípulo a permanecer firme.

Ted: Paulo e Timóteo eram amigões igual a gente! É muito bom ter amigos!

Michelle: Siim! Mas Paulo afirmou que todos os que desejam viver para Cristo passarão por provações e perseguições. Então, encorajou Timóteo a guardar no coração tudo o que aprendeu e tudo em que acredita.

Junior: Estudar as Escrituras nos mantém de pé quando tudo ao nosso redor desmorona. Se desejamos permanecer firmes em todo o tempo e estar preparados para realizar a obra, precisamos conhecer a Palavra e praticá-la.

Ted: Ainda que conhecesse as dificuldades pelas quais Paulo passou, Timóteo não se abalou nem desanimou, ele se fortaleceu na fé.

Junior: Tudo porque, além de saber das perseguições e dos sofrimentos, Timóteo conhecia a conduta, a fé, o amor e a convicção de Paulo.

Ana: Timóteo teve o privilégio de conhecer de perto a dedicação e o amor com que Paulo servia a Deus. Nós também temos o privilégio de aprender com o exemplo deles e de tantas outras pessoas que dedicaram a vida a Cristo e à edificação da Igreja.

Michelle: Também temos um chamado para viver para glorificar Jesus e anunciar as boas-novas. Para isso, precisamos conhecer a Palavra, orar, ter um estilo de vida agradável a Deus, ser exemplo e deixar que o Espírito Santo nos conduza.

ORAÇÃO

Eterno Deus, ajuda-me a permanecer firme na tua Palavra em todo o tempo. Capacita-me para a tua obra, em nome de Jesus Cristo. Amém.

TITO 3.3-8

café com Deus Pai TEENS

A conversa continua.

Ted: Sabe o que eu agradeço muito?

Ana: Conta aí, Ted!

Ted: Por vocês nunca terem desistido de orar por mim e por terem me apresentado a Jesus. Todas as vezes que me lembro desse amor de vocês, sou encorajado a fazer igual com relação às outras pessoas.

Ana: Que bonitinho, Ted! Mas não precisa agradecer.

Junior: É, Ted, não precisa nos agradecer. Nós oramos por você porque tínhamos grande esperança de que o amor de Cristo transformasse a sua vida. Nós também passamos pela experiência de nos encontrar com Jesus e deixar para trás a desobediência.

Michelle: Junior está certo. Toda a humanidade estava distante de Deus, mas o amor e a bondade de Jesus nos alcançaram. Agora, temos de nos esforçar para mostrar o amor dele para quem ainda não o conheceu.

Michelle: Na carta de Paulo a Tito, ele explica que Deus demonstrou seu amor e sua bondade por nós e nos salvou pela renovação do Espírito Santo, que derramou por meio de Jesus Cristo.

Ana: Se pensarmos bem, Jesus realizou por nós O MAIOR ATO DE AMOR DE TODOS ao se entregar na cruz para nos dar a vida e a salvação. Então, o maior ato de amor que nós podemos fazer pelo próximo é demonstrar o amor de Cristo e compartilhar as boas-novas. A graça de Jesus é para todos.

Ted: Ainda tem muita gente perdida, vivendo distante de Deus. Essas pessoas não conhecem o amor e a paz verdadeiros. A melhor coisa que podemos fazer por elas é perseverar em oração e pregar o evangelho.

ORAÇÃO

Jesus amado, graças te dou por teu amor e tua graça. Ensina-me a amar como tu amas. Amém!

Ao pegar a carta de Paulo a Filemom, Ana fica confusa.

Ana: Quem é Centésimo?

Michelle: Não é "Centésimo", é Onésimo.

Ana: Eita! Confundi! Vou até limpar os óculos depois dessa!

Todos riem.

Michelle: Ele era servo de um homem chamado Filemom, até que fugiu. Em algum momento da jornada, ele conheceu Paulo, e eles se tornaram grandes amigos, como diz em Colossenses 4.9. Então, Paulo escreveu uma carta pedindo a Filemom em favor de Onésimo.

Ted: Filemom devia estar revoltado com Onésimo. E aí?

Michelle: Provavelmente, ele estivesse bravo, sim. Por isso, Paulo intercedeu por seu amigo e pediu a Filemom que o recebesse de volta, não mais como servo, mas como um irmão amado.

Junior: Paulo também falou que arcaria com as despesas caso Onésimo tivesse alguma dívida com seu antigo senhor.

Ana: Paulo era o cara! Ele interveio para reconciliar os dois homens. Apesar de suas diferentes posições sociais e do desentendimento, Paulo acreditava que o amor de Cristo em cada um deles poderia transformá-los em amigos e irmãos no Senhor.

Junior: Esse é um importante lembrete de que o evangelho e a atuação do Espírito de Deus reconciliam as pessoas umas às outras. Fomos reconciliados com Deus Pai por intermédio do sacrifício de Cristo, que pagou as nossas dívidas, e devemos também viver em unidade com os nossos irmãos.

Michelle: Isso me lembra o texto de Gálatas 3.28: "Não há judeu nem grego, nem escravo nem livre, nem homem nem mulher, pois todos são um em Cristo Jesus".

ORAÇÃO

Deus Pai, obrigada por teu amor ter reconciliado a mim com Cristo. Em nome de Jesus, amém!

Um portal da xícara se abre. Os amigos são levados a porta de um corredor e caminham por um corredor largo, com retratos dos dois lados. Eles se sentem como se estivessem em uma espécie de museu.

Michelle: A xícara é muito incrível! Em Hebreus 11, a Bíblia menciona pessoas que são exemplos de fé. Alguns os chamam de "heróis da fé". Embora este lugar tenha sido inventado pela xícara, rever cada personagem que viveu em épocas diferentes nos ajuda a compreender o que eles têm em comum: a fé.

Junior: Lá também diz que a fé é a certeza do que não vemos, igual ao ar, à gravidade ou às trilhões de células do meu corpo. Mas todos eles existem. Com Deus é assim também. Creio nele, que é justo, bom, amoroso, misericordioso, poderoso e forte, mesmo sem vê-lo.

Ana observa com cuidado cada herói da fé.

Ana: É bom podermos aprender com todas essas pessoas, que eram como nós: dependentes de Deus. Os exemplos da Bíblia não são de modelos perfeitos, mas de pessoas que confiaram em Deus e foram transformadas por ele.

Ted: Ana, esse ponto é importante. Tenho buscado viver assim a cada dia. Quando coloquei a minha fé em Jesus e decidi seguir os passos dele, parece que tudo mudou na minha vida de dentro para fora.

Junior: Que bom, Ted. Como Ana falou, as pessoas que agradaram a Deus não são perfeitas, mas, sim, pessoas que tiveram fé para viver a vontade dele, assim como nós.

ORAÇÃO

Senhor, ajuda-me a viver a tua vontade pela fé. Que o exemplo dos teus servos me inspire em todos os momentos. Em nome de Jesus, amém.

Os amigos comentam sobre o que veem.

Ana: O primeiro herói é Abel. Se lembram dele?

Ted: Total!

Ana: Ele e seu irmão, Caim, eram filhos de Adão e Eva. Os dois ofereceram sacrifícios a Deus, que aprovou somente o de Abel. Deus não rejeitou a oferta de Caim porque não o amava, mas porque Caim não entregou seu melhor. Abel, por sua vez, separou a primeira e melhor parte do que tinha para Deus.

Michelle: Verdade, Ana! Deus não se importava tanto com o que cada irmão havia oferecido, mas com o coração de cada um. O sacrifício de Abel foi aprovado porque ele sabia que Deus merecia o melhor. Hoje não precisamos mais oferecer sacrifícios, mas precisamos entregar nossas melhores atitudes, pensamentos e palavras para Deus como demonstração de amor, gratidão e fé.

Ana: E o tempo também, não é, amiga? Muitas vezes dedicamos a maior parte do nosso tempo, dos nossos esforços, talentos e até do nosso coração para outras coisas quando deveríamos dedicar a Deus.

PARA REFLETIR:
Você tem oferecido o seu melhor a Deus? Ele é a sua prioridade?

Ted: Grande verdade!

Junior: Precisamos entregar a Deus a primeira parte, a melhor, como Abel. O Pai deve ser nossa prioridade. Temos de colocá-lo antes de qualquer outra pessoa, antes de outras coisas.

Ted: Se eu tinha alguma dúvida, depois dessa explicação nos miíiínimos detalhes, escafedeu-se, como diz minha avó. Deus não quer as migalhas, o que sobrar. Ele quer a primeira parte, o que há de melhor em cada um de nós.

Ana: Que bela reflexão. Mandou bem, Ted! Vamos ver quem é o próximo exemplo de fé?

10/11

GÊNESIS 5.24, HEBREUS 11.5,6

Os amigos seguem para o próximo exemplo de fé.

Junior: Esse é Enoque. Ele é mencionado poucas vezes na Bíblia; o suficiente para ser exemplo para nós. Em Gênesis 5, diz que Enoque andou com Deus.

Michelle: Esse homem fiel andava no mesmo ritmo, na mesma direção e no mesmo caminho do Senhor, sem se desviar para a esquerda ou para a direita.

Junior: O caminho é reto! Andar com Deus é, antes de tudo, um modo de viver. Como ele, precisamos obedecer à vontade do nosso Senhor

Ana: Nosso estilo de vida precisa ser diferente, não é? Tem gente que escolhe conduzir a própria vida conforme a própria perspectiva, alguns seguem as tendências da sociedade, outros são espontâneos e preferem não planejar. Mas devemos escolher andar com Deus todos os dias e ser conduzidos pelo que a Bíblia diz.

Michelle: É muito perigoso nos enganarmos com os estilos de vida desalinhados com a vontade de Deus. Não dá para andar com o Senhor e tomar decisões erradas ao mesmo tempo. Quando escolhemos ser conduzidos por outras coisas ou pessoas, nos afastamos de Deus.

Junior: É impossível agradá-lo assim.

Ted: Na minha experiência, abrir mão de tudo o que eu vivia para andar com Deus foi muito importante. Precisei me afastar das coisas erradas que eu fazia e falava, pois percebi que nada disso cabia no meu novo estilo de vida. Sem saber o que me esperava, escolhi andar com Deus. Aí, minha vida nunca mais foi a mesma!

Junior: Você escolheu andar com Deus pela fé, Ted!

ORAÇÃO

Senhor, conduz os meus passos segundo a tua vontade e o teu plano. Que nada nem ninguém me afaste de ti. Em nome de Jesus, amém.

Ted avança até Noé e mostra aos amigos.

Ted: Este aqui me ensinou um tantão de coisas que é até difícil explicar!

Michelle: Você consegue, Ted!

Ted: Uma das lições mais importantes que aprendi com Noé foi ter um posicionamento firme. No tempo dele, a maldade da humanidade era tão grande, que Deus decidiu resetar o mundo. Noé foi o único aprovado pelo Senhor. Ele ficou firme com Deus quando toooodo mundo tinha se afastado. Ele também se posicionou e obedeceu à ordem de Deus para construir a arca, ainda que tivesse um total de zero provas concretas de que o Dilúvio aconteceria.

Ana: Foi muita fé mesmo!

Junior: Ei! Fé é exatamente isto: seguir a voz de Deus mesmo sem ver. Se ele não tivesse certeza de quem era seu Deus, provavelmente pensaria que aquilo era uma loucura! Como poderia uma chuva acabar com toda a humanidade? Como ele e sua família embarcariam em uma arca de madeira com tantos animais? Mas Noé não questionou, não duvidou. Ele obedeceu.

Michelle: Muitas pessoas querem ouvir a voz de Deus, mas não estão prontas para o que ele tem a dizer. Se quisermos viver e andar com ele, precisamos ter a firmeza, o temor e a fé de Noé para obedecer à vontade de Deus.

Ted: Total! Muitas vezes, aquilo não vai fazer sentido para nós no momento, mas a nossa fé deve nos impulsionar a obedecer sem duvidar.

Ana: A Bíblia mostra muitas virtudes de Noé. Ele era justo e íntegro, tinha fé, temor e andava com Deus. Ele é um exemplo e tanto para nós!

DESAFIO

Pesquise na Bíblia sobre pessoas que se mantiveram firmes em seu posicionamento.

café com Deus Pai TEENS

A fé continua a ser o tema da conversa.

Michelle: Não dá para falar de exemplo de fé sem mencionar de Abraão e Sara.

Ana: Casalzão!

Michelle: Com certeza! Eles aprenderam a esperar no Senhor.

Junior: Nossa sociedade é imediatista: todo mundo quer que as coisas aconteçam no exato momento em que as desejam. Isso prejudica até nossa visão sobre Deus, porque podemos pensar que o Senhor está atrasado quando, na verdade, nós não sabemos qual é o tempo certo.

Michelle: Abraão e Sara tiveram dificuldades para suportar vinte e cinco anos de espera, mas o filho prometido chegou no tempo certo, o tempo preparado por Deus.

Junior: Se pensarmos, o tempo de espera não precisa ser um tempo de sofrimento. Basta mudar nossa perspectiva e pensar que Deus trabalha no nosso coração e nos prepara para receber as promessas dele enquanto aguardamos.

Michelle: Podemos nos aproximar do Senhor e aprender sobre ele na espera.

Ana: Preciso muito melhorar nisso. Minha mãe diz que quero tudo para ontem! Mas para comer um bolo gostoso, tenho que esperar ele assar! Não dá para desfrutar do que Deus tem preparado para a nossa vida sem esperar até o tempo divino.

Ted: É difícil demais esperar. Aaaff!

Junior: Para Abraão e Sara também foi. Em certos momentos, eles se entristeceram e desanimaram. Como conheciam o Deus em quem criam, sabiam que ele é fiel para cumprir o que promete. A fé não permite que nos abalemos quando as circunstâncias parecem contrárias.

ORAÇÃO

Pai, eu creio que tu tens planos para a minha vida e desejo viver cada um deles no teu tempo. Ensina-me a esperar em ti. Em nome de Jesus Cristo, amém.

Os amigos prosseguem.

Junior: Hebreus 11 cita o filho de Abraão e Sara, Isaque. Quando imagino a vida de Isaque, penso em alguém que aprendeu a amar a Deus desde pequeno. Imagino que os pais dele tenham ensinado sobre os caminhos do Senhor e contado que ele era fruto da promessa de Deus. Imagino a fé do pequeno Isaque amadurecendo conforme ele crescia.

Ted: A gente vê tudo diferente quando entende que Deus que nos ama e se importa taaaanto conosco que até fez planos para nossa vida. Eu sei que não mereço esse amor, mas também sei que ele me ama muito mais do que consigo posso imaginar.

Ana: Verdade, Ted! Ele tem sonhos e planos para cada um antes mesmo de nascermos.

Ted: Se Isaque sabia dessas coisas, com certeza tinha um tesouro, porque não existe nada melhor do que a certeza do amor de Deus por nós.

Michelle: Ah, Ted! Você encontrou esse tesouro precioso quando encontrou com o Pai! O Senhor tem planos para a sua e para a nossa vida, e deseja que nós façamos parte do plano dele.

Junior: Deus prometeu a Abraão que, por meio da descendência dele, todas as famílias da terra seriam abençoadas. Então, Isaque e cada um dos seus descendentes tiveram a oportunidade de fazer parte do seu maravilhoso plano para abençoar, resgatar e redimir a humanidade.

Michelle: Do mesmo jeito que os pais dele ensinaram e contaram sobre os feitos do Senhor, Isaque tinha a responsabilidade de instruir seus filhos, Jacó e Esaú. Já velho, Isaque os abençoou de acordo com os planos que Deus tinha para eles.

PARA REFLETIR:

Leia Jeremias 29.11. Você já parou para pensar que Deus tem planos para você? O que você sente que pode fazer para se aproximar dos planos dele?

café com Deus Pai TEENS

Há outros heróis nessa galeria.

Ana: Hebreus fala de Jacó de um jeito liiiiindo: pela fé, Jacó, à beira da morte, adorou a Deus. Ele tinha intimidade, reverência e temor, e dedicou a vida a Deus.

Junior: Jacó errou algumas vezes, mas em todas, Deus o levantou. Jacó sabia que seu Deus era digno de ser louvado e adorado de joelhos, e não deixou de se curvar diante do Senhor mesmo estando perto da morte.

Michelle: É um bom exemplo para seguir, não é? Toda a vida dedicada a conhecer, adorar e obedecer a Deus. Como Jacó, também vamos tropeçar, mas devemos manter a certeza de que Deus pode nos levantar e conduzir na direção certa.

Ted: O difícil é evitar os tropeços!

Junior: Quando um bebê está aprendendo a andar, não consegue soltar da mão do adulto. Nós somos como esses bebês: já conseguimos dar passos, mas, se soltarmos a mão de Deus, vamos cair, cambalear ou errar a direção. Às vezes pensamos que já aprendemos a andar, mas ainda dependemos de Deus para permanecer de pé e prosseguir.

Ted: Então, para evitar tropeços, devemos segurar na mão de Deus?

Ana: Exato! Mas, além de segurar na mão de Deus, é importante evitar os obstáculos. Às vezes tropeçamos porque algo à nossa frente pode provocar uma queda. É melhor ficarmos longe de tudo o que pode nos fazer cair ou nos levar a soltar a mão de Deus.

ORAÇÃO

Deus santo, segura a minha mão e ajuda-me a desviar dos obstáculos, para que eu caminhe contigo por toda a vida e te adore todos os dias. Em nome de Jesus, amém.

Michelle: Jacó aprendeu isso e, quando chegou ao fim da vida, adorou o Deus que nunca soltou sua mão.

Mais alguns passos adiante...

Michelle: Talvez este seja um dos mais conhecidos exemplos de fé, José.

Ana: A história dele ensina muito sobre fidelidade. Ele enfrentou um monte de perrengue, mas continuou fiel a Deus. José foi bem-sucedido em tudo o que fazia, pois o Senhor estava com ele.

Junior: Ele foi tão bem-sucedido que se tornou governador do Egito, onde chegou como escravo!

Ted: O jogo virou.

Junior: Sim, e mostra que vale a pena ser fiel a Deus até nas adversidades, pois ele é fiel.

Michelle: Apesar de ocupar uma alta posição, José sabia que o lugar do seu povo não era o Egito. Antes de morrer, ele lembrou sua família de voltar para a terra que Deus prometeu a Abraão, Isaque e Jacó, pois eles viviam sob uma promessa.

Ana: Esse homem que realmente conhecia o Deus a quem servia. A fidelidade de José era uma resposta à fidelidade do Senhor, que nunca o abandonou e que esteve com ele assim como esteve com os patriarcas.

Junior: No passado, em algumas situações, eu me senti rejeitado pelas pessoas. Mas, mesmo quando família e amigos nos deixam, Deus permanece conosco. Quando encontrei o amor do Pai, entendi que nunca estive sozinho. Encontrei o amor que cura as feridas da rejeição, um amor que acolhe os excluídos e levanta os caídos. Como José, sei que não estou só. Meu desejo é ser fiel a Deus todos os dias da minha vida, até quando as dificuldades me alcançarem, pois sei quem me sustenta.

ORAÇÃO

Pai, obrigado por tua fidelidade. Que eu aprenda a ser fiel a ti todos os dias! Ajuda-me a reconhecer que tu estás comigo sempre. Amém.

16/11

HEBREUS 11.23

Mais adiante, Ted vê o retrato de Moisés bebê.

Ted: Bebês são fofinhos! Fico pensando nos pais de Moisés e imagino o desespero que bateu ao saber que seu bebezinho indefeso corria perigo de morrer pela maldade do faraó, que não queria que o povo crescesse.

Michelle: Por três meses, eles foram muito corajosos e esconderam o menino, até não haver outra solução: eles tiveram que colocar a criança em um cesto à margem do Nilo, sem saber o que aconteceria, mas tinham a convicção de que aquilo precisava ser feito.

Ana: Imagino que o coração dos pais dele tivesse em um misto de sentimentos: dor por entregar o menino, esperança de que ele sobrevivesse e certeza de que aquilo tinha de ser feito, ainda que doesse.

Ted: Minha avó diria que eles estavam entre a cruz e a espada! Era mesmo um enorme desafio . Não gosto nem de imaginar! Mas eles agiram com base na fé, não no medo do que poderia acontecer.

Michelle: Exatamente, Ted. Os pais de Moisés não tiveram medo do faraó nem das consequências que poderiam sofrer ao protegê-lo. O coração deles foi movido pela confiança de que havia um propósito para a vida daquele bebê e de que ele deveria ser protegido, apesar das ameaças e do decreto.

Junior: Devemos observar o exemplo deles e ser inspirados por sua fé e firmeza apesar das dificuldades. Carregamos no coração a certeza de que Deus cuida de nós e tem um propósito para a nossa vida, e essa convicção deve nos ajudar a seguir em frente sempre.

ORAÇÃO

Senhor, ajuda-me a confiar em ti e no teu propósito para a minha vida em todo o tempo. Amém.

O tema da conversa continua a ser Moisés.

Michelle: Depois que os pais colocaram Moisés na beira do Nilo pela fé, o bebezinho foi encontrado pela filha do faraó e criado como filho dela. Mas, quando ele cresceu, tudo mudou. Ele não suportava ver como seu povo sofria nas mãos dos egípcios, que fez deles escravos.

Ana: Moisés poderia ter ficado lá de boa desfrutando das riquezas do palácio, mas tomou partido do seu povo.

Junior: Ele sabia que as riquezas do palácio eram passageiras. Deus deu a Moisés um tesouro bem maior. O Senhor o chamou para enfrentar a ira do faraó, para finalmente libertar o povo. Ele obedeceu à voz de Deus apesar de se achar incapaz. Então, o Senhor o capacitou e sustentou.

Ted: Tudo que ele fez com a ajuda de Deus foi IN-CRÍ-VEL!

Junior: No êxodo, na travessia pelo Mar Vermelho, no deserto e no monte Sinai, Deus trabalhou no coração de Moisés, pois ele estava disposto a ouvir a voz de Deus. Em Êxodo 33, está escrito que o Senhor falava com ele como se conversa com um amigo. Isso que é tesouro valioso.

Ted: Aprendi demais com Moisés! O mais importante é que devo buscar com todo o meu coração ser amigo de Deus. Quero conhecer o coração dele, saber o que ele pensa, ouvir sua voz dia após dia, falar com ele como amigo. E sei que isso é possível, pois Deus é acessível.

Michelle: Verdade, Ted. Ele deseja ser conhecido por nós, e a Bíblia é uma das melhores maneiras de fazer isso.

ORAÇÃO

Senhor, eu quero te conhecer profundamente. Torna meus ouvidos atentos à tua voz e o meu coração pronto para receber a tua Palavra. Em nome de Jesus, amém.

café com Deus Pai TEENS

A turma caminha pelo corredor e para diante do quadro de Raabe, que tem um cordão escarlate pendurado.

Ana: Raabe! Pensa em uma mulher que tinha tudo para dar em nada! Ela era malvista, mas tudo mudou quando ela agiu com fé. Quando dois israelitas entraram em Jericó para espiar a terra, Raabe os protegeu. Como recompensa, ela e sua família foram poupadas na invasão a Jericó. Ela havia escutado sobre os feitos do Senhor, acreditou neles e temeu a Deus.

Michelle: Ela é um bom exemplo de como a fé transforma a nossa história, não importa o nosso passado. O nome dela está em um lugar ainda mais honrado do que este: Raabe também faz parte da genealogia do nosso Senhor Jesus Cristo.

Ana: Ela fez parte dos antepassados do Senhor do Universo! Top!

Ted: Acho que eu me identifico um pouco com Raabe. Ela sabia que precisava agir para salvar a si mesma e sua família. Quando comecei a entender a mudança que ele faz na vida das pessoas, também senti a necessidade de fazer algo. Eu havia feito e falado coisas erradas, magoado pessoas e prejudicado meu relacionamento com a minha família. Então, quando conheci o amor de Deus, ele transformou o meu coração e a situação na minha casa.

Junior: Acho que todos nós nos identificamos com Raabe de alguma maneira. Toda a humanidade precisava de salvação, e Jesus a concedeu livremente a todos os que acreditam nele. A graça transformadora de Cristo está disponível a todos que, como Raabe, dão um passo de fé.

PARA REFLETIR:

Você acredita que Deus pode transformar a vida de qualquer pessoa, independentemente de sua origem e do seu passado? Quais são as evidências bíblicas para isso?

JUÍZES 6.14-16, HEBREUS 11.32

Em seguida, os amigos viram a foto de Gideão.

Ted: Este aqui – **disse o menino, apontando para a foto** – também foi improvável.

Michelle: Foi mesmo. Gideão era do clã menos importante da tribo, o menor da família. Mas foi chamado por Deus para libertar o povo das mãos dos midianitas.

Junior: Quando leio a história de Gideão tenho a impressão de que é sobre mim! Eu era tímido e inseguro, e pensava que tinha que me esconder de tudo e todos. Aí, encontrei o amor de Deus Pai, e ele curou as feridas do meu coração.

Michelle: Deus é mesmo muito amoroso!

Junior: O amor dele me fez perceber que eu não preciso me esconder. O Senhor mostrou minha verdadeira identidade. Não sou mais aquele menino pequeno, fraco e tímido; sou filho de Deus Pai. A minha força não vem dos meus braços, mas do Deus que me sustenta, capacita e fortalece. O Pai me deu um propósito e me chamou para fazer a vontade dele como foi com Gideão.

Ana: O Pai é muito bondoso conosco, não é? Ele tem um propósito único e especial para cada filho.

Ted: Verdade, Ana.

Michelle: E ele nos concede a oportunidade de fazer parte de sua obra. Deus não precisava de Gideão para libertar os israelitas do domínio de Midiã, mas o chamou e permitiu que o testemunho de Gideão se tornasse um exemplo de fé e obediência.

Ana: Após as vitórias, Gideão não era mais aquele rapaz que se via como insignificante. Você também, Junior, não é mais o mesmo, porque tem sido lembrado diariamente da sua identidade de filho de Deus.

ORAÇÃO

Deus Pai, eu sei que tu tens um propósito único e especial para mim. Capacita-me a viver esse propósito, para que o teu nome seja glorificado. Amém.

20/11

JUÍZES 4.6,7, HEBREUS 11.32

Ted fica emocionado. Ele percebeu que finalmente está no lugar certo, com as pessoas certas.

Ted: Gente, posso falar uma coisa?

Ana: Já falou, ué! - **a menina ri.**

Junior: Pode, Ted.

Ted: Sou muito grato pela amizade de vocês. Obrigado por me darem uma chance mesmo sem eu merecer - **uma lágrima escorre no rosto do menino.**

Michelle: Ah, Ted! Não precisa agradecer. Nós quatro somos amigos e apoiadores uns dos outros. Quando um falhar ou enfraquecer, os outros três estarão lá para apoiar, aconselhar e orar.

Ana: A Michelle está certa, Ted. Estamos todos caminhando na mesma direção, ao lado do Senhor. Ele nos fortalece e nos capacita inclusive a ajudar uns aos outros.

Ted: Eu finalmente encontrei meu lugar. Não preciso mais fingir ser como as outras pessoas para me encaixar. Vocês me aceitaram como eu era e me ajudaram a ver que eu podia ser melhor a cada dia. E a fé de vocês me inspira a confiar em Deus.

Junior: Fico feliz de saber que temos conseguido ser bons amigos para você, Ted! Somos tipo Débora e Baraque.

Michelle: Verdaaaaadeee! Deus usou a profetisa Débora para ordenar a Baraque que reunisse uma tropa para confrontar o exército inimigo. Só que Baraque ficou com medo e pediu ajuda a Débora. Ela concordou e foi com ele.

Junior: A fé de Débora deu a ele confiança para que ele também pudesse se tornar um exemplo de fé. As boas companhias nos inspiram a ser melhores!

Ted: Em breve também quero servir de inspiração para todos que estão ao meu redor.

DESAFIO

Faça uma lista com o nome dos seus amigos mais próximos e ore por eles.

JUÍZES 16.28-30,
HEBREUS 11.32

Ted vê o quadro de Sansão e fica confuso.

Ted: Sério que Sansão está entre os exemplos de fé? Ele amarelou e contou todos os segredos para a Dalila!

Michelle: Sansão errou, é verdade. Ele não guardou as Escrituras em seu coração e desobedeceu à vontade de Deus para a sua vida. O plano do Senhor era de que Sansão fosse separado para ele, mas Sansão trocou tudo isso por prazeres temporários.

Ted: Terrível isso!

Junior: Ei! Mas no fim da vida, ele fez aquela oração sincera e clamou a Deus por forças mais uma vez. Mesmo tendo errado feio, ele sabia que sua força não era humana, mas concedida por Deus. Em Hebreus, Sansão não foi lembrado por sua força, mas por essa fé que reconheceu e confiou no poder de Deus.

Ted: Pensando por esse lado, faz sentido!

Ana: É! Quantas vezes nós pensamos que podemos fazer tudo do nosso jeito, não é? Parece que o nosso ego sempre tenta dar um jeitinho de aparecer. Aí, vem Deus e nos confronta com a realidade de que somos totalmente dependentes dele em todas as coisas.

Junior: Muita gente tem vergonha de admitir que precisa de Deus porque o coração do homem foi contaminado pelo pecado. O orgulho é consequência do pecado. Precisamos renunciar ao orgulho ou a qualquer coisa que nos faça querer a glória para nós mesmos.

Ted: Antes, eu pensava que quem dizia que precisava de Deus era fraco. Hoje sei que essas pessoas são fortes, não por sua própria natureza, mas porque o Pai fortalece os que reconhecem que precisam dele.

ORAÇÃO

Meu Deus, tu és a minha força. Peço que me lembres todos os dias que tudo de que eu preciso está em ti. Em nome de Jesus, amém.

JUÍZES 11.7,8,
HEBREUS 11.32

café com Deus Pai TEENS

Michelle aponta para o quadro de Jefté.

Michelle: Vocês sabem por que ele está entre os exemplos de fé?

Ana: Eu sei! Com Jefté, aprendemos que Deus não nos despreza, e não importa a nossa origem nem que os outros nos rejeitem. Deus escolhe os excluídos pela sociedade, os que parecem ser fracos e pequenos, os tímidos e inseguros. Tudo para demonstrar como seu poder supera qualquer obstáculo.

Ted: O que tem de gente que tenta apontar meus erros ou meu passado para me envergonhar!

Michelle: Quando temos certeza do nosso encontro com Deus, não precisamos carregar esse peso mais.

Ted: Alguns colegas chegaram a duvidar que a mudança na minha vida fosse sincera. Jogaram na minha cara tudo o que eu costumava fazer e falar. No começo, isso me deixou supertriste.

Ana: Não é fácil!

Ted: Eles me excluíram dos grupos, e perdi o que eu achava ser amizade sincera. Só que agora essas mesmas pessoas vêm até mim para pedir conselhos.

Junior: Que testemunho excelente, Ted! O jogo virou porque você mostrou convicção. E Deus jamais o desprezaria, não importa o que você tenha feito. Foi pela graça de Jesus que você recebeu o perdão e tem se dedicado a mudar de vida e a ser cada dia melhor.

Michelle: Isso mesmo. Você tem sido um testemunho do poder de Deus. Para mim, você é um exemplo de fé. É bom poder ver o amor do Pai na sua vida e por meio dela, meu amigo!

Ted: Obrigado, amigos!

ORAÇÃO

Deus, eu te louvo por tua fidelidade incomparável. Ajuda-me a permanecer fiel a ti, ainda que os outros me acusem ou rejeitem. Amém!

1SAMUEL 13.14, HEBREUS 11.32

café com Deus Pai TEENS

Aparentemente sem motivo, Ana faz uma pergunta.

Ana: Vocês gostam de receber elogios?

Ted: Claaaaaro!

Michelle: Eu gosto quando elogiam a minha inteligência.

Junior: Gosto quando as pessoas dizem que sou bondoso.

Ana: Eu estava pensando como algumas pessoas se dedicaram a viver para Deus e a conhecê-lo. Elas se tornaram conhecidas por temor, fé, obediência e sabedoria. Davi foi uma dessas pessoas.

Junior: Foi mesmo! Ele se relacionava com o Senhor em intimidade e demonstrava que amava a presença de Deus mais do que qualquer outra coisa.

Ana: Ele recebeu um dos elogios mais maravilhosos que já vi.

Todos: Homem segundo o coração de Deus.

Ana: Estava fácil de saber, não é?

Ted: Se tem uma coisa que eu quero é ser considerado um homem segundo o coração de Deus.

Michelle: Mas Davi não foi perfeito. Acredito que um dos motivos para ele ter sido descrito assim seja a humildade dele em re-co-nhe-cer suas imperfeições. Ele se mostrava vulnerável, sincero e admitia que sua alma precisava desesperadamente do Senhor.

Junior: Davi louvava com reverência e exaltava a Deus em tudo. Era muuuuuito rico, mas sabia que seu maior tesouro era Deus.

Ana: Quanto mais perto ele estava de Deus, mais reconhecia que precisava de Deus, é impressionante! Quero aprender com Davi a amar o Senhor mais do que tudo e me derramar na presença dele, com um coração vulnerável e disposto a ser transformado.

ORAÇÃO

Senhor Deus, que todo o meu ser anseie a tua presença. Eu reconheço que não sou nada sem ti e que tu és tudo que desejo. Amém.

café com Deus pai TEENS

Os amigos percebem estar perto da saída.

Michelle: Este é o último nome de exemplo de fé de Hebreus 11, Samuel, mas claro que há muitos outros nos quais podemos nos inspirar. Vimos vários deles de perto nesta viagem. Nós também podemos nos tornar exemplos de fé para as outras pessoas se guardarmos a Palavra e a praticarmos.

Junior: Mas, no caso de Samuel, desde o nascimento tem muita fé envolvida. Deus realizou o que parecia ser impossível quando ouviu e respondeu a oração de Ana, a mãe de Samuel.

Ana: Minha xará! - **a menina faz um símbolo de coração com as mãos.**

Junior: Isso! A mãe de Samuel o consagrou ao Senhor desde pequeno.

Ted: Eu me lembro! Ele cresceu no templo com o profeta Eli.

Michelle: Exato! Samuel ouviu a voz de Deus em uma época quando outras pessoas não o ouviam; e teve fé de que era o Senhor.

Ted: Ele também mostrou sua fé ao obedecer ao chamado de anunciar a mensagem de Deus. Ser profeta é um privilégio e uma responsabilidade, certo?

Michelle: Isso, Ted. Samuel estava disposto a ouvir a voz de Deus e a transmitir a mensagem dele ao povo. Muitas vezes ele até ficou em uma situação difícil. Nem todos aceitavam o que ele dizia . Mas Samuel não hesitou: manteve os ouvidos e o coração abertos para a voz de Deus.

Ana: Também devemos ficar atentos à voz de Deus. Ele fala conosco de muitas formas, como por meio da Bíblia, da comunhão com os nossos irmãos na fé, da oração.

Junior: Ei! A xícara!

ORAÇÃO

Pai, tu tens liberdade para falar comigo. Dá-me sabedoria para discernir a tua voz e realizar somente a tua vontade. Em nome de Cristo Jesus, amém.

A xícara abre um portal que leva os amigos à casa de um homem. Michelle e os outros sobem com cuidado em um armário do lado da mesa, porque o homem está ali escrevendo uma carta. Eles observam o topo da carta, onde está escrito: "Tiago, servo de Deus e do Senhor Jesus Cristo, às doze tribos dispersas entre as nações: Saudações".

Michelle: Genteeeeeee - **diz a menina cochichando** - Foi este homem quem escreveu a Epístola de Tiago, uma das cartas do Novo Testamento.

Ana: Então, é Tiago! Você está pior que eu, hein?!

Michelle: É a emoção! Hahaha! Dentre muitas orientações existentes nessa carta, Tiago instruiu sobre a importância de praticar o que diz a Palavra de Deus. Ele afirmou que quem apenas ouve as Escrituras mas não a pratica, engana a si mesmo.

Ana: Esse conselho é importante nos nossos dias também, não é?

Junior: Se é! Em Tiago 1:27, está escrito: "A religião que Deus, o nosso Pai, aceita como pura e imaculada é esta: cuidar dos órfãos e das viúvas nas suas aflições e não se deixar corromper pelo mundo". Isso significa que, quando demonstramos o nosso amor pelas pessoas por meio do serviço, da generosidade e do cuidado, estamos praticando o evangelho.

Michelle: E, quando não permitimos que as tentações nos corrompam, demonstramos o nosso amor e fidelidade a Deus.

PARA REFLETIR:

Você se lembra do que Jesus disse sobre a importância de praticar a Palavra?

Ted: Ainda bem que temos recebido o entendimento necessário para compreender os preceitos de Deus. A cada história que eu conheço, o meu amor por Deus e pela Bíblia só aumenta!

Ana: Aí, sim, Ted!

Os amigos se sentam e continuam a conversa.

Ana: Tiago também ensinou a não cometermos a injustiça de tratar as pessoas com parcialidade. A injustiça simplesmente não combina com os filhos de Deus, pois ele é um Deus justo.

Junior: Verdade, Ana. É impossível obedecer ao mandamento de amar o próximo se tratamos as pessoas com parcialidade ou se toleramos a injustiça. Muitas vezes, precisaremos usar a nossa voz para defender os que não são ouvidos.

Michelle: Total! Nós temos uma grande responsabilidade. Amar o próximo vai muito além de apenas dizer "Eu te amo". O verdadeiro amor é demonstrado por ações, palavras e gestos.

Ted: Dá uns exemplos...

Michelle: Demonstramos nosso amor quando defendemos alguém que é acusado falsamente, ou quando nos posicionamos contra uma situação prejudicial ao outro. Também é demonstração de amor quando estendemos a mão a alguém necessitado, quando perdoamos genuinamente e quando olhamos com bondade para alguém que é maltratado.

Ted: Ser filho de Deus não é só status. Nossa identidade traz responsabilidades. Quando as pessoas nos olharem, devem ver algo diferente na nossa fala, no que fazemos, em como tratamos os outros. Cada detalhe da nossa vida deve revelar nosso amor a Deus e às pessoas, obediência à Palavra, sabedoria, fé, justiça e honestidade.

Ana: Pode parecer difícil, mas Jesus é quem nos inspira a viver assim. Ele viveu nesta terra sem jamais pecar e nos deu o melhor exemplo de como viver para agradar o Pai.

ORAÇÃO

Senhor, abra os meus olhos para a tua vontade. Que eu jamais tolere a injustiça e jamais me cale diante do que te desagrada, amém.

Café com Deus Pai TEENS

E a conversa dos amigos continua.

Ana: Tem uma lição de Tiago que eu levo para a vi-da.

Ted: Qual, Ana?

Ana: Como eu sou só um tiquinho tagarela, só que não, é domar a língua. Eu pensava que só não devia falar coisas feias. Aí, minha mãe me ensinou que é muito mais. Domar a língua significa, além de não dizer coisas ofensivas ou impuras, saber falar no momento certo, do jeito certo e com as pessoas certas.

Ted: Eita! Aprendi mais essa agora!

Michelle: Com a ajuda de Deus, que nos concede sabedoria, aprendemos a usar as palavras do jeito certo. Nossas palavras nunca devem ser usadas para ferir ou criar discórdia.

Ana: Eu já falei muito mais do que devia, mas me arrependi muito de todas as vezes que falei sem pensar e magoei alguém. Depois que aprendi que agir assim não tem nada a ver com a minha identidade de filha de Deus, tenho me dedicado a buscar sabedoria no falar.

Junior: Você não está só! Todos nós precisamos melhorar nesse aspecto. Ainda bem que Deus nos dá recursos para agirmos corretamente.

Michelle: Quando reconhecemos o problema, precisamos nos arrepender e buscar a mudança. É isso que cada um de nós tem feito. Não é possível ser filho de Deus e continuar em uma vida de pecado.

Junior: Sim! Tiago escreveu que a mesma fonte não produz água salgada e água doce. Então, é impossível assumir a identidade de filho de Deus e continuar a desagradar a Deus por vontade própria. Deus é santo e não se mistura com o pecado.

DESAFIO

Como vimos, Deus e o pecado não se misturam. Da mesma forma, existem dois elementos que não se misturam, a água e o óleo. Em um copo, faça o experimento com esses dois ingredientes e registre o que viu.

1PEDRO 1.14-16

café com Deus Pai TEENS

Um portal aberto pela xícara leva os amigos até Pedro, que escreve sua primeira carta.

Michelle: É um enorme privilégio aprender mais sobre a vontade de Deus por meio das Escrituras. Fico muito feliz por saber que temos acesso à Bíblia como um manual para a nossa vida.

Ted: Um manual? Tipo de eletrodoméstico?

Junior: É, Ted! Quando compramos uma TV, ela vem com um manual com as orientações do fabricante sobre o jeito certo de usar. Dizer que a Bíblia é o nosso manual significa que ela nos mostra as orientações de Deus para termos a vida que ele nos criou para ter.

Ted: E não é que é mesmo?

Ana: Para agradar a Deus, precisamos ser obedientes, e a Bíblia nos mostra o caminho da obediência. Como obedecer é uma forma de demonstrar nosso amor, buscamos ter uma vida correta e santificada, que é a obra do Espírito Santo em nós, para nos purificar e nos aproximar da vontade de Deus para a nossa vida.

Ted: Voltei à estaca zero! Como é?

Michelle: Ser santo é ser separado do pecado e consagrado a Deus. Na santificação, o Espírito Santo transforma nosso coração, nossa mente e nosso caráter. Então, passamos a desejar viver em obediência a Deus, e a Bíblia nos ajuda a entender como ele deseja que vivamos.

Ted: Ah, agora eu entendi! Temos que deixar para trás quem costumávamos ser e nos submeter à ação do Espírito Santo. Conforme ele nos santifica e nos instrui a viver segundo a Bíblia, nos aproximamos da vontade de Deus para nós.

ORAÇÃO

Senhor amado, ajuda-me a buscar uma vida de santidade e obediência conforme a tua Palavra. Graças te dou por me permitir conhecer o teu coração por meio das Escrituras, amém!

Eles continuam a conversa.

Michelle: Jesus é nosso maior exemplo de alguém que em tudo viveu a vontade de Deus. Em todas as coisas, ele foi correto e demonstrou seu amor perfeito.

Junior: Em cada página da Bíblia, aprendemos que o amor é o caminho para agradar a Deus. Quando aprendemos a amar a Deus e o próximo da maneira certa e com sinceridade, obedecemos a todos os mandamentos. Tudo começa no amor.

Ted: Falar é fácil! Quero ver é fazer, amar o tempo todinho!

Ana: É difícil mesmo, Ted. Mas amar é uma escolha.

Junior: Sim, uma escolha diária, algo que construímos. Muita gente diz que ama, porém impõe condições para o amor. A Bíblia nos ensina que o verdadeiro amor é incondicional, independe do que fazemos ou deixamos de fazer. Deus não nos ama porque somos bondosos, obedientes ou sábios, mas porque o amor é sua essência, é quem ele é.

Michelle: Nosso amor por Deus e pelas outras pessoas deve ser assim também, não depender do que eles fazem ou oferecem para nós, mas de quem somos. Se eu deixo de amar alguém que me decepcionou, nunca o amei de fato.

Ted: Preciso mesmo do Espírito Santo para isso, porque muitas vezes tenho dificuldade de amar do jeito certo.

Ana: Agora que entendemos que o Pai nos ama com amor eterno e incondicional, podemos amá-lo e amar uns aos outros. Uma das maneiras de fazer isso é usar nossas habilidades para ajudar o próximo. Como eu gosto de cozinhar, posso fazer um bolo para alguém, por exemplo.

ORAÇÃO

Eu te amo, meu Deus! Obrigado por me mostrar o verdadeiro amor e por me ensinar a amar da forma correta. Ajuda-me a te amar e a amar os meus irmãos incondicionalmente. Em nome de Jesus, amém.

O chão corre debaixo dos pés dos amigos.

Todos: Ooooooooo!

A xícara os leva a um cômodo escuro, com apenas uma lâmpada acesa sobre a mesa, ali está a segunda carta de Pedro.

Junior: Como a lâmpada ilumina este lugar, a Palavra do Senhor clareia a nossa vida e nos dá a esperança do retorno de Cristo e da eternidade com Deus. Essa esperança não é vã, muito pelo contrário, é firmada nas Escrituras.

Michelle: Tudo na Bíblia é correto, não há erro nela. Pedro sabia disso, pois ele havia visto com os próprios olhos Jesus cumprir as profecias do Antigo Testamento, o que confirma a veracidade da Bíblia. Ele afirmou que o que está na Palavra não vem do coração do homem, mas do coração de Deus.

Ana: Cabe a cada um a escolha de obedecer ou não à Bíblia. Essa decisão é muito importante e deve ser feita com consciência, porque escolhas têm consequências.

Ted: Eu escolho obedecer à Palavra do Senhor e deixar que ela seja autoridade sobre a minha vida. Não é possível agradar a Deus sem praticar o que a Bíblia diz. Hoje eu sei que, se desejo ter uma vida plena, preciso me apegar aos ensinos e mandamentos do Senhor e praticá-los com a ajuda e a direção do Espírito Santo.

Ana: Per-fei-to, Ted. Você fez a melhor escolha! Tenho certeza de que você tomou essa decisão por amor. Quando amamos a Deus de verdade, não vemos a obediência como um peso, e sim como uma demonstração do que sentimos e acreditamos.

PARA REFLETIR:

Você já esteve em uma situação em que a Bíblia lhe mostrou a direção certa? Conte sobre ela para sua família.

O Café com Deus Pai Teens é um devocional que também tem a intenção de ajudar você, pré-adolescente, a aprender a lidar com seus sentimentos. Conte um pouco sobre o que você tem aprendido sobre amizade, obediência às autoridades, autocontrole etc.

café com Deus pai
TEENS
DEUS
NUNCA PERDEU O
CONTROLE

DEZEMBRO

café com Deus pai TEENS

QUE MÊS MARAVILHOSO!

VAMOS CELEBRAR O NATAL E O ANO NOVO!

Anote ideias para tornar essas datas ainda mais incríveis e compartilhe com pessoas que são de sua confiança.

Café com Deus Pai TEENS

Os amigos continuam a conversa.

Michelle: Quando Jesus subiu aos céus, disse que em breve voltaria.

Junior: Também falou que enviaria o Espírito Santo.

Ana: E nos deu várias indicações sobre como viver.

Michelle: Cristo alertou as pessoas a viverem de maneira santa e piedosa enquanto aguardam a vinda do Senhor. Ele deu instruções sobre chamado, relacionamento interpessoal, busca pela Palavra e o jeito certo de viver.

Junior: Jesus disse que ninguém sabe o dia nem a hora que ele virá, somente o Pai; por isso, Pedro falou para as pessoas agirem de modo agradável a Deus.

Ana: Deus não deu o spoiler para ninguém!

Junior: Verdade, Ana. Algumas pessoas acham que podem agir como quiserem e deixar para uma data no futuro para começar a viver para Deus. Isso está errado, porque Jesus pode voltar a qualquer minuto. Não sabemos quando será.

Ted: Eu já ouvi uma pessoa dizer algo parecido. Eu, hein! Agora que sei como é bom viver com o Senhor, não quero passar um dia sequer longe dele.

Michelle: Não tem jeito melhor de aproveitar a vida do que com Deus. Nada pode ser melhor do que aprender sobre a Palavra, ter experiências com Deus e conversar sobre nosso melhor amigo, Jesus.

Ana: Não meeeeesmoooo, amiga. O melhor lugar para estar é na presença do Senhor. Vou seguir o conselho de Pedro e viver de uma forma que agrade a Deus, enquanto espero pela vinda do Senhor.

ORAÇÃO

Senhor, eu aguardo a tua vinda com grande expectativa. Purifica o meu coração e me conduz por teus caminhos, para que eu viva de maneira santa e piedosa, em nome de Jesus. Amém.

1JOÃO 1.1-7

Café com Deus Pai TEENS

A xícara leva os amigos para perto do apóstolo João.

Ana: A primeira carta do apóstolo João nos ensina sobre a nossa identidade e sobre como a demonstramos.

Michelle: E tudo está baseado no amor!

Ana: O amor é A BASE! João afirma que o amor a Deus consiste em obedecer aos seus mandamentos. Nossa obediência é a evidência de quem somos e em que acreditamos. Se entendemos que somos filhos de Deus e queremos viver como filhos dele, obedecemos à sua vontade e nos dedicamos a ser cada dia mais parecidos com Cristo, com o auxílio do Espírito Santo, que atua em nós.

Michelle: Verdade, Ana. Acreditar em Jesus nos transforma e nos dá esperança de viver a eternidade com Deus Pai. Essa esperança nos ajuda e fortalece.

Junior: Quando o pecado entrou no mundo, a humanidade foi tomada pelas trevas. Quando Jesus veio, nos deu a oportunidade de sair da escuridão e ver a luz. A luz de Jesus nos tira da escuridão e também mostra que existe uma esperança e um caminho para chegar ao Pai.

Michelle: Precisamos andar no caminho da obediência e do amor a Deus. O Espírito Santo nos conduzirá à vitória por meio da fé em Jesus, e jamais voltaremos à escuridão.

Ted: Antes de receber a luz de Jesus na minha vida, eu pensava que estava bem. Mas, quando percebi que minha vida poderia ser melhor com Cristo, entendi que eu havia vivido na escuridão por muito tempo. Nunca mais quero voltar a ser como era antes. Gosto muito mais da minha nova vida, da vida na luz.

ORAÇÃO

Pai amado, te agradeço por me mostrar a luz e por me tirar da escuridão. O meu desejo é andar contigo todos os dias da minha vida. Amém.

Os amigos continuam a falar da carta de João.

Ted: A minha vida mudou muito quando comecei a andar na luz. Trato as pessoas melhor, sou mais gentil comigo mesmo, me interesso por coisas que não chamavam minha atenção, sinto até que as pessoas começaram a me ver de um jeito diferente.

Ana: É porque você está muito diferente, Ted! Agora você tem o sorriso verdadeiro, cheio da alegria e esperança de quem conhece o amor de Jesus.

Michelle: Verdade! Ted, você é completamente diferente de quem costumava ser. Essa é uma evidência de que conheceu a Deus de verdade.

Junior: Ninguém é mais o mesmo depois de um encontro genuíno com Deus. A Bíblia diz que a obediência é a evidência de que conhecemos a Deus. Se uma pessoa diz que conhece a Deus e não obedece aos mandamentos dele, é porque não o conheceu de fato.

Ana: Obedecer é mesmo muito importante. Para obedecer a Deus, precisamos conhecer bem as Escrituras, que nos permitem conhecer a vontade dele.

Michelle: Ler a Bíblia e orar são essenciais para conhecermos a vontade de Deus e obedecermos a ela.

Ted: Ainda bem que temos livre acesso a Deus em oração, graças a Jesus, e que o Espírito Santo nos revela a Palavra!

Junior: Verdade! Deus é muito bom! O que acham que encontraremos na segunda carta de João?

Ana: Eu acho que vamos encontrar mais motivos para obedecer a Deus e amar a Palavra!

Ted: Também acho, Ana. Esta jornada tem me ensinado a dar valor à Bíblia. Ela é um tesouro para nós.

Michelle: Vamos ver, então!

ORAÇÃO

Querido Deus, como é bom aprender mais de ti! Ensina-me a viver conforme os teus preceitos. Em nome de Cristo Jesus, amém.

04/12

2JOÃO 1.6

Junior encontra a segunda carta de João sobre uma mesa.

Junior: Você estava certa, Ana. João continuou falando da importância da obediência. Ele escreveu que o amor consiste em obedecer aos mandamentos do Senhor. Como já falamos antes, a obediência é evidência de que conhecemos a Deus, mas também é uma prova de que o amamos.

Michelle: Os meus pais me ensinaram que a obediência não é fruto do medo, mas do amor e da admiração. A verdadeira obediência vem da intenção pura do coração. Se o nosso amor por Deus é puro e verdadeiro, temos o desejo de viver para agradar a Deus, e ele nos capacita para isso por meio do Espírito Santo.

Ted: O meu relacionamento com os meus pais mudou bastante quando eu entendi que a obediência é prova de amor.

Junior: Que maravilha, Ted. Queria poder dizer o mesmo sobre o meu pai...

Ana: Oramos por isso, Junior!

Ted: Antes, eu não entendia muito bem por que tinha de fazer o que eles mandam. Agora, entendo que as regras são para o meu bem, para a minha segurança e para que eu aprenda a ser uma pessoa melhor. Meus pais me ensinam porque me amam, e eu obedeço porque os amo. Da mesma forma, o Pai ensina seus filhos por amor, e aqueles que o amam obedecem.

Ana: Total! Às vezes, temos dificuldade de entender nossos pais, principalmente quando o que eles querem é diferente da nossa vontade. É mais fácil obedecer quando entendemos que eles querem nosso melhor.

Michelle: Deus também sempre quer o melhor para os seus filhos, e ele é quem sabe o que é melhor.

PARA REFLETIR:

Você já obedeceu aos seus pais ou responsáveis mesmo sem concordar com eles? Como isso demonstrou seu amor?

Os amigos falam mais sobre a carta de João.

Ana: João também instruiu sobre o zelo com o ensino de Cristo. Disse que aquele que permanece no ensino de Jesus tem o Pai e o Filho. Também advertiu sobre os falsos ensinos.

Junior: Cada um de nós foi chamado para anunciar o que Jesus ensinou e viveu. Não podemos negligenciar esse chamado ou tolerar distorções do evangelho.

Michelle: Na época dos apóstolos, muitos se opunham ao ensino de que Jesus veio ao mundo em carne, de que ele é o Cristo. João foi enfático em alertar as pessoas a não aceitarem essas enganações nem se juntarem aos enganadores. Para agradar a Deus, obedecer aos mandamentos dele e ser cada dia mais parecidos com Jesus, precisamos conhecer o ensino de Cristo, acreditar e permanecer nele.

Junior: Precisamos anunciar o evangelho para quem ainda não sabe que Jesus, o Deus Filho, veio à terra como homem, viveu entre nós, se entregou à morte de cruz para nos reconciliar com o Pai e ressuscitou ao terceiro dia.

Michelle: Temos de viver de maneira que mostre que Jesus é Cristo, o Redentor prometido. Falar de Jesus e viver o que ele ensinou é natural para quem acredita nele e o ama de coração. O desejo de honrar os ensinos de Cristo faz parte da vida de quem foi transformado por ele.

Ted: Foi top aprender sobre o Senhor com as coisas que João escreveu. Fico feliz que ele estava disposto a ser usado por Deus para ensinar. João é um exemplo para nós.

ORAÇÃO

Pai, eu te agradeço por me dar acesso à tua Palavra e por me revelar os ensinos de Cristo. Ajuda-me a viver e a falar do que o teu Filho ensinou. Em nome de Jesus, amém.

06/12

3JOÃO 1.11

A xícara faz o tempo correr.

Todos: Ooooo.

Os amigos veem João escrever a carta para Gaio. Ted sobe numa lamparina e lê.

Ted: "Amado, não imite o que é mau, mas sim o que é bom. Aquele que faz o bem é de Deus; aquele, porém, que faz o mal não viu a Deus." Esse conselho de João não servia só para Gaio, ele serve para nós também.

Junior: E como vale! Muita gente diminui a consequência do pecado, diz que existe "pecadinho" e "pecadão". Mas Deus detesta TODO pecado e não se mistura de jeito nenhum! Não podemos nos enganar e pensar que o pecado pode ter espaço na nossa vida.

Ana: É verdade. Conheço pessoas que falam mentiras e justificam, dizendo que é apenas uma "mentirinha". Desde quando mentira tem tamanho? Mentir é errado! Deus não se agrada e ponto!

Michelle: É muito perigoso relativizar o pecado. Todos os pecados são igualmente ruins, mas têm consequências diferentes. Não podemos pensar que Deus considera um pecado pior ou melhor; ele despreza qualquer pecado. Temos que nos esforçar e buscar a ajuda do Espírito Santo para estar cada vez mais próximos de Deus e mais longe do pecado.

Ted: O pecado coloca uma barreira entre Deus e as pessoas. Quando conheci Jesus, ele derrubou essa barreira.

Ana: Deus faz cada coisa linda!

Ted: A ação do Espírito Santo na minha vida me transforma segundo a vontade do Pai, para que eu esteja cada vez mais distante do pecado e me torne cada vez mais parecido com Jesus.

ORAÇÃO

Jesus, eu te louvo, pois tu és o caminho para que eu tenha acesso ao Pai. Ajuda-me a viver cada vez mais longe do pecado. Em teu nome eu oro, amém.

Os amigos estão felizes com o aprendizado que estão tendo.

Ana: Uhuul! Que jornada maravilhosa temos vivido!

Junior: Faltam apenas dois livros para percorrermos a Bíblia inteirinhaaaa! Judas e Apocalipse.

Ted: Só para confirmar: esse Judas não é o que traiu Jesus, certo?

Michelle: Certo. O Judas que traiu Jesus era chamado Judas Iscariotes.

Um portal da xícara faz um vento trazer uma pequena carta para os amigos.

Ana: Aaaaamooo essa xícara!

Michelle: O escritor da carta falava de: salvação em Jesus, importância de permanecer no Espírito Santo. Ele instrui os irmãos a se afastarem dos falsos mestres, pessoas que espalham falsos ensinos.

Ana: Judas também encorajou as pessoas à edificação na fé, por meio da oração no Espírito.

Ted: Edificou?

Ana: É! Edificar é construir, fortalecer. Se queremos estabelecer a nossa fé e ser fortalecidos, é fundamental ter uma vida de oração, um relacionamento íntimo, profundo e sincero com Deus.

Michelle: Também precisamos de conhecimento bíblico, para conhecer melhor o caráter e a vontade de Deus, e nos fortalecer pelas histórias de pessoas que viveram pela fé.

Junior: Ei! Também não podemos parar de estudar e de nos dedicar a aplicar os ensinos bíblicos no nosso cotidiano. Outras formas de edificação são a comunhão com os irmãos da fé e o serviço ao Reino de Deus.

Ted: Esta viagem pelo tempo tem sido IN-CRÍ-VEL! É maravilhoso poder aprender mais sobre a Palavra e conhecer a Deus de maneiras tão profundas.

ORAÇÃO

Espírito Santo, conduz-me pelos caminhos do Senhor. Leva-me a viver experiências cada vez mais profundas. Em nome de Cristo Jesus, amém.

Café com Deus Pai TEENS

A xícara abre um portal que leva os amigos para uma ilha rochosa e árida. Eles caminham curiosos pela região.

Ana: Genteeeee, que lugar é esse?

Michelle: De acordo com tudo que vimos e com o que falta para conhecermos da Bíblia, esta deve ser a ilha de Patmos.

Ted: Pa... o quê?

Júnior: Patmos, Ted. Foi nesta ilha que João recebeu as revelações registradas no livro de Apocalipse.

Ana: Ai gente, que medo! Eu já li algumas partes do livro de Apocalipse. Tem dragão e muitas coisas estranhas e misteriosas.

Ted: Confesso que eu fico preocupado quando vou à igreja e a mensagem é sobre o livro de Apocalipse. Só de pensar, já me dá arrepios! - **o menino mostra o braço com os pelos arrepiados.**

Ana: Será que veremos coisas assustadoras? - **diz a menina, escondendo o rosto com as mãos.**

PARA REFLETIR:

Durante esta jornada pelas histórias da Bíblia, sua esperança pela volta de Jesus tem aumentado? Qual história mais colaborou para isso?

Michelle: Calma gente! Embora João tenha usado uma linguagem marcante e figuras fortes para descrever aquilo que o Senhor lhe mostrou, o livro de Apocalipse nos aconselha, mas também nos enche de esperança!

Ana: Fala sério, amiga! Que esperança?

Júnior: Tem esperança, sim, Ana! Nesse livro está registrado como a obra redentora de Jesus, que teve início com sua morte e ressurreição, se completará. Finalmente o mal será derrotado e viveremos para sempre com o Senhor.

Michelle: As visões dadas a João foram dadas por Jesus para reafirmar sua promessa de que voltaria. Não há o que temer! Mas há muito para aprender sobre como podemos nos manter firmes e fiéis.

Os amigos continuam a caminhar. Ana está um pouco assustada. Ted, curioso.

Ted: Por que será que a xícara nos trouxe para cá? Vocês sabem outras coisas sobre o Apocalipse?

Michelle: Esse livro foi escrito para as sete igrejas da província romana da Ásia, onde hoje em dia fica a Turquia. No tempo do apóstolo João, havia um imperador chamado Domiciano que impôs uma forte perseguição aos cristãos.

Junior: Sim! A igreja estava sob uma forte pressão. Algumas pessoas enfrentavam dificuldades financeiras e tinham seus negócios boicotados, outros sofriam violência e outros ainda estavam com a vida em perigo.

Michelle: Eles precisavam ser encorajados. Eram lutas demais. A igreja também lutava para manter-se firme em relação ao seu comportamento moral. Muitas pessoas estavam vivendo a nova vida para qual foram chamados de maneira descuidada, sem compromisso.

Júnior: E não era só isso, algumas das igrejas precisavam lutar contra os ensinos falsos que se espalhavam.

Ana: Não estava naaada fácil para eles!

Michelle: Certeza! Mas as cartas às igrejas, apesar de retratarem situações bem específicas da época, são a expressão do que Jesus deseja para sua Igreja, formada por todos nós que nele cremos e o confessamos em todos os tempos e em todos os lugares.

ORAÇÃO

Deus Pai, te agradeço por sempre nos mostrar a razão da nossa fé. Agradeço pelo sacrifício de Jesus em meu lugar. Amém.

Junior: Em Apocalipse, Jesus relembra os cristãos da razão da sua fé: Jesus morreu por nós na cruz, para nos reconciliar com Deus. Diante disso, somos chamados a viver de um jeito diferente, a obedecer aos mandamentos de Deus e a servir ao nosso próximo.

10/12

APOCALIPSE 1.4-6

café com Deus Pai TEENS

Os amigos se sentam recostados em uma rocha e conversam.

Ana: Eu estava com um medão dessa parte da nossa viagem. Mas não é que eu fui surpreendida mais uma vez?

Ted: Até eu fiquei com medo quando você falou de dragão!

Ana: Mas agora o medo já era! Estou sendo impactada pelo grande amor e consolação que Jesus nos oferece em todo o tempo.

Michelle: No início do livro de Apocalipse somos lembrados de que Jesus nos ama e nos libertou de nossos pecados por meio de seu sangue. E que fez de nós um verdadeiro reino no qual somos sacerdotes dedicados a servir a Deus.

Ana: Deus é muito bom, o tempo todo!

Júnior: Verdade, Ana. O Império Romano impôs uma perseguição aos cristãos porque eles adoravam a Deus, que em Jesus os libertou do pecado, por meio de sacrifício na cruz. Mas o imperador acreditava ser um representante divino na terra e reivindicava adoração, quem se opunha a isso era perseguido.

Michelle: Não foi só naquele tempo, ainda hoje, pessoas vivem situações para as quais parece não haver saída e em que o domínio de homens poderosos parece não ter limites.

Junior: A mensagem de Apocalipse tanto para eles como para nós é uma dose de esperança. Ela nos lembra de que, por mais que os reinos e forças terrenos pareçam triunfar, fazemos parte de outro reino, o Reino de Deus! E somos chamados a servir a esse reino!

ORAÇÃO

Senhor, eu te agradeço porque tu fizeste de mim parte do teu Reino. Que eu possa viver para honrar teu sacrifício e para servir o Reino que não tem fim. Em nome de Jesus, oro. Amém.

Os amigos continuam a conversar sobre o livro de Apocalipse.

Ana: Nesta nossa aventura incrível, vimos como o homem foi criado e como a desobediência humana fez o pecado entrar no mundo.

Ted: Pior! Todo mundo foi prejudicado e perdeu o direito de se relacionar diretamente com Deus.

Ana: Mas, aí, Deus veio e prometeu restaurar essa relação.

Michelle: Para isso, o Senhor estabeleceu um povo. Na Bíblia, vemos os erros e acertos desse povo, do qual viria o Salvador e Redentor, Jesus, o Messias prometido.

Junior: Quando aceitamos a salvação de Jesus e nos arrependemos de viver de nosso jeito, nossa relação com Deus é restaurada.

Michelle: Jesus começou a boa obra de Deus em nós, mas ainda vivemos em um mundo que tem diversos padrões contrários à vontade do Senhor. Todos os dias, temos que decidir em quem confiar, e escolher se os padrões que se opõem a Cristo influenciarão nossas escolhas, ou se abriremos o coração e deixaremos o Espírito Santo modelar nossa vida para vivermos como Jesus nos chamou para viver, até que ele venha nos buscar.

Ted: Temos que dedicar nossa mente e nosso coração a Deus todos os dias. Só assim vamos conseguir escolher corretamente.

Junior: Verdade! Os cristãos que viviam sob forte ameaça na época de João precisavam ser lembrados de que o mesmo Jesus que iniciou sua obra neles, voltaria para colocar fim de uma vez por todas em todo mal que os oprimia.

Ana: Ainda bem que Deus nos enviou o Espírito Santo para nos ajudar a suportar os dias difíceis e que também temos a Bíblia para ser nosso manual. Quero muito obedecer aos mandamentos do Senhor.

PARA REFLETIR:

Você tem se dedicado à oração e ao estudo bíblico?

Café com Deus Pai TEENS

Ana tem uma dúvida sincera.

Ana: O João de Apocalipse é o apóstolo? O que escreveu o Evangelho?

Ted: Com tanto João no mundo, como seria?

Michelle: Cremos que era João, o discípulo amado, sim.

Junior: Muito tempo havia se passado desde que Jesus subiu ao céu. Os demais apóstolos já haviam morrido; muitos deles, perseguidos por terem depositado a fé em Jesus. João, agora já é idoso.

Michelle: João foi o líder da igreja de Éfeso e conhecia superbem os desafios daquela região. Mas ele não veio parar em Patmos a passeio nem como missionário.

Junior: Ah, não foi mesmo! A verdade é que ele foi banido por causa de sua fé. Está exilado aqui, porque se manteve fiel em seu testemunho e fé em Jesus.

Ted: É muita maldade atingir alguém assim só pela fé que ele tem!

Michelle: Sim. Somos muito abençoados porque em nossa nação e no nosso tempo temos liberdade para adorar a Deus.

Junior: Mas com João foi diferente. Depois de ver todos os irmãos que já tinham perdido a vida por Cristo, ele permanece firme apesar de estar impedido de animar e de ensinar as pessoas na igreja local.

Michelle: Então, algo inesperado acontece! Jesus transmite uma mensagem a João. As cartas que ele escreveu levam a mensagem do Senhor aos cristãos de seu tempo, e mais ainda, chegarão até nós.

Ana: Uau! Mesmo em meio a uma situação tão terrível, ele continuou sendo usado por Deus para abençoar as pessoas. Um exemplo de fidelidade para nós!

ORAÇÃO

Amado Senhor, eu te agradeço pela oportunidade que temos de louvar teu nome com liberdade. Amém.

A xícara surge bem no na frente dos amigos durante a conversa e dela cai um papel.

Michelle: Vejam só, é um mapa. Me deixem entender...

Ana: Eu já seeeeeiiiii.... – **diz a menina, que interrompe a amiga e pega o mapa.**

Ted: Abre o jogo, Ana!

Ana: É um mapa da Ásia Menor, com a localização das sete cidades onde ficavam as sete aigrejas.

Junior: Sensacional! Dá para ver direitinho como as sete cidades mencionadas formavam um círculo, meio irregular, é verdade, mas é um círculo. Éfeso, Esmirna, Pérgamo, Tiatira, Sardes, Filadélfia e Laodiceia – **o menino aponta para cada localidade no mapa enquanto cita as cidades.**

Ana: Junior está todo sabidinho. Está bom de geografia, hein?!

Todos riem.

Junior: Ei! Essa parte do círculo é muito interessante, sabia? – **diz, vermelho e envergonhado.**

Ted: Sei de nada, não!

Junior: É assim: nós estamos aqui em Patmos – **o menino mostra no mapa.** – Daqui, um mensageiro poderia partir para entregar as cartas escritas por João. Ele sairia de Patmos, seguiria para Éfeso; dali, partiria para o norte para chegar a Esmirna e Pérgamo. Em seguida, ele seguiria para o sudeste até Tiatira, Sardes e Filadelfia e completaria a rota em Laodiceia.

Ted: Acharam que iam atrapalhar João ao mandá-lo para cá, mas foi é bom! Este lugar é mesmo estratégico!

Michelle: Exatamente, Deus reverteu a situação para alcançar muitas vidas. O jogo virou!

ORAÇÃO

Deus Pai, peço a ti que me coloques em lugares estratégicos nos quais eu possa espalhar a tua mensagem de salvação. Em nome de Jesus, eu oro. Amém.

Os amigos se levantam e começam a caminhar pela ilha de Patmos.

Junior: Andar aqui no meio desta paisagem rochosa me faz pensar que muita gente também sofre com perseguições no nosso tempo. Este lugar e a vida de João me fazem recordar que, quando estamos em perigo, precisamos muito de encorajamento e de outras coisas também.

Michelle: Na visão de João, descrita em Apocalipse, Jesus está com roupas de autoridade, porque ele é Senhor. Não é um imperador tirano como o dos romanos, mas Aquele que vive e reina para sempre.

Ana: Só Deus é capaz de proteger e de cuidar daqueles que o temem.

Ted: A vida de muitos cristãos não é fácil.

Junior: Desde o tempo dos apóstolos até os nossos dias, muitas pessoas são perseguidas e estão em perigo por dedicarem sua fé a Jesus. Ao redor do mundo, pré-adolescentes como nós, passam por diversos tipos de dificuldades, sofrem violência e falta de tudo para alguns.

Michelle: Por isso que eu repito que temos um grande privilégio. Em nosso país temos liberdade de fé e de expressão. Podemos ir à igreja, ler a Bíblia em casa ou em público. Podemos cantar e fazer orações em espaços públicos. Também podemos dar nossa opinião e mostrar no que cremos.

Ana: Mesmo assim, pode haver outros tipos de dificuldades, tipo pessoas que debocham de nós e nos afrontam. Outras podem deixar de falar conosco. Até familiares podem ser contra nossa fé.

Junior: Não importa como, se nossa fé for questionada, precisamos nos lembrar de que Jesus é o Senhor da nossa vida. Saber que ele tem toda autoridade deve nos encher de coragem!

ORAÇÃO

Senhor amado, obrigado por me encher de coragem diante de qualquer adversidade. Amém.

Os amigos caminham pela ilha enquanto conversam.

Ana: Saber que Jesus é o Senhor do Universo e Redentor da humanidade nos deixa muito mais confiantes.

Ted: Com Cristo, somos mais que vencedores!

Ana: Somos mesmo, Ted. Temos amigos que vivem com a cabeça com uma confusão terrível!

Michelle: Como assim, Ana?

Ana: Essas pessoas são assim: algumas horas acreditam em Deus, oram, agradecem. Aí, parece que dá um piripaque quando ouvem algo que não tem nada a ver com o que a Palavra diz e elas simplesmente se esquecem dos ensinos que o Pai nos deixou na Bíblia!

Ted: Eu nunca quero me afastar do Senhor. Ele é a melhor coisa que me aconteceu!

Junior: Quando alguém estiver confuso, sem saber em que acreditar, essa pessoa precisa de muito mais que uma simples aula.

Ted: Entendi foi nada, de novo!

Michelle: É assim, Ted. Se uma pessoa ficar confusa em sua fé, ficar falando, falando, falando e falando não resolve nada. Quando o povo da época de João não sabia direito em quem acreditar, Jesus não mandou João dar uma palestra para a igreja confusa. O que Cristo fez foi mostrar quem é.

Ted: Acho que estou quase lá! Continue...

Michelle: Na visão que João teve, Jesus aparece com cabelos brancos. No tempo dele, era um indicativo de ser ancião, e os anciãos eram considerados pessoas sábias.

Ted: Então, Jesus estava mostrando que a sabedoria está nele.

Junior: Iiiiissoooo!

Michelle: Igrejas e pessoas confusas precisam ser lembradas de onde encontrar a sabedoria e a verdade.

Ted: Isso faz muito sentido mesmo!

ORAÇÃO

Deus Pai, obrigado pelos ensinos que tu nos entregaste em tua Palavra. Ensina-me a mostrar que a sabedoria e a verdade estão em ti. Amém.

16/12

APOCALIPSE 1.14

Os amigos se sentam sobre uma grande pedra e continuam a conversa.

Ana: Além das pessoas que não se firmam na verdade e ficam confusas, outras são incoerentes: falam uma coisa, mas na prática fazem outra totalmente oposta!

Michelle: Surreal como tem gente assim!

Ted: Já fui desses...

Junior: Quando o discurso e as atitudes das igrejas ou das pessoas não combinam, devemos lembrá-las que seu Senhor tem "os olhos como chamas de fogo".

Ted: Isso parece coisa de videogame!

Michelle: Pode até parecer ficção para nós, Ted, mas demonstra toda a grandeza de Jesus e também revela que Cristo é digno de todo nosso respeito.

Junior: Também mostra que ele sabe tudo que pensamos e sentimos. Não dá para esconder nada do Senhor.

Ana: Quando pensamos em tomar decisões erradas, só uma advertência não basta. Na visão que Jesus deu a João o Senhor encoraja, ensina, adverte e, principalmente, reafirma quem é!

Michelle: Algumas pessoas no tempo do autor rebaixaram seus valores mesmo depois de Jesus ter chamado cada um para ser diferente.

Junior: Nos evangelhos e nas cartas enviadas por Paulo, os cristãos foram lembrados de não se deixarem influenciar pelos padrões de comportamentos de seu tempo, mas a levarem a sério o chamado de Jesus.

Ted: Total! Devemos viver conforme os mandamentos de Deus.

Junior: Ei! Mas eles estavam se deixando modelar pelos padrões de seu tempo.

Ana: Fomos chamados e resgatados por Jesus. Não podemos rebaixar nossos valores e princípios só para sermos aceitos em um grupo ou porque temos medo de sermos zoados.

Michelle: Deus quer de nós integridade!

ORAÇÃO

Senhor amado, ajuda-me a agir conforme as minhas palavras. Em nome de Jesus, oro. Amém.

Ted tem uma dúvida pertinente.

Ted: Minha avó leu comigo o trecho de Apocalipse que descreve Jesus como vocês estão falando. Achei tudo muito confuso. Fico feliz por vocês se disporem a me ensinar. Nunca poderei agradecer o suficiente.

Ana: Ted, Ted, não precisa agradecer, não! A gente está aqui para se ajudar.

Ted: Então, vou tirar mais um dúvida! Hahaha! Esse negócio de "pés como bronze numa fornalha ardente" é muito difícil!

Michelle: Para nós pode parecer estranha essa comparação, mas as pessoas da época de João estavam acostumadas com o bronze. Muitos utensílios eram feitos desse metal. Então, entendiam muito o significado. Esse metal ficava muito reluzente quando submetido ao fogo. E ficavam fortes depois de delineados.

Junior: Quando os cristãos tinham de enfrentar perseguições, os oponentes pareciam ser muito mais fortes do que eles.

Ana: Mas é em Jesus que nós, cristãos, encontramos força e estabilidade.

Ted: Ah, então essa mensagem também serve para nós?

Michelle: Certeza! Acredito que a nossa geração é a que tem que lidar com mais mudanças. Tudo acontece muito rápido. A tecnologia nos ajuda e os avanços da ciência são maravilhosos, mas os padrões também mudam o tempo todo.

Ana: E não é docinho lidar com essas mudanças todas, não! Saber que em Jesus encontramos estabilidade e força para vencermos esses dilemas, não é uma excelente notícia?

Ted: E como é!

PARA REFLETIR:

Como é para você lidar com as mudanças que acontecem todos os dias no mundo? Quem ajuda você a reconhecer o que é realmente certo e errado?

Café com Deus Pai TEENS

Os amigos sentam-se perto de João e continuam a conversar.

Michelle: Quando diz no Apocalipse que a voz de Jesus é como o som de muitas águas, lembro de uma viagem que fiz com meus pais.

Ana: Viagem e voz tem um total de zero relação! Não! Pera! Os dois começam com "v".

Michelle: Me deixa explicar!

Ana faz um sinal de que está passando um zíper na boca e todos riem.

Michelle: Teve um ano que visitamos as Cataratas do Iguaçu.

Ted: São várias cachoeiras juntas, não é?

Michelle: Tipo isso. São lindas! Tem uma trilha que, quando caminhamos por ela, primeiro vemos quedas d'agua pequenas. Conforme subimos pelo caminho, ouvimos o barulho da água aos poucos aumentar de volume. No penúltimo patamar, a força das águas nas cataratas é surpreendente, de tão forte. Ali tem um mirante e, quando caminhamos por ele, ficamos até molhados com os respingos d'água.

Ted: Eee? - **pergunta, sem entender.**

Michelle: E é tanta água e com tanta força que, para poder conversar, precisávamos falar alto. O som das águas é muito forte meeesmo!

Ana: Agora eu tenho que falar! A voz de Jesus é assim: como o som de muitas águas!

Junior: Per-fei-to! A voz de Jesus é tão potente que silencia todas as demais.

Michelle: E isso é superimportante! Em nossa vida, há momentos em que tantas pessoas falam diversas coisas diferentes. João tinha que lidar com várias vozes: a do império trazia sentenças e perigo; as de falsos mestres distorciam as verdades do evangelho.

Junior: Jesus, então, com sua voz forte, silencia as demais. Na visão dada a João, Jesus mostra quem ele é e que tem a palavra final.

DESAFIO

Peça ajuda aos adultos de sua confiança para entender como silenciar outras vozes para ouvir a de Jesus.

Os amigos se levantam, recostam numa parede e conversam.

Michelle: João continua a descrever Jesus como aquele que tem "as sete estrelas na mão direita".

Ted: Mais uma para eu não entender?! Eu estava indo tão bem até chegar ao Apocalipse – **resmunga o menino, chateado.**

Ana: Não fica assim, Ted, você não está só! Está complicado para mim também.

Michelle: Mantenham a calma, amigos, o Apocalipse é complexo, mas até agora já conseguimos aprender algumas lições importantes com ele.

Junior: As sete estrelas são referências aos dirigentes das igrejas para quem Jesus vai transmitir cartas. Quando esses líderes receberem as cartas, deverão transmitir a mensagem aos cristãos de suas comunidades.

Ted: E cadê essas cartas?

Michelle: Eu disse para manter a calma, Ted; logo chegaremos a elas.

Ted e Ana suspiram de ansiedade.

Junior: Continuando... dizer que as estrelas estão na mão direita de Jesus significa que Cristo está cuidando da sua igreja e do seu povo. É a autoridade e a glória de Jesus descritas. Eles precisavam ser lembrados que o Senhor é sobre tudo e todos para que continuassem firmes.

Ana: Provavelmente porque muitos cristãos estavam encontrando oposição à sua fé em Jesus, certo?

Ted: Então, toda a descrição de Jesus no Apocalipse nos lembra da grandeza, da autoridade e da majestade do Senhor.

Michelle: Ponto para vocês!

Todos riem.

ORAÇÃO

Jesus querido, tu és soberano sobre toda a terra. A tua Palavra te descreve com toda a majestade e poder que tu mereces. Te honro e de glorifico. Em teu nome oro. Amém.

Os amigos observam o quanto João está compenetrado em sua escrita.

Michelle: João foi muito dedicado ao escrever tantos detalhes de Apocalipse. É um livro bíblico cheio de imagens e de conteúdo sobre o fim dos tempos.

Junior: Verdade, Michelle. Que homem dedicado. Quando falamos em Apocalipse, as cartas às igrejas são meu tema favorito.

Ted: Finalmente as tais cartas! Bora, Junior, conte tudo!

Junior: A primeira carta é destinada à Éfeso.

Michelle: Vocês se lembram que as igrejas formam uma espécie de círculo? Então, a escolha dessa cidade não foi à toa. Ela era a mais próxima de Patmos e um importante centro de negócios.

Junior: Aproximadamente trinta anos antes de João escrever Apocalipse, Paulo tinha escrito uma carta a essa igreja elogiando seu amor. No início, os cristãos efésios eram conhecidos por amar e demonstrar amor ao próximo.

Ted: Bem que a gente poderia ver essas igrejas de pertinho, não é?

Assim que Ted conclui a frase, a xícara surge e abre um portal.

Ana: Vocês viram isso?

Ted: Vi! Será que é o que eu estou pensando?

Ana: Se você está pensando o mesmo que eu estou pensando...

Ted e Ana: Que podemos fazer pedidos para a xícara!

Michelle: Como nunca pensamos nisso durante este tempo todo?

Junior: Vamos, gente, bora para o portal!

Os amigos entram e observam que sobem cada vez mais alto. Lá de cima eles conseguem ver as cidades formando o círculo imperfeito e são levados para Éfeso.

PARA REFLETIR:

Nos primeiros anos, a igreja de Éfeso era reconhecida por amar e demonstrar o amor que dizia ter. Quais são algumas formas que você também pode demonstrar amor?

Os amigos vão até uma reunião dos cristãos e observam tudo com muita atenção. Depois, comentam.

Junior: UAU! Vocês perceberam como a igreja de Éfeso é atuante?

Ana: Total! Eles trabalham arduamente e não desanimam.

Michelle: Isso é ótimo! Eles também não toleram a maldade e resistem às perseguições.

Ted: Só coisa boa! Maravilhosa esta comunidade de fé!

Michelle: Espeeeerem aí! Quando João escreveu a carta aos Efésios, além de elogiar tudo isso, ele afirmou: "No entanto...".

Ana interrompe a amiga.

Ana: Aiaiaiaiai, lá vem bomba!

Michelle: É, não dá para negar! João escreveu: "[...] contra você tenho isto: você abandonou o seu primeiro amor".

Ted: Ah, não! Até eu sei que fazer um montão de coisas não serve para nada se não tiverem amor.

Michelle: Isso mesmo, Ted! Podemos ser muito ativos e fazer coisas boas, mas se nossa motivação for errada, não há proveito algum. Às vezes, buscamos a aprovação das pessoas, mas precisamos ser movidos pelo amor, tanto a Jesus quanto às pessoas.

Junior: Jesus também convida os efésios a se arrependerem. Arrepender-se não é se sentir mal por uma coisa errada, é mudar de atitude.

Ana: Eles também deveriam recomeçar a praticar as obras que praticavam no começo.

Ted: Como eles poderiam fazer isso?

Michelle: Deveriam se lembrar de que Jesus os amou primeiro e que ele se entregou para dar a eles acesso ao Pai. O antídoto para nossa falta de amor também é nos voltarmos para a fonte do amor.

ORAÇÃO

Senhor, obrigado por teu amor. Ajuda-me a nunca abandonar o primeiro amor, mas que eu olhe para ti e me lembre de que és a fonte do amor. Amém.

APOCALIPSE 2.8-11

café com Deus Pai TEENS

A xícara abre o portal que leva os amigos à próxima cidade, Esmirna, na reunião de cristãos.

Michelle: Vocês sabiam que Esmirna, no nosso tempo, se chama Izmir, uma cidade da Turquia?

Ted: Eu nem imaginava. Mas aqui no tempo de João parece bem movimentada.

Michelle: Ah, sim! Na época em que João escreveu a carta, Esmirna era a mais notável entre as sete cidades, pois tinha um porto, era muito rica e populosa.

Ana: Mas o povo que está reunido aqui parece muito, muito pobre.

Michelle: A vida deles não era fácil mesmo. Quando decidiam seguir o caminho do Senhor, as pessoas costumavam ser despedidas e roubadas. Ser cristão em Esmirna era perigoso, a perseguição era grande...

Ana: Por que, em Apocalipse, Jesus descreve a igreja de Esmirna como rica?

Junior: Porque a riqueza deles não era material, Ana, não tinha nada a ver com ter muito dinheiro. Eles eram ricos em fé, amor e em boas obras.

Ted: Então eles tinham uma riqueza que não poderia ser roubada! A melhor de todas!

Michelle: Isso mesmo, desde que eles permanecessem firmes e fiéis à Palavra.

Junior: Jesus disse que conhecia a situação deles e os encorajou a não terem medo. E nós também não precisamos temer porque Jesus conhece nossa aflição. Podemos até pensar que estamos sozinhos, mas não estamos, pois Cristo está conosco.

PARA REFLETIR:

Em alguns lugares do mundo, ser cristão é muito perigoso. Muitos cristãos enfrentam perigos e dificuldades nos nossos dias assim como a igreja em Esmirna enfrentou. Então, agradeça pela liberdade de expressar sua fé em Jesus em um país livre e ore para que os cristãos perseguidos possam ter coragem e se manter fiéis.

Os amigos começam a caminhar e observar o local. De repente, Ana tropeça e cai. Os amigos a ajudam a se levantar e limpar.

Ted: Machucou? - pergunta, preocupado.

Ana: De boa! Sou desastrada mesmo! - diz, envergonhada.

Michelle: Acidentes acontecem! O importante é você estar bem.

Os amigos veem que a xícara abriu um portal que os leva ao topo de uma espécie de monte holográfico, de onde eles enxergam as igrejas em Péragmo, Sardes e Filadélfia.

Ana: Ted, quero essa xícara para mim! Hahaha! Ela é SENSACIONAL!

Junior: As igrejas de Pérgamo e Sardes são repreendidas por Jesus porque fizeram concessões, diminuíram o padrão e não mantiveram os princípios.

Ted: Eita!

Michelle: É! Ser cristão é aceitar e acreditar que Jesus é nosso Salvador e nosso Senhor também. Precisamos submeter nossa vida a seu senhorio, direção e governo.

Junior: Além de crer e entregar a vida a ele, precisamos viver de acordo com seus mandamentos, em santidade. Para isso, precisamos da ajuda do Espírito Santo, que nos molda e transforma a cada dia. Temos de nos disponibilizar para que dê certo.

Michelle: Nessas igrejas, alguns não levavam a vida cristã a sério. Apesar de estarmos sujeitos a fazer escolhas erradas ou a pecar, essa não pode ser nossa prática.

Ted: Tipo o tombo da Ana que foi sem querer, um acidente?

Michelle: Exato! Acidentes acontecem, mas o pecado não pode ser um hábito.

Junior: É melhor a gente observar Filadélfia. Essa igreja foi elogiada, porque, mesmo não sendo forte, guardou a Palavra e não negou Jesus. Também precisamos fazer assim: obedecer aos mandamentos e seguir fiéis.

ORAÇÃO

Obrigado, Senhor, porque tu me sustentas . Me ajuda a ser fiel a ti sempre. Amém.

café com Deus Pai TEENS

O monte holográfico desaparece e, quando os amigos pensam que vão levar uma queda terrível, a xícara abre um portal sob eles e os leva a Laodiceia.

Ana: Uuuufaaa! Achei que eu ia bater o meu recorde de tombos!

Todos riem.

Michelle: Esta é a igreja da última carta. Jesus faz um *exposed* da situação terrível desses cristãos.

Junior: Podemos dizer que Jesus deu uma bela bronca! Os cristãos de Laodiceia estavam tão satisfeitos com sua vida que se esqueceram de Jesus.

Ted: Aí, não dá! Não tem nem como defender.

Michelle: Total! Eles passaram a amar suas conquistas e simplesmente deixaram Jesus de lado!

Ana: Absurdoooooo!

Michelle: Muito! Jesus disse que eles são mornos.

Ted: Estava bom demais para ser verdade! Já não entendi nadinha outra vez!

Michelle: Não é uma delícia tomar água geladinha no calor?

Ted: Super!

Michelle: E água morna em um dia de quarenta graus quando você está com muita sede?

Ted: Eeeeeca!

Junior: Foi assim que Jesus se sentiu em relação a Laodiceia.

Michelle: Apesar disso, Cristo diz que está a porta e bate. Como tinha sido deixado para fora, o Senhor afirma que está disposto a perdoá-los se o deixarem entrar.

Ana: Não podemos correr o risco de ficar como eles, indiferentes . Nossas conquistas e realizações não são mérito nosso, mas de Deus

Junior: Mas, se errarmos em nossas escolhas e decisões, ao nos arrependermos, Jesus está disposto a nos perdoar e a nos dar uma nova chance.

ORAÇÃO

Deus Pai, que eu nunca me acostume à tua maravilhosa presença, para que tu sejas sempre o melhor da minha vida. Em nome de Jesus, amém.

A xícara abre um portal e leva os amigos para a casa de João, que ainda está escrevendo Apocalipse.

Ted: Michelle, que tal você fazer um resumão de Apocalipse para nós, hein? Você é boa nisso!

Ana: Nós apoiamos! - **diz, levantando a mão de Junior e de Michelle.**

Todos riem.

Michelle: Bora! O livro de Apocalipse é o último da Bíblia e, em poucas palavras, conta a GRAAAANDEEE vitória do nosso Senhor e Salvador Jesus Cristo sobre o mal e apresenta como seu plano de salvação será consumado.

Ted: Ai, siiiim! Mas como ele vai fazer isso?

Michelle: Sabe, Ted, quando perguntei algo parecido para um estudioso das Escrituras, ele disse que há muitas figuras no Apocalipse, mas que os pré-adolescentes como nós, precisam apenas ter a certeza de que, no fim dos tempos, apesar de os cristãos enfrentarem muitos desafios, muitos mesmo, poderão ter a certeza de que Jesus é o vencedor!

Ted: Jesus é muito Top!

Junior: Verdade! Um dia todo mal e toda dor não existirão mais. Vamos nos apegar a essa maravilhosa certeza.

Ana: Se tivermos que enfrentar dificuldades, dores e tristeza, sabemos que podemos contar com a ajuda e o consolo do Espírito Santo.

Michelle: Apocalipse nos relembra também do que Jesus nos prometeu antes de partir: não devemos desanimar, pois nenhuma luta pode vencer o Senhor , porque ele já venceu a morte e o mal.

Junior: E o mais maravilhoso de tudo: nós viveremos com ele para todo o sempre!

ORAÇÃO

Senhor Deus, tenho tanto a te agradecer. Obrigado porque tu és a nossa esperança; obrigado por nos amar e sustentar o tempo todo; obrigado por nos libertar do poder do pecado e por nos garantir a vida eterna contigo. Amém.

26/12

APOCALIPSE 22:20

Café com Deus Pai TEENS

Ana: Sabe, a minha mãe diz que a Bíblia é como um romance, que conta a história de amor do Deus todo-poderoso por seu povo cheio de problemas.

Ted: Que viagem! Só falta você dizer que tem casamento - **diz com desdém.**

Ana: Ted, Ted... Tem casamento, sim!

O menino fica estático de tão surpreso!

Ted: Desacreditei!

Ana: Pense nisto: Deus criou um mundo IN-CRÍ-VEL, onde tudo era simplesmente perfeito! Quando terminou aquele maravilhoso jardim, fez o homem e, depois, a mulher, para que cuidassem desse lugar e o povoassem. Todos os dias Deus vinha e conversava com eles.

Michelle: Estou amaaaando!

Ana: Mas, como a humanidade pecou, naquele dia, quando Deus apareceu, eles estavam escondidos. Depois, o Senhor os expulsou do jardim, mas nunca teve a intenção de ficar para sempre longe de nós. Então, ele elaborou um plano superincrível!

Ted: A vinda de Jesus, não é?

Ana: ISSO! Com a morte e ressurreição de Cristo, Deus formou a igreja para ser sua Noiva.

Ted: Para! Me perdi! Explica aí!

Junior: A Noiva, Ted, é a reunião de todos os cristãos de todos os tempos, todos os que creem que Jesus é o Salvador e Senhor.

Ted: Ah, tá! Segue o jogo!

Ana: Então... Jesus é Noivo, nós, cristãos, sua Noiva. No fim dos tempos, haverá o casamento de Cristo com a Noiva e juntos viveremos eternamente com Deus.

ORAÇÃO

Deus, obrigado por fazer de nós a tua Noiva. Vem, Senhor Jesus, nós te esperamos. Amém.

Michelle: É assim que termina a Bíblia, com a promessa de que o Noivo vem em breve.

Ted: SUPERTOP!

café com Deus Pai TEENS

Ana: Genteeeee! Vocês perceberam que viajamos pela Bíblia todinha?

Ted: Claro, Ana! Que pergunta!

Ana: Não, Ted! Acabou a Bíblia, já passamos por tudo. E agora?

Junior: Acho que este vento que está passando por aqui é a resposta!

O vento começa a ficar mais forte e a girar em volta dos amigos até formar um redemoinho muito potente que os tira do chão. Os amigos percebem que começam a girar cada vez mais rápido e a passar por todas as histórias bíblicas que viram.

Michelle: Olha! Ali é Pedro... Jesus curando...

Ted: Profetas também! Um monte deles!

Junior: Os reis também estão aqui! Aquele é Daviiii...

Ana: Samuel está logo ali! Cuidado! A aaaaarca de Noé!

Quando eles veem Adão e Eva no jardim, as partes da Criação vão rapidamente sumindo: primeiro os humanos; em seguida, os animais; depois as estrelas; a vegetação; a terra é encoberta pelas águas; até que a luz some...O vento começa a diminuir de intensidade, e os amigos percebem que seus pés começam a tocar o chão delicadamente. O redemoinho se desfaz e os amigos se entreolham, incrédulos!

Ana: Aaaaiiiii, estou tonta! - **diz com as mãos na cabeça.**

Ted: Este aqui é.... - **afirma enquanto olha ao redor.**

Michelle: O seu quarto, Ted! Este é o seu quarto!

Junior: Eeeeeei! Olhem aqui!

Junior mostra aos amigos a xícara em suas mãos.

Ana: Nós voltamos ao tamanho normal! E a xí-ca-ra - **a menina pega o objeto da mão do amigo** - é apenas uma xícara! Alguém me belisca? Acho que peguei no sono e tive um sonho in-crí-vel!

Ted, Michelle e Junior: Não foi um sonho, não, Ana!

ORAÇÃO

Deus Pai, obrigado por ter me ensinado tanto durante este ano por meio da tua Palavra.

café com Deus Pai TEENS

Os amigos estão extasiados!

Ted: Quer dizer que foi tudo verdade mesmo?

Michelle: Foooooi! Claro que foi! Ou será que não foi? - **diz, confusa.**

Junior: Fizemos uma viagem MARAVILHOSA por toda a Bíblia. E foi a SUA xícara que nos levou, Ted! Quando acabou o texto bíblico, ela nos trouxe de volta.

Roooooonc

Ana: Desculpa, gente! Estou com fome - **a menina diz, ruborizada.** - É que ficamos tempo demais fora e não comemos quase nada! É compreensível, vai!

Michelle: Oh-oh! Quanto tempo será que nós ficamos fora? - **pergunta a menina, desesperada.** - Minha mãe deve estar uma feraaaaa!

Ana: Meu Deus! So-cor-ro! Eu tinha que ter voltado para o almoço de ano-novo!

Junior: Será que a polícia está procurando por nós?

Ted: Está vindo muito barulho da sala. Estou até ouvindo a voz da vovó. Mas por que eles fariam uma festa se eu estava desaparecido?

Michelle: SSSHHHHHH! Estou ouvindo passos!

Toc-toc-toc-toc-toc. Silêncio. A maçaneta da porta gira. Todos olham fixamente para a porta, que lentamente é aberta.

Vovó: Oi, moçada! É assim mesmo que fala, Ted?

Os amigos olham para a vovó, permanecem mudos e pálidos, pensando que aquela senhora está calma demais para quem teria o neto desaparecido.

PARA REFLETIR:

Já aconteceu algo tão maravilhoso em sua vida que deixou você sem palavras? Escreva uma carta de gratidão a Deus sobre isso.

Vovó: Estou vendo que vocês pegaram a xícara. Você gostou do seu presente, Ted?

Ted acena com a cabeça devagarinho, sem entender o que está acontecendo.

Vovó: Venham, todos vocês. Está na hora do almoço de ano-novo. As mães de vocês autorizaram que almocem aqui conosco.

Vovó sai do quarto e os amigos se entreolham, boquiabertos.

Michelle, dá alguns passos rapidamente, fecha a porta, se encosta nela para assegurar que permaneça fechada.

Ted: Gente, passou um ano inteiro e ninguém sentiu nossa falta!

Michelle: Ted, eu acho que não passou dia nenhum!

Junior: Eu me senti em uma daquelas histórias de ficção, em que um herói consegue parar o tempo, resolver tudo o que precisa e só depois o tempo volta a correr.

Ana: Tipo isso mesmo!

Os amigos se sentam no chão para tentar compreender como toda essa aventura aconteceu.

Mãe do Ted: Teeeeed! Junioooor! Aaaaana! Michelleeee! Venham almoçar, estamos só esperando por vocês.

Ted: É a minha mãe! É melhor a gente ir!

Michelle: Não vamos contar nada para ninguém! Vão achar que somos malucos!

Junior: Vamos comer rapidinho e voltar para cá!

Ana: Mas eu posso pegar sobremesa, não é?

Michelle: Ana, é sério! A gente não sabe o que aconteceu!

Ana: Entendi, mas um docinho sempre deixa tudo melhor!

Ted: Pega tudo o que você quiser, Ana, só não demora!

Os amigos saem lentamente do quarto de Ted. Caminham juntos para a sala de jantar, onde uma linda mesa está posta com uma refeição deliciosa. Eles se sentam um ao lado do outro.

Vovó se levanta e pede silêncio: Querida família e amigos, vamos fazer uma oração para agradecer por este ano que acabamos de iniciar, para que possamos conhecer a Deus e a sua vontade por meio da Bíblia.

Os amigos se entreolham e, em seguida, todos baixam a cabeça.

ORAÇÃO

Deus, obrigado por que tu fazes infinitamente mais e melhor do temos a capacidade de imaginar. Em nome do teu filho, oro. Amém.

Café com Deus Pai TEENS

Os amigos almoçam rápido. Junior é o primeiro a terminar.

Junior: Muito obrigado. Está uma delícia. Deus abençoe vocês pelo convite.

Todos à mesa: Amém!

Junior: Vamos, gente! Vamos logo.

Vovó: Essa moçada sempre tão apressada...

Ted sorri, encabulado. Levanta-se e pega seu prato, copo e talheres.

Ted: Com licença!

Os quatro amigos voltam para o quarto de Ted e fecham a porta.

Michelle: Enquanto eu comia, fiquei pensando que eu não entendi nada do que aconteceu, só sei que aconteceu de verdade e que sou muito grata por essa aventura incrível!

Ted: Sabe que eu pensei que foi bom ninguém saber da nossa viagem pela Bíblia? Assim, não precisamos explicar, porque adultos podem ter dificuldade para entender.

Junior: Errado você não está, Ted. O que eu não entendi foi sua avó. Será que ela sabe que a xícara é uma máquina de viagem ao tempo bíblico? O que você acha, Ana?

Ana aponta para a boca cheia de torta de limão. Ted dá de ombros, sem saber.

Michelle: Esse é o maior mistério, Junior! Mas eu amei nossa viagem, principalmente ver Jesus fazer milagres! Foi sensacionaaaaal!

Ana: Terminei! – **ela sorri** – A xícara é maravilhosa e eu amei ver Pedro! Deus transformou a vida dele!

Junior: Eu achei top como Deus usou pessoas que pareciam inúteis para a sociedade! E José? Gosto ainda mais dele agora.

Ted: Eu me identifiquei com Paulo. Ele vivia perseguindo os cristãos; depois, se tornou um deles. Foi assim comigo: eu vivia perturbando vocês, mas me tornei parte do grupo depois de ser encontrado por Jesus!

DESAFIO

Conte a um amigo qual foi a história bíblica que mais chamou sua atenção no Café com Deus Pai Teens deste ano.

A conversa continua.

Junior: Acho que a coisa mais maravilhosa disso tudo é que aprendemos a amar a Deus ainda mais. Quero obedecê-lo o tempo todo.

Ana: Verdade, Junior! Eu estou muito animada para contar a todos que conheço sobre como Deus planejou e está cumprindo o plano de salvação. Espero que muitas pessoas possam ter um encontro com Jesus durante o ano.

Ted: Eu decidi que vou ler a Bíblia todos os dias. E vou orar também. Quero conhecer mais e mais da Palavra e de Cristo, porque, assim, vou me tornar uma pessoa cada vez melhor, não é mesmo?

Michelle: Com certeza, Ted. Sua transformação é visível! Eu quero estar cada dia mais atenta ao Espírito Santo, para que eu possa compreender a boa, agradável e perfeita vontade de Deus Pai para a minha vida.

Os amigos conversam por horas sobre seus aprendizados da viagem pelo tempo bíblico com a xícara e sobre os sonhos para o ano que eles têm pela frente. Eles percebem a bondade do Senhor em todas as coisas.

Voz de mulher adulta: Michelleee, sua mãe veio buscar você e vai dar carona para a Ana e o Junior.

Ted: Eles já estão indo, mãe.

Os amigos dão um abraço coletivo e se despedem.

Michelle: Obrigada por tudo, amigo. A viagem que fizemos foi magnífica!

Ana: Valeu, Ted. Ficamos ainda mais amigos nesse tempo, foi muito bom. Ah, amo a sua xícara. Hahaha.

Junior: Acho que todos seremos grandes amigos depois de termos vivido essa aventura tão impressionante juntos. Obrigadão!

Ted: Obrigado por me ensinarem tanto. Mal posso esperar pelo que ainda viveremos juntos.

Todos: Tchaaaau!

ORAÇÃO

Deus querido, que eu possa viver para experimentar a tua boa, agradável e perfeita vontade todos os dias. Em nome de Jesus, oro. Amém.

UAU!

QUE ANO INCRÍVEL!

Fizemos juntos uma viagem maravilhosa pelo tempo bíblico, não é mesmo?

Deus Pai agiu na vida dos amigos de maneira impressionante!

- Ted ganhou uma xícara que, na verdade, era uma máquina de viagem no tempo;
- Os amigos conheceram todos os livros bíblicos;
- Ana aprendeu e ensinou sobre o amor de Deus;
- Junior pôde ensinar a sabedoria bíblica;
- Michelle esclareceu muitas dúvidas dos amigos sobre a Palavra de Deus.

Espero que este breve panorama bíblico tenha ajudado você a conhecer mais sobre o amor do Senhor e a se aproximar cada dia mais de Jesus.

Ano que vem já está aí! Literalmente, amanhã é Ano-novo! Vamos juntos para mais um ano de aventuras?

Espero por você no próximo Café com Deus Pai Teens!

QUE VIAGEM INCRÍVEL, AMIGOS!

O que será que nos aguarda no ano que vem?
Anote aqui quais aventuras você gostaria de percorrer no ***Café com Deus Pai Teens*** *e peça a algum adulto responsável enviar para @juniorrostirola e @cafécomdeuspai*

VAMOS NOS PLANEJAR?

Vai começar um novo ano. Quais objetivos você escolhe para colocar em prática?

Para ajudar você, deixo o primeiro registrado:

1. Ler **Café com Deus Pai Teens** todos os dias do ano
2.
3.
4.
5.

VAMOS ORAR?

Este ano, aprendemos como é importante interceder pelas pessoas que amamos.

Faça uma lista de pessoas pelas quais você se compromete a orar no ano que iniciará e qual o motivo de ela estar nessa lista

1.

2.

3.

4.

5.

SONHO MEU!

Você já fez uma lista de motivos de oração por outras pessoas. Agora é o momento de escolher seus motivos. Eu, por exemplo, quero ser um ótimo aluno, e você?

HORA DE AJUDAR!

Final do ano é um ótimo momento para praticar o desapego. Pré-adolescentes crescem muito rápido, também mudam de interesse com frequência.

Aproveite para contribuir com um ou mais pré-adolescentes! Você pode convidar o adulto responsável por você para separar algumas peças de roupa e alguns brinquedos para doação e, assim, tornar a vida de outras pessoas mais feliz!

CONHEÇA O

AMOR DE DEUS PAI

demonstrado

por VOCÊ

ao longo de TODA a

BÍBLIA.

café com Deus pai
TEENS